suhrkamp taschenbuch
wissenschaft 308

AF185947

Dieser Band enthält eine Reihe von Erstgesprächen, die von verschiedenen psychoanalytischen Kindertherapeuten bearbeitet wurden. Diese Erstgespräche, die unter diagnostischen und therapeutischen Gesichtspunkten dargestellt und interpretiert werden, sollen einen Einblick in die Werkstatt des Kindertherapeuten geben, wobei der Blick im wesentlichen auf den Erstkontakt zwischen Eltern, Kind und dem Therapeuten gerichtet ist. Wenn Nöte, Probleme oder Symptome des Kindes dazu geführt haben, daß die Eltern mit ihrem Kind den Kindertherapeuten aufsuchen, beschreiben sie im Erstgespräch ihre Sorgen mit dem Kind, und das Kind stellt mit den ihm zur Verfügung stehenden Ausdrucksmöglichkeiten seine Welt in der Situation des Erstkontaktes dar. Die psychoanalytische Betrachtungsweise hebt aus den Informationen, die gegeben werden, die unbewußte Dynamik heraus, die den Schwierigkeiten zugrunde liegt. So bilden sich aus den Erstgesprächen Verstehenszusammenhänge, die Schlüssel für mögliche Ansatzpunkte für Veränderungen und Nachentwicklungen aufzeigen. Was aus den Erstgesprächen an Verständnis gewonnen werden kann, ist für das weitere therapeutische Vorgehen von großer Bedeutung.

Aus den hier dargestellten und interpretierten psychoanalytischen Erstgesprächen können Eltern, Lehrer und Sozialarbeiter ebenso lernen wie Therapeuten.

Zeit allein heilt keine Wunden

Psychoanalytische Erstgespräche
mit Kindern und Eltern

Herausgegeben von
Anita Eckstaedt und Rolf Klüwer

Suhrkamp

Bibliografische Information der Deutschen Nationalbibliothek
Die Deutsche Nationalbibliothek verzeichnet diese Publikation
in der Deutschen Nationalbibliografie;
detaillierte bibliografische Daten sind im Internet über
http://dnb.d-nb.de abrufbar.

2. Auflage 2016

suhrkamp taschenbuch wissenschaft 308
© Suhrkamp Verlag Frankfurt am Main 1980
Suhrkamp Taschenbuch Verlag
Satz: LibroSatz, Kriftel
Printed in Germany
Umschlag nach Entwürfen von
Willy Fleckhaus und Rolf Staudt
ISBN 978-3-518-27908-3

Inhalt

Vorwort
von Hermann Argelander

Dieses Buch enthält »Falldarstellungen« und kommt damit einem in letzter Zeit häufig geäußerten Wunsch nach, mehr Falldarstellungen zu veröffentlichen. Allein dafür müssen wir den Autoren dankbar sein.

Vielleicht vermissen wir heute Falldarstellungen, weil die Kunst nicht mehr so hoch im Kurs steht, Lebensgeschichten so zu erzählen, daß ein Leser sie ohne Mühe verstehen und sich von ihnen ergreifen lassen kann. Diese Kunst ist um so höher zu bewerten, je weniger der Leser bemerkt, wieviel an wissenschaftlicher Systematik und mühevoller Kleinarbeit in diese Darstellungen eingeht.

Es sei mir deshalb gestattet, den Leser auf einige Besonderheiten aufmerksam zu machen. Zunächst sei darauf hingewiesen, daß sich in der Aufarbeitung der Darstellungsinhalte fast eine psychoanalytische Schule ausweist, die ihr besonderes Augenmerk auf das Interviewverfahren richtet, es in vielen Variationen erprobt und weiterentwickelt. Die Variation des Verfahrens in diesem Buch besteht darin, daß mit Kind und Eltern getrennt gesprochen wird, aber die Ergebnisse der einzelnen Gespräche nach einem Konzept aufeinander bezogen werden.

Im Mittelpunkt des Verfahrens steht die Aufgabe, die unbewußte Sinnstruktur, den geheimen subjektiven Lebenssinn zu finden, der in Familien geschaffen und vermittelt wird, der die Beziehungen in den Familien regelt und Entwicklungsstörungen und Krankheiten der Kinder zur Folge haben kann. Die Fallgeschichten erzählen die Schicksale unbewußter subjektiver »Fehlinterpretationen« von Lebensumständen, die den Entwicklungsraum der Kinder so weit festlegen, daß sie sich in ihm nach ihren Möglichkeiten einzurichten haben.

Eine weitere Variation verleiht der Darstellung einen besonderen Reiz. Die Sinnfindung erfolgt auf zwei Beziehungsebenen, der des Interviewers zu seinem Patienten und der des Interviewers zu seinem Supervisor. Schließlich haben die Supervisoren als Autoren aus diesem gesamten komplexen Material die Fallgeschichten geschrieben, eine Vorgehensweise, die einer eingehenderen Betrachtung wert wäre.

Besondere Beachtung verdient die Offenheit, mit der alle Beteiligten ihre subjektiven Erlebnisse, die so häufig einer falsch verstandenen Kritik verfallen, als »Material« für die gemeinsame Arbeit zur Verfügung gestellt haben.

Einleitung

Die Idee zu dieser Sammlung von Fallbeispielen hat sich aus der praktischen Arbeit mit Kinder- und Jugendlichen-Psychotherapeuten ergeben, die sich in Ausbildung für diesen Beruf befinden. Die Erstgespräche haben in verschiedenen Institutionen stattgefunden, in denen Eltern Hilfe angeboten wird, wenn sie wegen Problemen mit ihren Kindern kommen. Die Kindertherapeuten haben über diese Gespräche Protokolle geschrieben, über die wiederum in Konferenzen mit Supervisoren gesprochen wurde. In den Konferenzen zielt die Arbeit darauf, anhand der Protokolle die verborgenen Bedeutungen zu erkennen, die dem beobachteten Geschehen zugrunde liegen. Konferenz und Supervisor geben dabei dem Therapeuten eine Hilfestellung für seinen Lernprozeß. Auf diesem Weg wurden eindrucksvolle Zusammenhänge sichtbar, die die Supervisoren angeregt haben, sie als Verläufe von Verständigungsprozessen in den hier wiedergegebenen Beiträgen nachzuzeichnen.

Die Aufgabe des Therapeuten im Erstgespräch mit Kind und Eltern besteht darin, die Diagnose zu finden, d. h. zu erkennen, welche Störung vorliegt, um die jeweils geeignete Therapie vorzuschlagen. Eine schließliche diagnostische Zuordnung eines Problems zu einer der klassischen Kategorien seelischer Störungen ist für die Fachleute wichtig; dem Laien und Betroffenen aber hilft sie nichts. Darum sind die Autoren bemüht, in jedem Einzelfall den diagnostischen Befund auszuformulieren – eine Voraussetzung für die Zuordnung in die klassischen Kategorien – nämlich den zugrunde liegenden, dem Betroffenen unbewußten Sinnzusammenhang. Dieser Sinnzusammenhang ist es auch, den die Betroffenen im therapeutischen Prozeß erkennen lernen, wenn eine Veränderung im gewünschten Sinn eintreten soll. Der Leser wird auf diesem Weg der Entwicklung des Verstehens geführt, Schritt für Schritt, bis das Unverstandene aufgeklärt ist.

Während die ersten zehn Beiträge auf den Protokollen von Lernenden basieren und ganz vorwiegend die Zielsetzung der diagnostischen Abklärung verfolgen, zeigt der letzte Beitrag die Arbeit einer erfahrenen Kinderanalytikerin, die bereits im Erstgespräch neben der diagnostischen ausdrücklich auch eine therapeutische Zielsetzung verfolgt.

Der Leser wird sich häufiger vor die Aufgabe gestellt sehen, zwei Texte parallel lesen zu müssen, zum einen den Protokolltext und zum anderen den Interpretationstext. Nicht immer wird der Leser im Text einfach weitergehen können, er wird gelegentlich zurücklesen müssen und dabei entdecken, daß die Texte oft sehr verdichtet sind und sie Wort für Wort gelesen werden müssen. Es läßt sich gewissermaßen sagen, daß zwei verschiedene Sprachen gesprochen werden. Der den beiden Sprachen zugrunde liegende versteckte Sinn enthüllt sich beim Übersetzen der einen in die andere. In Analogie zur Traumdeutung können wir von einem manifesten Protokolltext und einem, den latenten Sinn wiedergebenden, Interpretationstext sprechen. Nach Vollzug dieses Übersetzens erlebt der Leser psychoanalytisches Denken mit, für das unter anderem ein solches Übersetzen charakteristisch ist. Wir haben versucht, die Aneignung des Stoffes so weit wie möglich durch die Verwendung von zwei Drucktypen zu erleichtern, die rascher erkennen lassen, in welchen jeweiligen Textzusammenhang ein Wort oder Satz gehört.

Das Besondere an dem von den Kindertherapeuten zur Verfügung gestellten Material ist die sichtbar werdende, eindrucksvolle Verschränkung des Konfliktgeschehens zwischen Eltern und Kindern. Da mit den Eltern und den Kindern getrennte Gespräche stattfanden, können die im Gespräch mit den Eltern entwickelten Vorstellungen an den Kindergesprächen belegt werden und umgekehrt.

Eltern und Kinder sind in besonderer Weise miteinander verbunden: diese Bindung ist mit keiner anderen zwischenmenschlichen Beziehung vergleichbar, weil das kleine Kind den Eltern und ihren unbewußten Einflüssen vollkommen ausgeliefert ist und dieser Einfluß in seine Persönlichkeitsbildung eingeht. Diese schicksalhafte Bindung, die sich über Generationen fortsetzt, kommt in den Worten Moses zum Ausdruck, daß »der Herr die Missetaten der Väter heimsucht an den Kindern bis ins dritte und vierte Glied«. Der Weg zum Psychoanalytiker kann ein Anfang sein, der schicksalhaft erlebten Verkettung der gemeinsamen Probleme nicht mehr blind ausgeliefert zu sein.

Die Kindertherapeuten haben ihre Protokolle den Autoren, die als psychoanalytische Supervisoren mit ihnen arbeiten, zur Verfügung gestellt. Ihnen gilt unser besonderer Dank.

Es versteht sich von selbst, daß Angaben über Personen und über konkrete Lebensumstände verändert wurden.

Die Herausgeber

Willi Baumann
Die Party

Der über fünfzehnjährige Florian meldete sich telefonisch in der analytischen Familienberatungsstelle an, um sich einen Termin für ein Erstgespräch geben zu lassen. Drei Jahre zuvor hatten seine Eltern dort für einige Zeit therapeutische Gespräche gehabt. Die Eltern suchten Hilfe, weil sie mit dem zu jener Zeit dreizehnjährigen Florian Schwierigkeiten hatten. Er bedrängte sie mit kritischen Bemerkungen, vor allem aber mit bohrenden Fragen über die Beziehung der Eltern zueinander und über die Familienvergangenheit. Dies erfuhr der Interviewer, der das Erstgespräch mit Florian führen wollte, schon vor dem vereinbarten Gesprächstermin. Darüber hinaus wurden ihm vorher sogar wichtige Einzelheiten aus Florians Familienvergangenheit bekannt, daß nämlich die Mutter im Alter von 15 Jahren bei einem flüchtigen Party-Erlebnis mit Florian schwanger wurde, der Party-Freund sie aber nicht heiratete. Weiterhin hatte der Interviewer erfahren, daß die Mutter sich nach Florians Geburt mit dem jetzigen Ehemann verband, diesen aber erst nach einiger Zeit der Bekanntschaft heiratete, und daß Florian dann im Alter von vier Jahren einen Bruder bekam.

Die Familie war also in der Institution bekannt, und die Informationen aus den Elterngesprächen sind weitergegeben worden, um sie in den Dienst des Verständnisses von Florian und seiner Situation zu stellen. Es ist für die Zusammenarbeit in einer Institution üblich, schwierige Fälle gemeinsam zu besprechen. In unserem Fall bekommen diese spezifischen Informationen jedoch eine besondere Bedeutung; denn die Eltern waren trotz der damaligen Gespräche nicht in der Lage, Florian wirklich aufzuklären und Stellung zu beziehen und hielten deshalb etwas Wichtiges vor ihm geheim. Florians Mutter, damals 27 Jahre alt, hatte das Geheimnis ihrer Jugendzeit dort zurückgelassen, wohin sich nun der Sohn drei Jahre später wandte. Florian blieb durch dieses Geheimnis vom Ursprung seiner Lebensgeschichte abgeschnitten und fühlte sich gleichzeitig beunruhigt, weil ihm die Mutter als Geheimnisträgerin wohl atmosphärisch, gleichsam durch feine Poren, ständig etwas von diesem Geheimnis verriet.

Das Wissen um das Geheimnis überschreitet somit bei dem Interviewer in dieser Situation den Stellenwert einer Information und wird in die Gestaltung der unbewußten Szene hineingezogen. Bevor er nämlich Florian sah, drängten sich dem Interviewer die Fragen auf, »ob die Eltern ihr Problem mit Michael in der Zwischenzeit etwas klären konnten, und ob er nun aus eigenem Antrieb kommt«. Weiterhin fragte sich der Interviewer, ob die Eltern Florian schickten, »damit er sich auf diesem Umweg mit seiner Herkunft auseinandersetzen solle«.

Diese Vorüberlegungen des Interviewers deuten uns an, daß er sich durch Florians Anmeldung in den Dienst der Eltern gestellt sieht, die Aufgabe der Klärung des Geheimnisses zu übernehmen – eine mögliche Hoffnung der Eltern. Wir wissen nicht, ob Florian seine Herkunftsgeschichte schon bei dem Interviewer aufgehoben weiß, sehen aber, daß dieser gedanklich mit den Umständen um Florians Geheimnis befaßt ist, ohne daß er ihn selbst kennengelernt hatte. In dieser Voreinstimmung faßte der Interviewer den Entschluß: »Ich möchte Florian fünf Stunden zur Verfügung stellen«.

Der Interviewer denkt also schon an das Ende, noch bevor das Gespräch begonnen und sich eine Beziehung entwickelt hat. Es soll in fünf Stunden um Florians Herkunft und die Verarbeitung seines Geheimnisses gehen. Ist das wie eine episodische Beziehung, etwa wie die Dauer der Party-Begegnung zwischen Florians Mutter und seinem leiblichen Vater? Das Problem der Herkunft ist offenbar so brisant und gewichtig, daß es bereits vorbewußt die Reaktionen des Interviewers beeinflußt.

Zum Interview kommt Florian, der jetzt etwa so alt ist wie damals seine Mutter und sein leiblicher Vater bei seiner Zeugung, »verschmitzt lächelnd« die Treppe herauf, wie einer, »der sicher ist, erwartet zu werden«. Wenn der Interviewer es so beschreibt, können wir annehmen, daß Florian ihn schon auf den ersten Blick für sich gewonnen hat, mit »seinem gepflegten Aussehen, dem schwarzen Haar, den sehr dunklen Augen, dem dunklen Teint«. Der Interviewer findet etwas Distanz, indem er ihn für sich einordnet mit der Formulierung: »ein gut aussehender junger Mann, ein bißchen Herzensbrecher und auch ein Lausbub«. Die Beschreibung vermittelt uns den Eindruck, daß im Moment dieser ersten Begegnung alles sehr rasch abläuft. Florian tritt überfallartig in Erscheinung, nennt seinen Namen und ohne den Interviewer zu Wort kommen zu lassen, fragt er: »Und wie heißen Sie?«

Florian stürmt also herein, gibt sich seiner selbst sehr sicher; er stellt hier die Fragen, er bestimmt die Situation. Darin zeigt sich ein kontraphobisches Verhalten, und wir müssen uns die Frage stellen, wovor hat Florian eine so große Angst? Die Frage Florians nach dem Namen des Interviewers enthält die Umkehrung seines Problems. Florian sucht die Eindeutigkeit und Identität des Interviewers, weil er selbst keine eigene Identität hat; denn er kennt seinen Vater nicht und kann ihn deshalb auch nicht identifizieren. Die Frage nach dem Namen des Interviewers enthält also die direkte Frage nach dem Namen seines Vaters. Florian müßte wissen, daß Mutter und Stiefvater schon hier gewesen waren und über ihn gesprochen haben – aber nichts von Unsicherheit und Erwartungsangst wird bei Florian sichtbar. Seine blaue Windjacke jedoch zieht er nicht aus, »er öffnet sie nur im Reißverschluß«, während er im Gesprächszimmer die Doppeltür kopfschüttelnd mustert, die vermeintlich kahle und spärliche Einrichtung feststellt und fragt, »ob man nicht wenigstens irgendwo Musik anstellen könne«. Florian setzt sich mit diesem Verhalten nicht der Gesprächssituation aus, er stellt sie vielmehr in Frage und versucht, über die Musik eine ihm gewohnte Situation herzustellen, wie er sie von zu Hause kennt. Dabei kann ich mich nicht der Phantasie entziehen, an die Ursituation seiner Zeugung auf der Party zu denken, und mir Florians Herkunft in der Geräuschglocke der Musik vorzustellen. Florians Absicht, im analytischen Arbeitszimmer Musik einzuschalten, hätte wie bei der kurzen Party-Begegnung seiner Eltern zur Folge, daß der Ernst der analytischen Situation im Vergnügen aufgelöst wäre. Die Wiederholung dieser Schlüsselszene dient der Angstabwehr. Florian bleibt in seiner Windjacke verschlossen, er versucht, seine eigentlichen Probleme am Interviewer und in dessen Umfeld im Sinne eines Ausagierens abzuhandeln. Ein bißchen sehen wir die Angst durchschimmern in der Unsicherheit des Umgangs mit dem Reißverschluß. Der Interviewer findet die Frage nach der Musik »pfiffig und charmant« vorgebracht und geht nun seinerseits ohne Umschweife auf sein Thema zu. Er spricht im Zusammenhang mit den früher stattgefundenen Besuchen der Eltern Florians Vorstellungen und Erwartungen an, und er verbindet damit die Frage, ob er Florian mit »Du« oder »Sie« anreden solle. Das Angebot, ihn »Florian« zu nennen, nimmt der Interviewer ohne weitere, klärende Nachfrage als »Du« auf, worauf Florian ihm anvertraut, er habe gleich im ersten Augenblick gesehen, daß der Interviewer ihm sympathisch sei. Der Interviewer empfindet das »jovial« gesagt.

Dem Drängen und der Verführung Florians kann sich der Interviewer nicht entziehen. Der bedrängende Charakter der Anfangsszene setzt sich so stark durch, daß der Versuch des Interviewers, die Situation zu strukturieren, von Florian nicht zugelassen wird. Zunächst stellt sich der Interviewer mit den Empfindungen »pfiffig« und »charmant« auf die verführerische Seite Florians ein, aber dann kehrt er die Situation um und geht nun seinerseits ohne Umschweife auf Florian zu, so wie dieser es vorher mit ihm gemacht hatte. Dieses Spieß-Umkehren mit dem Heranziehen von Florians Eltern und der Frage nach dem Grad der Intimität (Du oder Sie; was bedeutet Sohn- und Vaterbeziehung oder Patient- und Interviewerbeziehung) ist einerseits ein Versuch des Interviewers, die Situation über aktives Eingreifen in die Hand zu bekommen, andererseits liegt darin wieder die Manifestation der Vaterthematik, die zugleich Florians Herkunftsthematik ist, und die sowohl für Florian als auch für die Gegenübertragungsreaktionen des Interviewers unbewußt bleiben. Florians Fragen sind provozierend. Wir können darin spüren, wie Florian zu Hause seine Mutter bedrängt. Der Interviewer ist gezwungen, sich mit diesem Stil zu identifizieren, und nun wie Florian ebenfalls in eine drängende Sequenz zu verfallen, in der Fragen nach dem Herkommen sich zwar immer wieder in die Szene drängen, aber nicht beantwortet werden können, weil sie im Unbewußten zu brisant sind. Daran, daß der Interviewer zwei für sich sehr bedeutsame Fragenkomplexe miteinander vermischt und nicht Schritt für Schritt vorgeht, sehen wir, wie stark die Bedrängnis ist. Darin spiegelt sich sicherlich das, was sich alltäglich in Florians Zuhause abspielt. Es kommt dazu, daß das Thema abgewürgt wird, das sich der Interviewer selbst vorher gestellt hat. Auch der Mutter wird es so ergehen, wenn sie und Florian in die Nähe dieses Themas geraten. An Stelle der Bearbeitung steht die gegenseitige Sympathie, gleichsam auf den ersten Blick, ohne sich genau zu kennen und ohne sich auf Konsequenzen einzulassen. Man könnte sagen, in einer Ebene der Beziehung zwischen Florian und dem Interviewer ist es so, als ob die Party begonnen hätte, deren Geschichte die aktuelle Situation in diesem Erstgespräch determiniert. Das Problem begann ja auf der Party, die für die Mutter Folgen hatte, die noch immer wie ein Schatten über der Familie liegen.

Im Fortgang des Gespräches erwähnt Florian jetzt beiläufig, daß er in der Straße hier Bekannte habe, und er nennt auch einige Namen. Wenn wir die Interpretation der Szene als Party fortführen, würden wir sagen können, es ist wie die Vorstellung auf einer Party, wo man bei unverbindlichen Namen bleibt. Denken wir zurück an den Anfang und an Florians erste hektische Frage an der Eingangstür nach dem Namen des Interviewers, so steht diese Direktheit im Widerspruch zu dem jetzt sehr verdeckten Wunsch, den Vater identifizieren zu wollen, ihn benennen zu können aus der großen Zahl seiner möglichen Vorstellungen, die er sich über ihn gebildet haben wird. Florian kennt zwar den Namen des Vaters, aber als Person hat er ihn nicht gesehen. Auch der Interviewer kannte Florians Namen und seine Geschichte, ohne ihn leiblich gesehen zu haben. Es geht um Eindeutigkeit und Identität gegenüber diffusen Vorstellungen über sich selbst und den anderen.

Nach einer Pause wird Florian ernsthaft, und es zeigt sich, daß es in dieser Unverbindlichkeit auch Betroffenheit gibt; er sagt: »Ich sollte ja wegen meiner Probleme hier sein. Dann müßte ich eigentlich jetzt etwas davon erzählen, nicht?« Aber wiederum lachen beide. Darauf sagt Florian sehr deutlich: »Ich bin sehr mißtrauisch, wissen Sie!« – »Hm«.

Obwohl Florian versucht, seine Probleme deutlicher zur Sprache zu bringen, geht der Interviewer nicht auf den neuen, ernsthaften Ton ein. Das Lachen beider gewinnt noch einmal die Oberhand. Doch mit Florians Spezifizierung seines Problems, daß er nämlich sehr mißtrauisch ist, geht eigentlich die Party-Atmosphäre im Interview zu Ende. Florian macht Ernst mit der Situation und mit der Beziehung zum Interviewer. Florians Mißtrauen richtet sich jetzt auch auf diesen, und nun müßte sich erweisen, wie dieser zu Florian und seiner Vergangenheit steht. Eine »Lebensberatung« von fünf Stunden oder eine konstante Beziehung zur Bearbeitung von Florians Identitätsdiffusion? Wie wir sehen werden, kommt es jedoch nicht zu einer solchen Klärung. Es ist eine Eigentümlichkeit dieses Erstinterviews, daß es einerseits so sehr vorbelastet ist mit den Geschehnissen der Vergangenheit, daß aber andererseits die Wiederkehr dieser Vergangenheit in der aktuellen Situation so wenig aufgegriffen werden kann. Dieser Eigentümlichkeit entspricht die Atmosphäre, die wir uns in Florians Zuhause vorstellen können.

Der Interviewer hat für das Protokollieren des Interviews eine Einteilung gewählt und das bisher Dargestellte unter den Überschriften »Voreinstellung«, »Erster Eindruck und äußere Erscheinung« und »Eigene Erwartungshaltung« der Schilderung des Interviewablaufs vorangestellt. Vor dem »Verlauf des Interviews«, wir können sagen: vor dem Verlauf von Florians Leben, wie es im Interview berichtet wird, wozu – wie wir sehen werden – der Stiefvater und das Leben mit der Mutter in der Familie gehören, steht also die Schilderung der Geschichte dessen, was vorher in Florians Leben geschehen ist. Es ist die Geschichte des Mannes, der vorher mit der Mutter zusammen war, vor Florians Lebensgeschichte und Florians unklaren Vorstellungen darüber.

Dieses Interview ist so eindrucksvoll, weil wir sehen können, wie Florians kritische Bemerkungen und bohrende Fragen um das Stück Geschichte, das ihm fehlt, steckenbleiben und nicht zu Klärungen oder Lösungen führen. Das, was Florian fehlt, kann sich nicht direkt zeigen, es kehrt aber außer in einzelnen Szenen des Interviews auch noch einmal wieder in der Gestaltung, die der Interviewer dem Protokoll des Interviews gegeben hat. Diese Wiederkehr bleibt für Florian und den Interviewer weitgehend unbemerkt. Der strahlende Narzißmus des Jugendlichen und seiner jugendlichen Eltern überdeckt bisher die Kluft der Herkunft. Im Interview wiederholt sich das. Florian hat nicht festgehalten, was die Eltern ihm darüber erzählt haben, er ist identifiziert mit dem Abbrechen der Information und dem Verbieten der Klärung. Auch der Interviewer hat im Gesprächsverlauf sein Vorwissen von der Familienproblematik »vergessen«, er hatte es nicht mehr zur Verfügung, obwohl er es doch wußte. Der Interviewer findet sich einige Stunden nach dem Gespräch, wie er selbst sagt, »bei dem erstaunten Erinnern: dies ist also der Junge mit der Party-Geschichte und der frühen Schwangerschaft der Mutter«. Die Modalität der Kommunikation zwischen Florian und dem Interviewer, wie sie bisher dargestellt ist, hat etwas von dem Party-Erlebnis, das, flüchtig im Bereich persönlicher Beziehungen, dennoch Spuren hinterlassen hat, deren Folgen erst später bemerkt werden. Die Angst geht zunächst im Rausch der Party-Atmosphäre unter. Die Bedrohung in der neuen Umgebung der Beratungsstelle, in der Florian auf den unbekannten Mann, den Interviewer trifft, wird durch den Versuch abgewehrt, die eigentliche Aufgabe eines analytischen Gespräches aufzuheben, dieses in eine

Party-Situation umzuwandeln, sogar die Musik wieder einzuschalten, um dadurch die unheimliche, beängstigende Aufklärung zu vermeiden. Diese unbewußt sich wiederherstellende Situation dient auch der Hoffnung, die quälende Unklarheit durch Eindeutigkeit und Herstellung der inneren Kontinuität aufzuheben, den Status quo endlich aufzulösen.

Wir kehren jetzt zurück zum Interviewverlauf. Als Florian von seinem großen Mißtrauen spricht, scheint es für einen Augenblick, als könne sich der Party-Schleier lichten, und ein tiefer Einblick in Florians Persönlichkeit möglich werden. Doch rasch schaltet Florian wieder zurück, und spricht weiter von der Party, in einem allerdings abgehobenen Sinn. Unernstes und ernstes Spiel gehen durcheinander, wenn er meint: »Vielleicht erzähle ich etwas von meinen Hobbies.« Damit beginnt der mit »Verlauf des Interviews« überschriebene Teil des Protokolls. Bei den Hobbies handelt es sich um eine elektrische Eisenbahn; besonders die Lokomotiven haben es ihm angetan. Der Vater, der tatsächlich ja der Stiefvater ist, hat davon eine ganze Sammlung, die er aber verschlossen hält. Lediglich eine »große Schnellzuglok« hat er Florian geliehen. Florian möchte dem Interviewer seine beiden eigenen Loks nahebringen, beschreibt sie ihm genau, fragt ihn, ob er diese Modelle kenne. Er hat sich mit Schwung ins Erzählen von seinen Hobbies gestürzt, doch rasch versiegt er wieder. Der Glanz ist weg. Der Therapeut wendet sich daraufhin der Sammlung des Vaters zu, fragt nach Einzelheiten und bekommt den Eindruck, »daß die Sammlung des Vaters sehr wertvoll sein müsse«. Der Stiefvater tritt also im Gespräch über seine materiellen Werte in Erscheinung. Er ist derjenige, der der fünfzehnjährigen Mutter damals mit dem unehelichen Kind materielle Sicherheit und familiären Status gegeben hat. Doch die Werte dieses Vaters sind für Florian nur zum Ansehen da, sie stehen wie in einer Vitrine. Eine »Lok« davon hat der Vater dem Stiefsohn lediglich geliehen. Auch der Bruder, also der leibliche Sohn des Vaters interessiert sich bereits für Eisenbahnen, doch hält ihn Florian für noch zu klein dafür, obwohl der Stiefbruder schon fast zwölf Jahre alt ist. Was wird aus Florian, wenn dieser Bruder nach den Schätzen seines Vaters greift? Wird dieser Sohn des Vaters Loks geschenkt und nicht, wie Florian, nur eine einzige davon geliehen bekommen? Und wer kümmert sich noch um seine bescheidenen eigenen Loks? Hat nicht der Interviewer bereits seinen Blick auf die

Vitrine des Vaters gerichtet? Ein Grund mehr für Florians grundsätzliches Mißtrauen. Dieser Vater mit seinen Loks strahlt nicht wie der auf der Party, aber er hat zugkräftige Werte und auch Beständigkeit. Florian sagt dagegen von sich, daß er »nicht so viel hat« wie der Vater, daß er aber bei seiner Eisenbahn »viel umbaut und die Landschaft konstruiert«. Er muß also mit kleinen Teilen operieren und umordnen. Wenn wir das als ein Bild für Florians innere Landschaft nehmen, so spüren wir, daß sie nicht kontinuierlich gewachsen ist, sie muß konstruiert werden, ebenso wie die Beziehung zu seinem Stiefvater.

Im Zusammenhang mit der wertvollen, für Florian verschlossenen Lok-Sammlung des Vaters bemerkt der Interviewer, »dann ist es eine Frage, ob die Züge auch fahren dürfen?«. Florian antwortet darauf nur mit Ja, bringt aber die merkwürdige Begründung, daß er auch sammelt, nämlich Briefmarken, »daß aber seine Sammlung nicht so wertvoll ist, er kenne sich da aus«. Der Interviewer wollte mit seiner Frage nach dem »Fahren-Dürfen« der Loks die Triebgefahr zwischen der »femme de trent ans« – wie er sich in seinen diagnostischen Überlegungen die Mutter beschreibend ausdrückt – und dem verführerischen Sohn ansprechen, der heute nahezu im Alter des damaligen Party-Freundes ist. Diese Angst vor Triebgefahr, also vor den Trieben des jugendlichen Sohnes einer früh verführten Mutter, dürfte den Vater dazu gebracht haben, vor Florian die großen Loks in der Vitrine verschlossen zu halten, und ihm statt dessen nur eine Schmalspur-Lok leihweise zur Verfügung zu stellen. Florian verrät uns mit seiner merkwürdigen Antwort auch, daß er sich vom Vater nicht genügend ausgestattet und genügend geliebt fühlt. Deshalb können Florians Züge gerade nicht fahren. Wenn der Jugendliche nicht ins Leben hinaus gehen kann, kann er sich auch nicht von der jungen Mutter lösen, er muß libidinös an sie gebunden bleiben. Er hat nicht genug Werte von den beiden Vätern erhalten, dem Verführer und dem triebversagenden Lokomotivenbesitzer. Florian kann nicht erwachsen werden, so lange die Vater-Imago sich in ihm nicht konturiert, Grenzen setzt und durch ihr Vorbild, mit dem sich Florian identifizieren kann, ihm Kräfte gibt. Sein Selbst kann sich nicht abrunden ohne den inneren Bezugspunkt des Prinzips »Vater«, das sich bei ihm in zwei extremen Vaterimagines abbildet. Dazu kommt, daß sich die Mutter für Florian in ihren Beziehungen zu ihren beiden Männern, Florians beiden Vätern nicht klar darstellt. Die Konturen verschwimmen.

Florian möchte dann vom Interviewer etwas über dessen Hobbies wissen. Spielerei und ernsthaftes Spiel kann er nicht unterscheiden. Er fragt, wie alt der Interviewer sei, und ob er Kinder habe, »denn er weiß ja gar nichts«. Es verdeutlicht sich darin ein direktes Übertragungsangebot, indem Florian fragt, ob der Interviewer auch so locker ist wie seine eigenen Angehörigen, oder ob der Interviewer sich als Vater zu Kindern bekennt, ob er Spielereien macht oder aber weiß, was wirklich ist, wertvoll, ernsthaft und beständig. Denn es ist nur der Ernst in der Begegnung des Gespräches, der zu Eindeutigkeit, Bekenntnis und Identität führt. Jetzt jedenfalls kann der Therapeut Florian darauf ansprechen, daß er sich in Gedanken viel mit dem Vater beschäftige, daß er vielleicht manchmal nicht wisse, ob ihm das wichtiger sei, als sich mit sich selbst zu beschäftigen. Jetzt werden Vaterbild und Selbst in einen Zusammenhang gebracht. Aber gerade das ist eine wunde Stelle, Florian flüchtet und weist »wieder schelmisch lächelnd« darauf hin, daß er auch einen Bruder habe »und eine kleine, schwarze Mutter«. Eine kleine, schwarze Mutter – der Interviewer äußert an dieser Stelle des Berichtes seine eigene Empfindung: »traurig«. Es ist nicht eindeutig, bei wem er die Traurigkeit ansiedelt, Florian jedenfalls sagt: »alle machen ihr Kummer.« Auf Nachfragen geht er aber nicht ein. Es entsteht längeres Schweigen und der Interviewer empfindet etwas »Gespaltenes in der Gefühlseinstellung«. Im Hinblick auf die Formulierung, mit der der Interviewer von der Mutter auf französisch als der »femme de trent ans« spricht, drängt sich an dieser Stelle der Eindruck von »Frivolität« auf. Traurig und frivol – das ist eine große, fast unüberbrückbare Spannung in Florians Mutterbild. Kann die kleine, schwarze Frau überhaupt in ihm zur Mutter werden, kann er sie als die Frau des Vaters sehen oder bleibt sie das Party-Mädchen, das verführt oder beschützt werden muß?

Nachdem vom Interviewer die Beziehung zum Vater angesprochen worden ist, zieht Florian im Fortgang des Interviews weitere Kreise. Er spricht von seinen Streichen in der Schule, wie er den Lehrer ärgert, damit sich dieser um ihn kümmert, und bietet unvermittelt dem Interviewer einen Kaugummi an, den dieser annimmt. Eine Verführung? Das öffnet die Schleusen dafür, daß Florian alle Schätze seiner Hosen- und Jackentaschen auspackt, und sie vor dem Therapeuten ausbreitet: Schokolade, Kalender, Kamm, Pfefferminz und einen Karabinerhaken mit einer sieben

Meter langen Perlonschnur daran. Die Tragkraft der Leine kann er in Kilogramm angeben. Diese Leine ist ihm besonders wichtig, und der Interviewer muß sie genau begutachten. Es ist dem Interviewer zu Mute, als solle er sie anfassen und prüfen. Florian erläutert: »Falls ich mal was festmachen oder mich irgendwie abseilen muß!« Aus fraktionierten Einzelteilen wird das Bedürfnis nach Kontinuität der Verbindung sichtbar. Wie über den Ariadne-Faden soll es an den Ausgangspunkt der Herkunftsfrage zurückführen. Der Interviewer denkt an einen einsamen Trapper und an dessen Ausrüstung. Er sagt Florian, daß das alles so ist, weil er innerlich allein unterwegs ist und versucht, sich darauf einzurichten.

Wir sehen, von den Werten der Väter, von der zwiespältigen Gefühlseinstellung zur Mutter, vom Zwiespalt der Selbstfindung geht es weg zur Betrachtung einer Reise ins Ungewisse und der dazu erforderlichen Ausrüstung zum Überleben. Vorher war die Rede von »allen Schätzen seiner Hosen- und Jackentaschen«. Ist es nicht auch so, als solle der Interviewer die Rettungsleine anfassen, um sie auf ihre Haltbarkeit zu prüfen? Wären die Schätze Florians, wenn der Interviewer sie mit ihm teilt, nicht auch ein Überlebenspaket für den Weg aus dem Dschungel der Beziehung mit der Mutter heraus? Dann könnte Florian die Leine am Interviewer festmachen und sich abseilen. Die Leine hat eine bekannte Tragkraft, aber würde die Haltekraft des Interviewers ausreichen? Wäre er ein Vater, der aushält, was Florian mit seinen dürftigen, für ihn jedoch reichen Schätzen aus seinen Hosentaschen seiner Sammelvitrine, zu bieten hat? Würde der Interviewer-Vater es mit diesem Potential mit ihm versuchen, mit ihm auf dem Pfad zwischen Vergangenheit und Zukunft gehen und sich nicht davon abbringen lassen? Würde er trotzdem die kleine, schwarze Mutter aus der Vergangenheit, die »traurige« und die »frivole« mit ihm bewältigen? Das ist das Übertragungsangebot, das in dieser Szene steckt. Der Interviewer konnte sein Vorwissen nicht wiedererinnern. Florian hat ihn voll in die Wiederbelebung seiner Lebensgeschichte einbezogen.

So führt Florian wieder ein neues Thema ein. Er sagt, daß es eigentlich traurig ist, daß die Beziehung zu seiner Freundin aus ist. Diese Freundin hatte es nicht mehr leiden können, daß er alle immer so auf sich aufmerksam gemacht hat. Sie waren zwei Monate miteinander gegangen, und die Freundin war während dieser Zeit »oft bei Florian zu Hause«. Florians Mutter hatte bereits die Eltern der Freundin zu sich eingeladen und dazu gesagt: »Wenn Du nicht dabei sein willst, dann gehst Du halt rauf in Dein Zimmer.«

Die kleine, schwarze Mutter, wie Florian sie nennt, möchte diesmal aus einer Jugendliebe eine bleibende Verbindung machen. Die Wiederholung ihres Schicksals will sie verhindern, aber sie treibt gerade dadurch die Jugendlichen auseinander. Im Interviewprotokoll heißt es dazu: »Offenbar war dieses Treffen das Ende der Freundschaft.« Ein Anfang also, aber keine Konstanz. Dazu wird sichtbar, daß Florian, aus der Identifizierung mit dem Party-Vater heraus, zwar alle Mädchen auf sich aufmerksam machen muß, aber keines davon halten kann. Die Identifizierung mit der Mutter und dem Stiefvater erlauben ihm eine solche ernsthafte Beziehung nicht. Zwangsläufig bleibt es auch hier bei Spielerei.

Der Interviewer konfrontiert dann Florian mit seinem »freundlich-resignierten Tonfall« bei der Wiedergabe des Ausspruchs der Mutter, daß er ja in sein Zimmer gehen könne. Die Erwartung des Interviewers, daß Florian darüber Wut und Ärger empfinden könne, erfüllt dieser aber nicht, und der Interviewer denkt, »das darf also nicht sein«. Der Interviewer erwartet Ärger und Wut über die kleine, schwarze Mutter, die Florian so traurig macht. Er möchte dahingehend intervenieren, daß sich Florian von der Mutter trennt. Doch dazu müßte er sich Florian als starker Vater anbieten; er müßte, wie Florian vorher, seine Sachen auspacken, seine Werte auf den Tisch legen und Florian daran partizipieren lassen.

Der Interviewer teilt uns seinen Eindruck mit, daß die Trennung von der Freundin »das aktuell Wichtige« für Florian ist; denn Florian zeigt ihm am Schluß ein Photo von ihr: »ein schmächtiges, sehr kindliches Mädchen von 14 Jahren«. Vorher hatte Florian noch gefragt, ob er rauchen dürfe, und nachdem er ein zuunterst in der Brusttasche befindliches Zigarillo hervorgekramt hat, raucht er es nur bis zur Hälfte. Dem Interviewer ist, als sollte er mitrauchen. Dann geht Florian mit den Worten: »Ich komme wieder, bestimmt!«

Die kleine, schwarze Mutter, damals bei der Party erst frivol und flüchtig, dann aber traurig und ernst, und die schmächtige, kindliche Freundin, deren Gesicht auf dem Photo in einem »großen Haarvorhang versteckt« ist, kommen für den Interviewer in diesem Bild zur Deckung, während der rauchende Florian und er das Photo in einer Mischung von Spielerei und Ernst betrachten. So geht die »Party« im Rauch zu Ende. Der fünfzehnjährige Florian wird neben seiner Identitätsproblematik als Pubertierender von seinen Trieben immer wieder überflutet. Sein Ich muß agieren, aus Abwehr und auch als Ventil. Dadurch mildert sich die Triebspannung, die Triebimpulse können sich nicht eigentlich ausleben: das Zigarillo bleibt unausgeraucht zur Hälfte bei dem Interviewer liegen.

Nach Beendigung des Interviews wird noch bekannt, daß es bei Florian bereits zu lockeren Verwahrlosungssymptomen gekommen ist. Florian hat in einem Kaufhaus gemeinsam mit einem Freund Uhren geklaut, und sich dabei erwischen lassen. Sein Über-Ich-Defizit, da ihm der beständige Vater fehlt und die kleine, schwarze Mutter ihn zur Verführbarkeit verleitet, läßt ihn nach Kontrolle in Form der Uhren und des Kaufhausdetektives suchen. In dem Erwischtwerden des Freundespaares sehen wir auch einen Identifizierungsanteil mit der Mutter zum Vorschein kommen. Auch die Mutter hat es damals ›erwischt‹; auch die Eltern von damals konnten die Grenzen nicht halten. Diese Wiederholung zeigt uns, daß Florian in bedrohlicher Weise in eine Identifizierung geraten ist, die ihn sich nicht selbst bestimmen läßt. Er hängt, bildlich gesprochen, in der Luft und braucht dringend sein Seil, um sich an einem sich bewährenden und stabilen Vater festmachen zu können. Weil die Aufklärung nicht wirklich stattgefunden hat, weil ihm Wissen fehlt, vor dem er sich fürchtet, muß er in der Wiederholung agieren.

In der analytischen Behandlung wird es darum gehen müssen, das analytische Setting zu wahren, damit Florian im Therapeuten den Grenzen setzenden, triebregulierenden Vater finden kann, der sich nicht entzieht, sondern ihm seine Werte zur Verfügung stellt, damit sich sein Über-Ich aufbauen kann und sein drängendes, infantiles Lust-Ich eine Integration in einer an der Realität orientierten Funktionsfähigkeit erfährt. Über die Identifizierung mit einem eindeutigen Vaterbild könnte Florian dann aus den diffusen Identifizierungen herausfinden und seine Identität aufbauen.

Anita Eckstaedt
Warum hast du so große Ohren?

Wenn Eltern mit ihren Kindern Schwierigkeiten oder gar Probleme haben, und deshalb den analytischen Kindertherapeuten aufsuchen, dann sprechen wir in unserer Praxis im allgemeinen zuerst mit den Eltern. Das Kinderinterview folgt diesem Eltern-Erstgespräch. So auch im Fall Katrin, bei dessen Darstellung ich allerdings zuerst das Kinderinterview beschreibe, weil es ein umfassendes Bild dieses Kindes bietet und eine geschlossene Dynamik und besondere Lebendigkeit in sich birgt. Die Frage, warum dieses Kind leidet, kann dann sehr viel eindeutiger an unsere Betrachtung des Elterninterviews gerichtet werden.

Von der gerade siebenjährigen Katrin hatte sich die Kindertherapeutin durch das vorausgegangene Gespräch mit den Eltern ein bestimmtes Bild gemacht. Die Eltern hatten Katrin als ein gehemmtes und verlegenes Kind mit allerlei Schulschwierigkeiten beschrieben. Katrin selbst entsprach jedoch keineswegs diesem Bild. Sie erschien vielmehr fröhlich und strahlte eine gewisse Anmut aus. Die Eröffnung des Gesprächs mit der Kindertherapeutin war recht eigenwillig: »Ohne Begrüßung geht Katrin auf die Telefonapparate im Spielzimmer zu, nimmt sich den einen und schiebt den anderen, selbst schon beim Wählen, der Kindertherapeutin zu. ›Frau Krämer!‹, meldet sie sich und stellt sich als ihre Mutter vor. Sie hört aufmerksam zu, als die Kindertherapeutin ›Frau Krämer‹ nun am Telefon erklärt, daß die Katrin hier bei ihr sitze und gekommen sei, weil es in letzter Zeit so manche Schwierigkeiten in der Schule gegeben habe. Ganz beruhigt legt Katrin den Hörer auf, geht zur Tafel und schreibt ihren Namen hin: Katrin. Die Kindertherapeutin schreibt darauf ihren eigenen Namen daneben. Als das Kind sie weiter wartend anschaut, schreibt die Kindertherapeutin auch Katrins Namen an die Tafel.

Mit einem einzigen Blick durchs Zimmer entdeckt Katrin dann unter den Handpuppen den feuerroten Teufel, nimmt ihn und gibt ihm ein Stück lilafarbener Kreide in die Hand. Sie lacht dabei und sagt: ›Giftlila!‹ Daraufhin läßt sie den Teufel an der Tafel einen Brei in einem sogenannten Breitopf malen und kommentiert: ›Ein bißchen Gift, ein bißchen Banane, ein bißchen Orange und Hellblau und ein bißchen Himmel!‹ All das wird in den Brei hineingerührt. Sie erzählt noch eine Geschichte dazu und meint: ›Dann kommt man gleich zum lieben Gott, und dann stirbt man – noch Schokolade und Milch, damit der Brei auch schmeckt.‹ Die Kindertherapeutin lacht fast; denn das Spiel wirkt komisch auf sie und ein bißchen durchtrieben. Mit der Frage: ›Wer wird schon so einen Brei essen?‹, flicht sich die Kindertherapeutin ins Spiel. Katrin antwortet klar und sofort: ›Der König und die Königin essen den Brei.‹ Dabei nimmt sie diese beiden Puppen aus dem Regal und zieht den König über ihre Hand. Der König ißt jetzt aber nicht, sondern nimmt selbst ein Stück Kreide und zeichnet ein betont längliches Rechteck. Katrin kommentiert wieder: ›Eine Banane, aber der König kann schlecht malen, und noch ein paar Haare dran.‹ Als sie die Haare an das eine Ende des Rechtecks anfügt, kichert sie dabei. Nun ißt der König, wie Katrin beschreibt, die Banane. Sie nimmt dazu den Lappen und wischt die Banane weg; den Brei dann auch. Die Kindertherapeutin sagt: ›Der König hat den Brei nun doch nicht gegessen?‹ Katrin erwidert: ›Nein, der König war schlau und die Königin ist gar nicht vorgekommen.‹ Sie liegt noch auf dem Tisch neben dem Regal, aus dem Katrin sie geholt hatte.

Katrin entwirft dann etwas Neues an der Tafel, eine Mauer aus Backsteinen. Sie will die Steine bunt malen und darüber gerät sie fast ins Schmieren. Plötzlich fängt sie an, die Steine zu zählen, und gleichzeitig stellt sie der Kindertherapeutin in ziemlich forderndem Ton Rechenaufgaben. Die Kindertherapeutin interpretiert: ›Jetzt ist es wie in der Schule.‹ Entschlossen will Katrin die Mauer auswischen, doch aus diesem Ansatz entwickelt sich ein begeistertes Panschen und Spritzen mit dem Lappen, so daß bräunlichtrübes Wasser von der Tafel auf die Erde tropft. Mit wenigen Worten kann ein Ausufern dieses Spiels verhindert werden. Dafür läßt Katrin – wie versehentlich – einige Kreiden ins Wasser fallen.«

Wenn man diesen ersten Teil der Begegnung betrachtet, fällt zuerst auf, daß die Kindertherapeutin von Katrin ein anderes Bild gehabt hatte. Die Eltern hatten ein gehemmtes und verlegenes Kind mit Schulschwierigkeiten beschrieben. Zu diesem Bild paßte nicht, daß Katrin fröhlich wirkte und im Gespräch offen und frei die Führung übernahm. Die Mutter hatte die eigene Art des Kindes schon angekündigt. Sie hatte aber nur davon berichtet, daß Katrin niemandem die Hand gäbe und niemandem »Guten Tag« sage. Die Mutter hatte noch nicht bemerkt, wie ihre Tochter andere begrüßte. In der Tat streckte die Kindertherapeutin ihre Hand vergebens aus, als Katrin kam. Katrin führte statt dessen die Hand der Kindertherapeutin direkt zum Telefonapparat, ihre spielerische Weise der Begrüßung. Damit hatte sie die allgemeine Weise, sich zu begrüßen, umgangen. Offensichtlich hatte sie diese Form als ein striktes Gebot erlebt, dem sie sich entziehen mußte. Am Telefon stellte sie sich dann als »Frau Krämer« vor. Dieser Name steht symbolisch für die Repräsentanz der Mutter. – Vermutlich hatte sie beobachtet, wie die Mutter am Telefon Kontakt mit der Kindertherapeutin aufgenommen hatte. Die Kindertherapeutin spricht geschickt »Frau Krämer« direkt an. Sie nimmt das Spiel mit der doppelten Identität des Kindes, das vor ihr sitzt und zugleich seine Mutter spielt, auf und erklärt dieser Mutter, daß ihre kleine Tochter hier sitze, weil sie in der Schule Schwierigkeiten habe. Damit hat die Kindertherapeutin die »Frau Krämer« ernstgenommen und beruhigt und Katrin in den Mittelpunkt gerückt. Der Erfolg dieser Anrede stellte sich sofort ein. Das Kind schrieb seinen Namen an die Tafel. Das Bedürfnis des Kindes, wie die Mutter zu sein, die Führung zu haben, um zu wissen, was mit ihm selbst los ist, muß sehr stark sein. Daß ein Kind sich initial als die Mutter seiner selbst vorstellt, ist ungewöhnlich und dürfte ein enormes Bedürfnis nach Großsein und Kontrolle-Haben ausdrücken. Es ist aber auch vorstellbar, daß Katrin in der Rolle der Mutter so eindringlich forschend nach sich selbst fragt; denn die Mutter wird bei der Kindertherapeutin über Katrin gesprochen haben. Der Grund für dieses Streben bleibt uns vorläufig unklar. Das Kind in Katrin kann offenbar nicht unbefangen annehmen, Kind zu sein. Natürlich gehören Mutter und Kind zusammen, weil sie einander brauchen. Das Zusammensein wird, so dürfen wir hier vermuten, eine besondere Qualität haben, die Katrin zu dem Versuch veranlaßt, ihre Kind-Rolle abzustreifen. Bei Katrin nehmen wir zunächst an, daß sie, identifiziert mit der Mutter, dieser vorzugreifen versucht, um sich dadurch zu schützen.

Nach der gelungenen Beruhigung von »Frau Krämer« spielte Katrin sofort. Ihr Spiel handelte von ihr und den Eltern. Sie nahm den feuerroten Teufel, der für sie steht, und ließ ihn einen Giftbrei mischen. Zu diesem Brei waren König und Königin eingeladen. Sie weiß, was Gift bewirkt. Die Kindertherapeutin schilderte uns ihr Verhalten und ihren Gesichtsausdruck bei der Mischung des Giftbreis, der mit Milch und Schokolade schmackhaft getarnt wurde, als etwas durchtrieben. Es ist ihr unmittelbar anzumerken, daß sie genau weiß, was böse ist. Der König, der die Vaterfigur repräsentiert, ist für Katrin lebensnotwendig. Er fällt auf solche Täuschungen nicht herein. So erscheint es, wenn man den laut gewordenen Gedanken der Kindertherapeutin folgt, die die Sorge zu zerstreuen versucht, daß der König den Brei doch gegessen haben könnte. Als der König die Banane aß, indem Katrin sie wegwischte und diese Handlung als »essen« kommentierte, wischte sie den Brei ohne Kommentar ebenfalls fort. Es legt sich nahe, daß Katrin heimlich den König den Brei hat essen lassen. Dann wird sie vermutlich der Therapeutin dankbar gewesen sein, daß diese durch ihre Bemerkung, »Der König hat den Brei nun doch nicht gegessen?«, die Handlung ungeschehen machte; denn Katrin geht sofort auf die Kindertherapeutin ein: »Nein, der König war schlau ...«. – In ihrer Weise hat Katrin dem König eine Banane als Symbol seiner Männlichkeit gegeben. Sie malte die Banane rechteckig und fügte zum Schluß ein paar Haare an ein Ende. Ein zweites Mal fällt auf, daß Katrin es anders machen muß als üblich. Ihr Eigensinn setzt sich durch, auch dann, wenn sie dem König die Banane wieder nimmt, und diese aufgegessen wird. Zuerst, bei der Begrüßung, gab sie die Hand nicht, jetzt, in der Zeichnung, wird das Runde eckig. Es sieht wie ein Zwang aus, es anders machen zu müssen. Könnte dieses Es-anders-machen-Müssen bei dem leicht verunglückten Symbol ein Stück von Katrins Not ausdrücken, das, was sie schon kennt, offenbar ein männliches Glied mit Schamhaaren, wieder zu verfremden, weil sie es innerlich noch gar nicht verarbeitet hat und weil sie eifersüchtig darauf ist? Katrins Kichern bei ihrem Schlußkommentar deutet auf ihr Wissen um Sexuelles, auf Lust und Neugierde hin. Sie muß dieses Wissen verfremden, um wieder Abstand davon zu bekommen, weil es zu bedrängend ist. In dem Spiel, in dem der König mit Hilfe der Therapeutin überlebt hat, wird von Katrin zu Beginn und zum Schluß noch eine Figur genannt, die zwar anfangs aus dem Regal herausgeholt, im Spiel jedoch nicht vorgekommen war: »Die Königin«. Katrin ist klar, welche Personen zu der sie so bewegenden Szene gehören: drei. Sie weiß, daß sie eine Person ausgeschaltet hat und zeigt damit einen beachtlichen Grad an Fähigkeit, ihr aktuelles Tun zu beobachten. Zugleich konnte sie sich der Situation spielend überlassen. Diese beiden Einstellungen ihres Ichs sind wichtige Voraussetzungen im Sinne der therapeutischen Ichspaltung für eine analytische Kindertherapie. Wenn sie bereits initial vorhanden ist, läßt sich die Indikation zu einer solchen Therapie vom Kind her gesehen leicht stellen.

Die Königinfigur steht für Katrins Mutterrepräsentanz. Die ganze Geschichte stellt eine ödipale Konstellation dar. Katrin macht durch die Benennung der dritten Person die Diagnose dieser Szene leicht. Da Katrin wegen verschiedener Schwierigkeiten kam, ist nicht zu erwarten, daß sie im Alter von sieben Jahren ihre ödipalen Konflikte vollständig bewältigt hätte. Wir sind nicht überrascht, wenn Katrin die Vaterfigur allein auftreten läßt, ihn attackiert, ihn aber überleben läßt und die Rivalin ganz einfach ausschaltet. Doch dürfen wir an dieser Stelle auch vermuten, daß die ausgelassene dritte Person, die Königin, in Katrins Spiel die wichtigste ist. Die Beziehung zur Mutter muß so konfliktbeladen erlebt werden, daß Katrin keine Weise findet, ihr einen Platz zu geben bzw. sie darzustellen. Wir haben vom Anfang des Kinderinterviews her einen Hinweis auf diese dritte Person in den ersten Worten Katrins aus der Vorstellung als »Frau Krämer.« Auf die Wichtigkeit der Mutter deuten beide Szenen hin: in der ersten stellt Katrin die Mutter ganz in den Mittelpunkt, diese drängt sich vor das Kind; in der zweiten Szene kommt die Mutter nicht vor, jetzt drängt sich, identifiziert mit dem feuerroten Teufel, das Kind erfolgreich vor die Mutter. Der Brei war nicht nur für den König, sondern auch für die Königin gekocht worden, so Katrins Antwort auf die Frage der Kindertherapeutin. Vorläufig stellen wir fest, daß die ödipalen Konflikte von Katrin noch keineswegs gelöst sind und wie hochexplosiv zur Darstellung kommen. Die Eltern erscheinen als König und Königin idealisiert, zugleich sollen sie vergiftet werden. Wir sehen Katrins heftige Ambivalenz.

Katrin hat sehr rasch zwei große Themen aufgeworfen: ein Identitätsproblem, in welchem sie das Kindsein nicht erträgt und sich mit aller Macht aus der Kinderrolle zu lösen versucht, und ein ödipales Problem mit den Eltern. Dabei ist nicht zu entscheiden, ob das erste Problem sich in der ödipalen Konfliktkonstellation aufhebt und allein ein Rivalitätsproblem mit der Mutter ist, oder ob die Lösung der ödipalen Konstellation deshalb schwer gelingt, weil Katrin bisher nicht ausreichend zu ihrer Identität und ihrem Selbst gefunden hat.

In der sich an das Spiel mit König und Königin anschließenden Szene ist eine erste Antwort auf die bisherigen Überlegungen enthalten. Katrin wurde plötzlich monoton in ihrer Darstellung. Sie malte etwas Unbelebtes, Mauersteine und begann sie zu zählen. Wir wissen, daß Zählen ohne eine äußere Notwendigkeit auf einen unbewußten konflikthaften Gefühlszustand hinweist, indem durch das Zählen versucht wird, wieder die Oberhand zu gewinnen. Dieser Versuch Katrins, nach der Darstellung ihres ödipalen Problems die Oberhand zurückzugewinnen, war notwendig, nachdem sie der Kindertherapeutin einen tiefen Einblick in ihre Ambivalenz gegeben hatte. Denn sie kann es auch nicht ertragen, daß sie selbst entdeckt wird. Dieses Bedürfnis nach Führung ihrerseits wurde noch eindrücklicher, als Katrin sich dann der Kindertherapeutin gegenüber zur Lehrerin machte und ihr Rechenaufgaben stellte. Als diese der Aufforderung nicht folgte und statt dessen die Situation indirekt deutete: »Jetzt ist es wie in der Schule«, fühlte sich Katrin wohl betroffen; denn sie führte dieses Spiel nicht weiter fort. Ihre Abwehr durch den Versuch der Identifikation mit dem Stärkeren brach in diesem Moment zusammen, und aus dem Kind, das gerade noch die Situation beherrschte, wurde ein Kind, daß nun mit Spritzen und Panschen ausuferte und an der Tafel herumschmierte. Katrin ließ sich zwar leicht durch die Kindertherapeutin wieder in Grenzen zurückführen, doch indem sie zum Schluß wie versehentlich die Kreide ins Wasser fallen ließ, zeigte sie, daß es ihr nicht leichtfiel, sich einzufügen. Als sie es tat, geschah es in der bekannten trotzigen Manier: schnell nach dem Verbot noch einmal etwas Böses tun. Für sie hat es dann den Anschein, als habe sie selbst damit aufgehört und sich nicht brav und passiv dem Gebot der Erwachsenen gefügt. – Ganz sicher sehen wir eine Veränderung auf diese indirekte Deutung im Wechsel vom aktiven Part – in der Identifikation mit dem Aggressor oder dem Stärkeren – zum passiven, betroffenen Part. Das Ausufern und Panschen mit dem Wasser an der Tafel und über sie hinaus, als bräunlich-trübes Wasser heruntertropfte, kann uns auch erinnern an die Situation, in der Katrin von ihrem frühen Säuglingsalter an Abführmittel und Klistire bekam und damit die Kontrolle über ihre Körperfunktionen verlor. Das ausufernde Panschen könnte den erzwungenen Durchfall darstellen, den sie rasch mit Hilfe der Therapeutin auch wieder unter Kontrolle bekommt. Immerhin fügt sie der Mutter damit auch Unangenehmes zu. Der Abschluß, als Katrin die Kreide ins Wasser wirft, läßt daran denken, daß Katrin ihr Bedürfnis darstellt, etwas Geformtes und Gestaltetes machen zu können.

In allen drei Szenen sind wir dem dringenden Bedürfnis Katrins begegnet, sich mit dem vermutlich Stärkeren zu identifizieren, es dabei aber jeweils in eigener Art selber zu machen; unabhängig von den Erwachsenen, so wie sie es sich vorstellt. Sie fühlt sich geradezu gezwungen, es anders zu machen. Dieses andere läßt sich leicht herstellen durch einfache Umkehr: anstelle des Handgebens steht das Nicht-Handgeben; der runde Strich wird durch den eckigen ersetzt; auf das ›Nein, tue es nicht‹ folgt ›Ich tue es doch‹. Diese einfache Umkehr von Ja und Nein zählt zu den frühen analen Abwehrmodalitäten. Wir halten also fest, daß Katrin bei den Konflikten mit ihren Eltern den Trotz als eine Stabilisierung ihrer selbst dringend brauchte und heute noch an ihm festhält. Dabei ist sie dem eigentlichen Trotzalter längst entwachsen.

Der zweite Teil des Interviews ist durch etwas ganz anderes geprägt. Katrin nimmt wieder Kreide und beginnt ein neues Malspiel. Mit blauer Kreide zeichnet sie einen Kopf, einfach rund mit Hals. Dann prüft sie die Augenfarbe der Therapeutin, und als sie feststellt, daß diese braune Augen hat, nimmt sie braune Kreide und sagt: »Ich habe auch braune Augen«. Dann malt sie zwei Augen in den Umriß und danach mit dunkler Kreide Haare. Wie in der ersten Malszene führt Katrin gleichzeitig einen Dialog mit der Kindertherapeutin: »Die Haare sind dunkel«. Die Kindertherapeutin begriff nach dem anfänglichen Namenschreibspiel die Intention des neuen Spiels und kommentiert das Gemalte: »Die Haare sind dunkel wie deine«. Katrin wehrt kurz ab und meint, sie habe doch keine dunkelbraunen Haare. Die Kindertherapeutin, die die Eltern vorher gesehen hatte – auch Katrin wußte vom Gespräch der Eltern mit ihr – führt ein: »Deine Mutter hat ganz blonde Haare, dein Vater ganz dunkelbraune«. Katrin malt daraufhin einen roten, lachenden Mund. Die Therapeutin sagt nun: »Sie lacht«. Katrin fragt zurück: »Soll ich etwa so machen?«, und dabei malt sie neben das Gesicht einen traurigen Mund. Dann geht das Spiel weiter, und Katrin sagt: »Die Stirn habe ich vergessen«, und sie macht einige rosa Striche. Die Therapeutin meint: »Sie macht Falten auf der Stirn«. Katrin: »Ja, so wie ich«, und lacht dabei. Nun spricht die Therapeutin direkt zu Katrin gewandt, sieht ihr ins Gesicht und sagt: »Du lachst, du machst keine Falten.«

Katrin fragt: »Wann macht man Falten?« Dabei probiert sie es vergeblich. Die Therapeutin: »Wenn man sich ärgert, zieht man die Stirn in Falten«. Katrin fragt zurück: »Und wenn man sich freut?« Die Therapeutin: »Wenn man sich freut, lacht man. Aber manchmal lacht man auch und ist in Wirklichkeit traurig«. Die Therapeutin hat ein Stück der Problematik Katrins in Form des Überspielens erspürt und ihr den Weg zu dem Traurigen in ihr zu ebnen versucht. Auf diese allgemeine Klärung hin, wie Menschen sich verhalten können, bekennt Katrin: »Ja, wenn man hinfällt, dann lacht man; dabei tut es in Wirklichkeit weh«. Die Therapeutin ergänzt für Katrin: »Aber es soll keiner wissen, daß es weh tut«.

Nach diesem ersten Entwurf des Portraits von Katrin mit dunkelbraunem Pony, braunen Augen und einem lachenden Mund, der auch lacht, wenn es weh tut, wird das Bild weiter entwickelt. Das geschieht jedoch im Sinne einer Verunstaltung. Das Gesicht bekommt Riesenohren und in den lachenden Mund malt Katrin große, spitze Zähne. Auf die Bemerkung der Therapeutin: »Die hat aber gefährliche Zähne«, sagt Katrin: »Ja, die kann beißen«. Sie malt dann einen kleinen, etwas schmächtigen Körper mit Armen, Beinen und Händen. Selbst sagt sie dazu: »Die ist klein«. Aber damit das gemalte Kind seiner Kleinheit nicht ausgeliefert sei, greift die Therapeutin zurück auf die hinzugemalten Zähne und dokumentiert: »Sie ist klein, und sie kann beißen«. Überraschenderweise ist Katrin mit dem Nur-beißen-Können als Kompensation der Kleinheit jetzt nicht mehr zufrieden. Sie malt dem Mädchen auf der Tafel einen Daumen und sagt dazu: »Und sie hat einen ganz kleinen Daumen.« Die Therapeutin faßt alle für Katrin wichtigen Körpermerkmale und -eigenschaften zusammen und sagt: »Sie ist klein, sie hat einen ganz kleinen Daumen, und sie kann beißen.« Zur deutlicheren Kennzeichnung des Daumens schreibt Katrin noch ein großes D neben den Daumen, dann wird das Kind auf der Tafel bekleidet. Die Ärmel bekommen ein Muster, und die Therapeutin tippt auf einen Ringelpulli. Aber Katrin lacht und meint: »Hast du eine Ahnung, wie das aussieht!«, und macht rasch etwas anderes daraus, ein Karo. Erstaunt sagt die Therapeutin: »Eine karierte Bluse«. Katrin sagt: »Genau!« Sie trägt eine solche. Dann malt sie eine große lila Schleife an den Kragen; aber eine solche trägt Katrin nicht. Diese Verfremdung ist sicher ein Zeichen dafür, daß Katrin sich jetzt immer mehr von ihrem Selbstportrait distanziert, weil sie das Näherkommen zur

Therapeutin regulieren muß. Dieser Trennungsakt geschieht wieder mit Hilfe ihres Eigensinns. Inzwischen ist auch die angesetzte Stunde fast vergangen, und die Therapeutin macht Katrin sanft auf die letzten fünf Minuten aufmerksam. Katrin gebraucht diese Zeit, um mit mäßigem Panschen das Bild von der Tafel wegzuwischen. Dann versucht sie, alle Kreidestücke mit einem Mal ins Wasser zu werfen. Als die Kindertherapeutin Einspruch erhebt, wählt Katrin das kleinste Kreidestück aus und wirft es ins Wasser. Sie sieht sich um, und jetzt – nachdem eine Stunde vergangen ist – fragt sie plötzlich besorgt: »Ist meine Mutter denn noch da?«

Mit dieser Frage war Katrin ohne Verabschiedung gegangen. Die Therapeutin hörte durch einen Zufall durch die offenstehende Wartezimmertür die sich anschließende Wiederbegegnung von Mutter und Kind: Die Mutter fragte Katrin beim Anziehen leise, aber eindringlich, was sie und die Therapeutin gesprochen hätten.

Die nachträgliche Betrachtung des zweiten Teils dieser ersten Begegnung des Kindes mit der Therapeutin führt uns näher an das Kind selbst heran. Im ersten Teil, als es um die Beziehung zu Vater und Mutter ging, zeigte sich das Kind offen, wie es in ungelösten Triebkonflikten steht und in welcher Weise sie abwehrt. Im zweiten Teil der Begegnung stellte sich Katrin selbst dar und begann ein vertrauter werdendes Spiel mit der Kindertherapeutin. Katrin zeigte der Therapeutin ihre Selbst-Problematik. Von ihrem Trotz war nur noch wenig zu spüren und zunehmend vertraute sie sich der Beziehung zur Therapeutin an. Es war, als hätten beide den Dialog wiederholt, der Mutter und Kind auf dem Wickeltisch miteinander verbindet. Katrin forderte zu dem Dialog auf, als sie den Umriß eines Gesichts malte. Nachdem sie die Therapeutin angeschaut und deren Augenfarbe festgestellt hatte, konnte sie ihre eigenen Augen in dem begonnenen Gesicht »auch« braun malen, so braun wie die der Therapeutin. Im folgenden war es so, als würde Katrin sich im Angesicht der Therapeutin widerspiegeln und selbst finden. Was sich dort ereignete, ist der spielerische Vollzug der narzißtischen Besetzung des kindlichen Körpers im Glanz der mütterlichen Augen. Kohut hat diese notwendige Form der narzißtischen Besetzung in der Mutter-Kind-Beziehung beschrieben. Im Volksmund heißt dieses Spiel: »Nasewippchen, Augenbrauchen, zipp, zipp, zipp mein Haarchen«, und dabei herzt und küßt die Mutter das Kind. Das gleiche tut die Therapeutin, indem sie alles, was das Kind sagt oder malt, beschreibt und wieder benennt; das heißt, sie drückt ihre Freude am Dasein des Kindes aus. Für Katrins Erleben kann das nur eine Erfahrung von Anfassen ihres Körpers durch die Therapeutin bedeuten, jetzt mit Hilfe der Sprache. Das Kind bleibt bei jedem Schritt dieses Spiels in Führung. Sobald die Therapeutin Katrin, soweit sie sich zeigt, entdeckt, mit Augen, Ohren, Mund usw., und Katrin ihrerseits dieses Sich-Finden bejaht, geht Katrin einen Schritt weiter. Ein lachender Mund ist ganz selbstverständlich für Katrin. Als das ausgedrückt wird, sagte sie: »Ja, soll ich etwa einen traurigen Mund malen?«, und sie malte ihn daneben, und so gab es diesen traurigen Mund auch, den die Therapeutin sehr wohl wahrgenommen hatte. An einer späteren Stelle, als Katrin Falten malen und auch in Wirklichkeit auf ihrer Stirn machen wollte, was ihr auf ihrem Kindergesicht gar nicht gelang, drückte die Therapeutin eine Wahrheit aus: »Aber manchmal lacht man auch, und es ist in Wirklichkeit traurig«. In dieser Form, die für Katrin überhaupt nicht eindringlich war, die den Bezug zu ihr offenließ, konnte Katrin diese Wahrheit ohne Schwierigkeit für sich annehmen. In ihrer unmittelbaren Antwort darauf sprach sie ein Wissen aus, das nur aus ihrem eigenen Leben kommen konnte: »Ja, wenn man hinfällt, dann lacht man, dabei tut es in Wirklichkeit weh«. Hier hat Katrin ihre Neigung zur Verkehrung und Verleugnung offen ausgesprochen. Bis zu dieser Stelle hat sie sich gezeigt, wie sie sich bewußt zeigen will, mit einem immer lachenden Mund. Diesen immer lachenden Mund bringt sie nur deshalb fertig, weil sie trotzdem lacht. Für die Therapeutin wurde dabei einsichtiger, daß Katrin nicht ohne weiteres zeigen kann und darf, wie sie wirklich ist.

In der folgenden Ergänzung des Portraits, die eher als Verunstaltung imponierte, zeigte sich, daß das Trotzdem-Lachen für Katrin gar nicht ausreicht, um sich in dieser Welt zu behaupten. Das Gesicht bekam Riesenohren. Man könnte sagen, ›damit sie besser hören kann‹, ähnlich der Geschichte vom Wolf im Rotkäppchen. Weiter bekam der lachende Mund spitze Riesenzähne, und wieder könnte man sagen, ›damit sie besser beißen kann‹. Katrin sagte es dann selbst: »Die kann beißen«. Rotkäppchen war erstaunt über die angebliche Wehrhaftigkeit der Großmutter. Weil sie den Wolf an ihrer Stelle nicht erkannte, verstand sie die Größe der Ohren und der Zähne des Wolfes nicht und fragte: Warum? Sie erhielt die Antwort, auf die ich anspielte. Warum Katrin dieser Ausstattung bedarf, wird in der weiteren Szene sichtbar. Der Körper, der an diesen so ausgestatteten Kopf gemalt wird, ist klein und zierlich. Das also weiß Katrin genau, und sie bezeichnet ihn auch als klein. Die Therapeutin sammelte wieder alle Gegebenheiten des dargestellten kindlichen Körpers ein, als binde sie alle seine Eigenschaften zu einem Ganzen im Sinne der Reparation des fraktionierten Selbst zusammen. Katrin machte den weiteren Schritt zur Stabilisierung dieses kleinen zarten Körpers, indem sie der Kindertherapeutin offenbarte: »Sie hat einen ganz kleinen Daumen.« Die Verharmlosung zeigt dem Analytiker das Besondere. Schon im ersten Teil des Kinderinterviews beschäftigte Katrin ein phallisches Symbol, das sie dem Vater zurechnete. Jetzt, in der Verschiebung auf ein anderes Glied und gleichzeitig auf ein Kleinstes, stattet sie das Bild von sich zusätzlich mit Eignschaften aus, die dem Phallischen innewohnen. Das bedeutet eine weitere Kompensation für den kleinen Körper. Der Daumen erhält eine besondere Kennzeichnung durch ein großes ›D‹. Wir sehen wie Katrin, intrapsychisch mit dieser Kompensation beschäftigt, weiterarbeitet. Die abstrahierende Verwendung ihres Wissens, die betont rationale Kennzeichnung dient dem Unkenntlichmachen ihrer unbewußten Ängste und Wünsche. Das Bild Katrins auf der Tafel mutet nachträglich wie eine wissenschaftliche Zeichnung an, in die Bezeichnungen eingefügt sind. Bedeutet das zugleich eine Ent- oder Verfremdung ihres Selbstbildes? Wem will sie so erscheinen, sich selbst oder anderen gegenüber?

Als Katrins Bild auf der Tafel dann liebevoll mit Kleidern ausgestattet wurde und man an der Differenzierung der Kleider sah, wie groß sie eigentlich schon war, wehrte Katrin die Therapeutin sanft ab. Sie irrte sich, wenn sie meinte, Katrin trage einen Ringelpulli; nein, es war doch ganz einfach so, wie es in Wirklichkeit zu sehen war: Sie trägt eine karierte Bluse. Doch wieder ist die Therapeutin im Irrtum, aber diesmal von der anderen Seite her eingespielt, wenn Katrins Bild nun noch eine Schleife bekam; denn ihre Bluse hatte gar keine Schleife. Katrin mußte wieder Distanz zur Kindertherapeutin bekommen. Eigentlich kann man die Abwendung für gut halten, sonst hätte sie der Neigung zur Regression sehr weit nachgegeben, und hier setzt sie sich schalkhaft aus den Armen der Therapeutin wieder ab. Aus dem begonnenen Spiel des ›Entdeck' mich!‹, das dem Versteck- und Fangenspiel sehr ähnelt, wird zum Schluß ein Spiel des Entfernens,

Wiederfindens und schließlich des Wiederweglaufens. Als Katrin dann erfuhr, daß sie nach Hause gehen müßte, weil die Zeit vorbei sei, wollte sie nichts von sich zurücklassen, sie wischte ihr Bild aus. Das heißt, sie sammelte alles ein und wollte nichts der Therapeutin in diesem noch so ungewissen Stadium zwischen ihnen zurücklassen. Für Katrin würde das wahrscheinlich ein Überlassen bedeuten, und das war ihr zu viel. In dieser Situation drückt sich nochmals ihre Kränkbarkeit aus. Vom anderen bestimmt zu werden, kränkt sie. So zieht sie es vor, die Beziehung selbst und radikal zu trennen. Es ist die Stelle, an der sie zum ersten Mal wieder an die Mutter dachte. Auf ihre alte Stabilisierungsform durch den Trotz griff sie rasch bei der Trennung zurück und machte schnell noch etwas, von dem sie ziemlich gewiß war, daß der Erwachsene es womöglich nicht gerne sieht, sich sogar ärgert. Es überrascht daher, wenn sie das Beisammensein abrupt beendet, indem sie alle Kreiden ins Wasser zu werfen versuchte, nachdem die Beziehung zwischen beiden sich so gut und vertrauensvoll entwickelt hatte. Damit versuchte sie, alles zunichte zu machen. Ihre momentane Wut mußte groß sein. Sie fing sich jedoch ein wenig und nahm nur das kleinste Kreidestück und warf wenigstens das noch ins Wasser. Der andere soll wissen, daß sie böse ist. Es ist ihr gelungen, im Trotz die Führung zu behalten, und wortlos ging sie. Vom Selbst-Problem Katrins ist ein Aspekt sehr klar geworden: die Unfähigkeit, sich separieren zu können. Wenn Katrin sich trennt, also separiert, kann sie es nur forciert im Trotz oder durch die Überidentifikation mit dem in der jeweiligen Beziehung als stärker Erlebten tun, so wie wir sie als Mutter oder als Lehrerin und hier zum Schluß als die sehen, die den anderen stehen läßt.

Die sich anschließende, nur zufällig erfahrene Szene der Wiederbegegnung zwischen Mutter und Kind gibt einen wichtigen Hinweis dafür, warum Katrin es so schwer hat, sie selbst zu sein. Die Mutter will sofort wissen, was Katrin mit der Kindertherapeutin gemacht hat. Leise fragt sie, aber eindringlich. Die großen Ohren bekommen jetzt einen Sinn. Sehen wir zunächst davon ab, daß Katrin auf ihrem Selbstportrait diese großen Ohren hatte. Große, zu große Ohren hat jetzt die Mutter. Es ist eindeutig, daß sie viel hören will. Katrin wird gar keine Zeit gelassen, selbst auszuwählen, was sie der Mutter erzählen würde und auch wann. In diesem ungeschützten Moment unmittelbar nach allen Eindrücken durch einen anderen Menschen, greift die Mutter plötzlich mitten in Katrins eigenes Leben hinein. Ihr enormer Versuch, sich wehrhaft und stark gegen andere zu machen, das Wegnehmen, was von ihr war, als sie beim Gehen die Tafel auswischte, verstehen wir jetzt, weil in der Art des Eindringens der Mutter ein Mißbrauch stattfindet, indem die Mutter Katrin das Eigene, den eigenen Erlebensraum, nicht läßt. Aber warum hat Katrin selbst auf dem Bild so große Ohren? Solche Ohren können einerseits schützen, indem sie früh warnen, andererseits ist Katrin auch identifiziert mit dem forschend eindringenden Aggressor.

Beurteilt man das Kind nach diesem Kinderinterview, so liegt die Stärke dieses gerade siebenjährigen Mädchens in der Fähigkeit, spielen zu können. Die Spiele, die sich vor der Therapeutin von Anbeginn entfalten und in die sie immer mehr mit einbezogen wird, drücken die Fähigkeit zur Phantasie und damit auch zu Kreativität aus. Diese Begabtheit Katrins können wir in ihrer Ausgestaltung als reich und besonders bezeichnen. Das Glückliche an dieser Phantasie ist die gleichzeitige Fähigkeit Katrins, ihr Ausdruck und Gestalt zu verleihen im Spiel, beim Malen und im Umgang mit einem anderen. Sie ist auch in der Lage, sich und ihre Probleme darzustellen. Die Vertiefung in das jeweils initiierte Spiel ist erwähnenswert, weil Katrin dadurch in einem inneren Kontinuum bleiben kann und die Fähigkeit zur Konzentrierung besitzt. Katrins Verhalten fällt jedoch an anderen Stellen als nicht so gesund auf. Alles, was man allgemein tut und erwartet, tut sie gerade nicht. Sie gibt nicht die Hand, sie sagt nicht ›Guten Tag‹, sie sagt nicht ›Auf Wiedersehen‹. Im Gegensatz zu diesem Verhalten steht die Art Katrins, die Beziehung zur Kindertherapeutin unmittelbar und in einer ungewöhnlichen Weise zu gestalten, auch wenn es manchmal nur eine einfache Umkehrung ist. Katrin ist emotional sehr ansprechbar und bewegbar, und sie ist auch kontaktfähig, wenn wir betrachten, wie tief sich Katrin insbesondere in der zweiten Szene des Kinderinterviews einlassen konnte. Entsprechend mußte sie sich auch wieder verschließen. Katrins Besonderheit, vieles anders als andere zu machen, ist eine zwanghafte Eigenart. Beobachtet man den Verlauf des Interviews, setzt sich dieser Zwang zum Anders-Machen besonders am Anfang und Ende des Gesprächs und der Beziehung durch, und ebenso beim Wechsel einzelner Episoden. In einer vorläufigen Klärung haben wir das mit der Objektbeziehung und speziell der Separation in Zusammenhang gebracht. Eine menschliche Begegnung zu beginnen und zu beschließen bedeutet für Katrin eine Schwierigkeit. Im Vollzug derselben ist Katrin durchaus fähig, sich anzuvertrauen und weiter emotional aufzuschließen. Die zufällige Beobachtung der Kindertherapeutin bei der Wiederbegegnung von Mutter und Kind hat uns gezeigt, daß Katrin von der Mutter bedrängt wird. Für das ungeduldige Bedürfnis der Mutter, unvermittelt in Katrins eigenen Lebensraum einzudringen, müssen wir später einen Grund bei ihr suchen. Es ruft bei Katrin, die sich abschließen muß, ein Mißtrauen hervor, das sich am Anfang und am Ende des Gesprächs akzentuiert. – An Katrin nehmen wir durch dieses Mißtrauen vermittelt indirekt Ängste wahr. Neben dem raschen Sich-Verschließen weisen Ausrüstungen wie die großen Ohren, Zähne und Daumen in der aktuellen Beziehung auf die Bereitschaft, sich groß wie die Mutter oder die Lehrerin zu machen, auf eine besondere Dringlichkeit dieser Wehrhaftigkeit hin. Gleichzeitig haben aber diese besonders großen Ohren, Zähne und der kleine eigens gekennzeichnete Daumen einen Bezug zum eigenen Körper, der als klein und zart dargestellt und von Katrin wohl in dieser Weise erlebt wird. Besondere Kleinheit oder Zartheit ist der Kindertherapeutin an Katrin jedoch nicht aufgefallen. Warum also braucht Katrin solche starke Kompensationsmöglichkeiten? Sie könnte doch stolz auf Zierlichkeit sein. Es haben sich also Fragen entwickelt, die wir mit ins Elterngespräch nehmen müssen.

Fast haben wir es schwer zu beurteilen, was an dieser kleinen Persönlichkeit krank ist. Es ist ihr besonderer Trotz, gekoppelt an ihre Kränkbarkeit, der ihre Beziehungsfähigkeit erschwert und dadurch ihre gesamte Entwicklung aufhält. Was den Trotz angeht, stellt sich die Frage, warum sie ihn in dem Maße nötig hat. Die spitzen Riesenzähne verraten etwas von ihrer Bereitschaft, sich zu wehren. Gegen was? Eines wissen wir schon, daß die Mutter zu große Ohren hat. Sie kann der Tochter ihr Erleben nicht lassen und hat es schwer, Raum für die Beziehung zwischen sich und der kleinen Tochter einzurichten und zu warten, bis Katrin die Mutter in das Erlebte miteinbezieht. Das aber kränkt Katrins Selbstverständnis, so wie es sie auch sehr kränkt, wenn sie selbst nicht in Führung ist. Einmal konnten wir das eindringliche Forschen der Mutter beobachten, doch aus einem Tatbestand allein können wir keine endgültigen und schwerwiegenden Folgerungen ziehen. – Von Katrins Seite her gesehen hatten wir bereits die Hypothese aufgestellt, ob sie sich mit der Mutter identifiziert, um über sich selbst etwas zu erfahren; gerade in der Situation, in der die Mutter mit der Kindertherapeutin gesprochen hatte. Fassen wir ihre Neigung zur Intellektualisierung, ihre Neigung zur Identifikation mit dem Stärkeren, ihre radikalen Lösungen in der ödipalen Beziehungskonstellation und ihre forcierte Bemühung um Autonomie zusammen, dann fragen wir uns, warum Katrin solch auffällig betonte Abwehrmechanismen gebraucht.

Von Katrin haben wir ein umfassendes Bild erhalten mit ihren gesunden Seiten: der Begabung, dem Phantasiereichtum, ihrer Kontaktfreudigkeit, und mit ihren kranken Seiten: der Notwendigkeit der Verteidigung, um ihr Selbst zu bewahren und weiterzuentfalten. Dieses reiche Bild Katrins verdanken wir der Kindertherapeutin, die sich ganz von Katrin führen ließ. Sie bestand auf nichts, sie drängte sie in nichts, und alles, was Katrin ihr von sich aus gab, seien es Dinge wie der Telefonhörer am Anfang oder die Darstellung ihres eigenen Körpers, die Therapeutin nahm sie so an, wie Katrin sie ihr gab. Gleichzeitig nahm sie die Unstimmigkeiten und Auffälligkeiten wahr, wie den nebenher gemalten traurigen Mund, und führte sie an späteren Stellen wieder ein, als sie in ihrem inneren Zusammenhang ohne Kränkung für Katrin annehmbar wurden. Es gelang, daß sich Kind und Therapeutin in ersten Ansätzen im Interview über das verborgene Wirkliche verständigen konnten.

Was sind nun die Klagen, die die Eltern dazu veranlaßten, dieses so fähige Kind in der analytischen Sprechstunde vorzustellen? Anlaß ihres Kommens war die Tatsache, daß sie ein umfassendes Problem in der Familie spürten. Das war die erste Erklärung der Eltern. Katrins Eigensinn war eher ein Problem unter anderen: Katrin weigere sich, an Klassenarbeiten und am Turnunterricht teilzunehmen; im übrigen sei alles ganz normal. Es folgten noch einige Beobachtungen und Beschreibungen der Eltern, durch die sie sich veranlaßt gefühlt hatten zu überlegen, ob alles so ganz in Ordnung mit Katrin sei. In der Schule sei Katrin unter den Kindern isoliert. Sie könne vor der Klasse nichts sagen oder tun, obwohl sie alles Verlangte beherrsche. Außerdem habe sie eine nahezu rituelle Ordnungsliebe und um alle alltäglichen Dinge wie Aufstehen und Waschen entzünde sich zu Hause zwischen Mutter und Tochter ein Machtkampf, ein ständiges Hin und Her von Ja und Nein.

Nachdem wir das Kind so gut kennen, werden uns diese Klagen zum Teil rasch zugänglich: die Weigerung, Klassenarbeiten mitzuschreiben, kann als Machtkampf verstanden werden. Es ist gut vorstellbar, daß Katrin sich nicht einreihen kann, einfach, weil jemand anderes eine Aufgabe stellt, weil jemand anderes den Ton angibt. Aber warum kann Katrin nicht turnen, warum ist sie isoliert? Das verstehen wir nicht; wir müssen darin ein noch ungelöstes Problem sehen, das sich zwischen Eltern und Kind entwickelt hat. Neben dem Trotz waren es auch Kontaktschwierigkeiten, die Anlaß zur Sorge gaben und die die Eltern in diese Sprechstunde führten.

Der erste Termin zwischen der Kindertherapeutin und den Eltern kam nicht zustande, weil die Eltern eine Stunde später als vereinbart kamen. Ob der Irrtum bei ihnen oder der Kindertherapeutin lag, ließ sich nicht mehr klären. Am Abend des nächsten Tages – so rasch hatte die Kindertherapeutin einen Ersatztermin angeboten – waren sie pünktlich da. Nach der Begrüßung sprachen die Kindertherapeutin und die Eltern sich höflich das Bedauern über die vergeblichen Wege und die verlorene Zeit aus. Anschließend verschwand der Vater noch einmal, um das Auto besser zu parken.

Betrachtet man diesen Auftakt, so kommt ein neuer Faktor ins Spiel: Zeit. Über die vereinbarte Zeit bestand zunächst Verwirrung. Beide Parteien wußten nicht, wer Schuld hatte, beide entschuldigten sich gegenseitig. Man war höflich und nahm die Sache hin, wie sie nun einmal war, und fing die Situation so gut wie möglich auf. Ein Termin gleich am nächsten Abend ist nicht selbstverständlich. Die Eltern müssen die Kindertherapeutin, um diese Zeit zu bekommen, unter Druck gesetzt haben. Das zeigt ihren Anspruch und ihr Durchsetzungsvermögen; zugleich zeigt sich das Interesse der Eltern an diesem Gespräch. Die Kindertherapeutin wäre für ihr Erleben wohl in Schuld geraten, wenn sie dieser »Forderung« nicht nachgekommen wäre. Der Umgang mit der Zeit wird wie zufällig zu einem Problem. Frühzeitig hat sich an dem Gefühl der Bedrängnis bei der Kindertherapeutin ein Problem der Eltern in der Situation gezeigt. Die nächstfolgende Szene bestärkt die Vermutung, daß die Eltern hiermit wirklich ein Problem haben. Der Vater kam bei der zweiten Verabredung zwar, aber er ging gleich wieder – ein ›Ja-Aber-Verhalten‹. Er kommt, er ist zwar da, es ist alles in Ordnung, aber er geht wieder, um erst einmal seine Dinge zu tun. Damit bestimmt er die Zeit, zu der das Gespräch anfängt. In diesem Geschehen, in dem Zeit so wichtig wird, ist die Machtproblematik versteckt. Die Eltern bestimmen die Zeit. Diese Haltung, in jedem Fall den Ton anzugeben, ist von Katrins Interview her schon vertraut. Der Umgang mit dieser Position ist in der zweiten Begegnung geschickter eingefügt und nicht ohne weiteres zu entdecken. Man kommt zwar pünktlich, keiner kann dagegen etwas sagen, aber man hat einen gewichtigen Grund, nochmals zu gehen. Als der Vater wiederkommt, also zu seiner Zeit, kann man miteinander anfangen. Im Sondertermin ist nochmals minuziös ein weiterer Sondertermin gefordert. Daß sich das Spiel des Tonangebens in dieser Form fortsetzte, hängt damit zusammen, daß sich die Kindertherapeutin in ihren Gefühlen überrollt und überfordert fühlte und dadurch in ihrem Handeln sich mitreißen lassen mußte. Es ist aber immer schwer, initial diese unbewußten Angebote zu deuten, bevor man eine gemeinsame Basis gefunden hat.

Während die Eltern erzählten und die Schwierigkeiten des Kindes darstellten, konnte die Kindertherapeutin den Umgang der Eltern miteinander beobachten. Sie stritten darum, wer erzählen darf, wieviel, wann und wie lange. Es erschien, als drängelte sich ständig einer vor und der andere müßte in dem Moment den kürzeren ziehen. Das Geplänkel war nicht ernsthaft, doch derartig betont, daß die Kindertherapeutin es nicht aus ihrer Beobachtung hätte ausschließen können. Schließlich stand die Mutter im Vordergrund. Sie schilderte ihr Kind eingehend. Unter Gleichaltrigen gelte Katrin als Sonderling. Katrin stehe ständig unter dem Druck, alles perfekt machen zu müssen, und so sei sie trotz guter Fähigkeiten immer ängstlich. Am Turnunterricht nähme sie nicht teil, das habe sie auch schon im Kindergarten verweigert. Jetzt sei sie mit in die Turnstunde gegangen, offenbar zum Befremden der Mitschüler, und habe Katrin angefeuert. Seitdem turne sie. Sie sei bereits in einer Riege die Anführerin! Unmittelbar darauf äußerten beide Eltern, sie empfänden, daß das Kind leide. Sie wollten alles tun, um durch eine Therapie dem Kind zu helfen, dieses Leiden zu überwinden. Allerdings meinte der Vater, daß Katrin zwar schwierige Charaktereigenschaften habe, aber intelligent genug sei, um mit wachsender Einsicht sich besser anzupassen. Die

Mutter dagegen sah die Sache anders. Sie beurteilte die genannten Schwierigkeiten als aktuell wichtig; es behindere und hemme das alltägliche Leben, wenn Katrin sich im Großen wie im Kleinen den Eltern ständig widersetze. Nachgeben könne sie nur im Guten, nämlich dann, wenn sie eine Möglichkeit finde, »die Illusion ihrer Autonomie aufrechtzuerhalten«. – Durch diesen Bericht der Eltern erfahren wir, wie der uns bekannte Eigensinn Katrins ihr selbst und anderen alltäglich das Leben erschwert. Die Besorgnis können wir nachvollziehen. Katrins Eltern können ihr Kind gut beobachten und beschreiben. Besonders zutreffend ist die Wiedergabe von Katrins Art des Nachgebens unter der Bedingung der Aufrechterhaltung der Illusion ihrer Autonomie. Im Guten nachzugeben bedeutet für Katrin, nicht klein beigeben zu müssen, sondern sich dabei wie der Größere oder Stärkere vorzukommen. Genau das war die Situation, als die Kindertherapeutin in Katrins Spiel der Aufforderung zu rechnen, nicht nachkam und statt dessen eine Deutung gab, als sie sagte: »Jetzt ist es hier wie in der Schule«. Da verlor Katrin ihre Fassung, regredierte soweit in ein kleinkindhaftes Tun, daß ihr ausuferndes Planschen eingegrenzt werden mußte. Als sie sich wieder fing, fing sie sich im »Dennoch«, im Trotz, und warf provozierend Kreide ins Wasser. In der Tat ist das die Aufrechterhaltung der Illusion ihrer Autonomie, jedoch auf einer Entwicklungsstufe, der analen, der sie längst entwachsen ist und auf der früher eine solche Illusion von Autonomie noch stimmte. Die Sorgen der Eltern versteht man, soweit sie sich darauf beziehen, daß Katrin selbstverständliches Handeln, das im alltäglichen und notwendigen Bereich des Lebens liegt, immer wieder radikal verweigert. Früher subsumierte sich das unter dem Begriff des Gehorchens. Es ist ein gesunder Anspruch, wenn die Eltern sich vorstellen, das Alltägliche könne sich reibungsloser abspielen. Es ist keine Überforderung, wenn die Eltern wünschen, Katrin solle die Klassenarbeiten mitschreiben und auch am Turnunterricht teilnehmen. Natürlich erfordern Klassenarbeiten ein Tun, ein Ja-Sagen zu dem, was der andere, die Lehrerin, vorgibt. Normalerweise wird Mittun in der Klasse in diesem Alter nicht mehr als Folgenmüssen begriffen. Katrin faßt solche Anforderungen wie eine Zweijährige auf. Eigentlich wäre es in Katrins Alter eine Selbstverständlichkeit, mitzumachen und mit Hilfe des Lehrers lernen zu wollen. Insoweit ihr Trotz persistiert, ist Katrin in ihrer emotionalen Entwicklung zurückgeblieben. Von einem solchen emotionalen Rückstand wird auch die Entwicklung des Ichs mitbetroffen.

Nehmen wir nun zur Kenntnis, daß die Eltern sich in unterschiedlicher Weise Lösungen von Katrins Schwierigkeiten vorstellen. Der Vater tippt auf den Verstand, die Ratio, darauf, daß Katrins Einsicht sich entwickeln werde. Einsicht geschieht aber immer unter zwei Bedingungen: Fühlen und Wissen müssen sich vereinen lassen. Die Mutter dagegen, die durch den ständigen Umgang mit der Tochter viel konkreter mit diesem Autonomieproblem konfrontiert wird, wartet nicht ausdrücklich auf spätere Verstandeslösungen, sie wünscht Hilfe unmittelbar und sofort. Sie ist auf die Gegenwart bezogen. Doch wie geht sie mit dem aktuell Greifbaren um? Sie spricht von »Illusion ihrer Autonomie«. Das einfache Wort ›Trotz‹, das jeder Mutter und jedem Erzieher bekannt ist, benutzt die Mutter in ihrer Sprache nicht. Sie spricht über Trotz in einer vom Erleben abgehobenen, intellektualisierten Sprache. Was soll man aber tun, wenn man einem Kind gegenübersteht, das eine Illusion von Autonomie hat? Es wird kompliziert sein, mit einem Kind im Zustand solcher Illusionen auf den Boden der Wirklichkeit zu kommen. Illusionen zu haben, ist etwas Besonderes. Es bedarf schon des therapeutischen Mutes zur Konfrontation, jemanden aus dem Bereich seiner Illusionen, hier der Größenvorstellungen, herauszuholen.

Bis zu dem dargestellten Punkt der Schulschwierigkeiten und Isolierung war die Kindertherapeutin teilnahmsvoll den Schilderungen der Eltern über ihre Beschwerden gefolgt. Sie verstand aber noch nicht, wieso es bei Katrin zu dem exzessiven Trotzverhalten gekommen war. Deshalb fragte sie nach den ersten Beobachtungen, die Anlaß zur Sorge gegeben hätten. Sie erfuhr die erstaunliche Tatsache, daß es schon im ersten Lebensjahr so kritisch gewesen sei. Katrin habe schon damals mißtrauisch dreingeschaut und nur selten gelächelt. In der Kindertherapeutin wuchs eine Ahnung davon, was sich zwischen Eltern und Kind seit langem abspielte. Sie fragte, ob sie ungeduldig auf das Lachen des Kindes gewartet hätten. Die Mutter gab daraufhin eine aufschlußreiche Schilderung. Katrin sei ein Sechsmonatskind gewesen und habe die ersten acht Wochen im Brutkasten gepflegt werden müssen. Noch winzig klein sei Katrin in die Familie gekommen und monatelang habe sie in Angst gelebt, ob das Kind durchkomme und ob es Schäden zurückbehalten werde.

Dieses gewonnene Datum ist ungemein hilfreich, um bisher Unverständliches nachfühlen und verstehen zu können. Jedem ist verständlich, daß ein so zartes Kind, das sich lange in einer perinatalen Gefahrenzone aufhielt, die Eltern bezüglich seiner Entwicklung in Besorgnis und ängstliche Unruhe bringt. Beim Anschauen des Kindes wird sich leicht ein seine Fortschritte abwägender Blick einschleichen können, der Angst und Ungeduld verrät. Woher rührt jedoch die Dringlichkeit, mit der Katrin ihr eigenes Selbst betont? Das Warten auf das Lächeln, wovon die Mutter erzählte und an dessen Stelle sie einen mißtrauischen Blick des Kindes wahrnahm, läßt sich auf ein Mißverständnis zurückführen. Offenbar war es der Mutter nicht gesagt worden bzw. hatte sie es in ihrer Angst sich nicht immer vor Augen halten können, daß ein frühgeborenes Kind einen eigenen Gesichtsausdruck hat, der über gut ein Jahr lang bestehenbleibt. Die sogenannte Frühgeborenenphysiognomie ist charakterisiert durch große Augen, die etwas hervortreten und dadurch ernst und intensiv schauend wirken. Falten im Gesicht bei gerundeten Wangen, so daß im ganzen der Eindruck von Greisenhaftigkeit entsteht. Im Verhältnis zum übrigen Körper ist der Kopf stets groß. Die Arme und Beine mit noch schwach entwickelter Muskulatur und wenig Fettgewebe wirken ausgesprochen mager. Der Ausgleich dieser durch die zu frühe Geburt disproportionierten Entwicklung des Körpers vollzieht sich bis zum Schulalter. Es ist sicher schwer für eine Mutter, über eine solch lange Zeitspanne die verzögerte Entwicklung als nicht krankhaft anzusehen und geduldig zu begleiten. Das Kind lächelt erst sehr spät, und es ist natürlich, daß es sich viel mehr seiner Augen – als den entsprechend seinem Reifezustand bestausgebildetsten Sinnesorganen – bedient und nicht der Motorik, die aufgrund der sich erst später stärker entwickelnden Muskulatur zurücksteht. Auch die Sinneswahrnehmung durch das Hören geht dem aktiven Erobern der Menschen und Dinge der Welt durch Lächeln und Ergreifen voraus. Die Motorik des Frühgeborenen ist am stärksten vom Entwicklungsrückstand betroffen, weil die Sinneswerkzeuge in ihrer hochorganisierten Ausbildung neben dem Verdauungsapparat Organe sind, die nach den Gesetzen der Entwicklung an erster Stelle stehen. Über diese Abweichung von der normalen Entwicklung muß ein Mißverstehen bei Katrins Mutter unter Umständen aus unbewußten Gründen bestanden haben. Die um so vieles zögernder einsetzende Entwicklung der motorischen Aktivität muß die Mutter besonders beunruhigt haben. Wenn sie sich Katrin heute als Riegenführerin wünscht, legt sie sogar besonderen Wert darauf.

Es ergibt sich jetzt eine Verbindung zu Katrins eigenem Körperbild. Sie selbst malte ihren Körper zierlich und klein. Der Kopf dagegen war groß. Sie sagte das sogar. Die Augen und Ohren waren bestens ausgestattet, auch die Zähne, wenn man sie zu den Verdauungswerkzeugen zählt. Katrins Erleben ihres Körpers entspricht also vollständig diesen anderen Gegebenheiten der Entwicklung. Wenn die Mutter im weiteren Gespräch berichtete, daß bei all ihrer Angst bezüglich einer cerebralen Schädigung sich doch alles normal entwickelte, dann gab es eine Ausnahme: »Schon aus der Klinik kam der Säugling verstopft«.

Das war der Anlaß für die Mutter, gleich nach dem ersten Tag, an dem Katrin zu Hause war, den Kinderarzt zu rufen. Hier haben wir eine wichtige Antwort auf die Frage der Kindertherapeutin, ob die Mutter ungeduldig auf Katrins Entwicklungsfortschritte gewartet habe. Sie hatte diese Frage gestellt, die Ungeduld ahnend, als sie von der Tatsache der Frühgeburt noch gar nichts wußte. Diese Erwartung einer ganz normalen geregelten Verdauung bei der Umstellung des kleinen Säuglings auf seine Familie war in der Tat ein Anzeichen für mit Ungeduld gepaarter Besorgnis. Es war . die rituelle Ordnungsliebe der Mutter, die das Stuhlgangmachen von Anfang an geregelt sehen wollte. Dieses erste Ereignis, in den Augen der Mutter eine Unregelmäßigkeit, nahm einen fatalen Verlauf. Aus der weiteren Erzählung der Mutter ging hervor, daß sie fortan in großer Sorge darauf achtete, daß Katrin täglich »etwas mache«. Ihre Fähigkeit, Vertrauen in den Ablauf der Körperfunktionen von Katrin zu setzen, war rasch erschöpfbar. Dabei war Katrin als gesund und entwicklungsfähig aus der Klinik nach Hause entlassen worden. Bis zum fünften Lebensjahr beherrschte die Sorge um den Stuhlgang tagtäglich die Beziehung zwischen Mutter und Kind. Die Mutter unternahm mit Abführmitteln, Tees, Zäpfchen und Klistieren vieles, um den Stuhlgang des Kindes zu provozieren. Die Kindertherapeutin erfuhr von einer Entdeckung der Mutter, daß durch Fiebermessen im Enddarm Stuhlgang provozierbar war. Diese Form der Provokation unter Eindringen in den Körper des Kindes wurde zu einem bewährten Mittel, Stuhlgang quasi zu erzwingen. In der Sauberkeits- und

Trotzphase jenseits des ersten Lebensjahres mußte das Stuhlgangmachen zwangsläufig eine zusätzliche psychische Qualität erhalten. Dementsprechend entwickelte sich diese Funktion immer dramatischer zum Kampfplatz der Macht zwischen Mutter und Kind. Am Ende dieser Geschichte lag die Schwierigkeit mit dem Darm und dem Stuhlgang gar nicht mehr im körperlichen Bereich. Katrin war fünf Jahre alt, und es war ihre Gewohnheit und ihr täglich sehnlicher Wunsch, morgens ins Bett der Eltern zu dürfen. Die Mutter gab diesem Wunsch statt, wenn Katrin zuvor auf der Toilette gewesen war. Seitdem habe sich das Problem schlagartig erledigt. Es ist überraschend, wie das anfänglich rein somatische Geschehen für die Mutter später selbstverständlich psychische Qualität gewann. Wenn wir der unbewußten Dynamik folgen, die ab dem Trotzalter im zweiten Lebensjahr im Stuhlgangmachen enthalten ist, das Hergeben-Können, das auf Vertrauen beruht, sind wir nicht erstaunt, wenn im Alter von sieben Jahren der anale Machtkampf noch andauert. Der Streit um den Stuhlgang war beendet, der anale Machtkampf, durch Jahre verfestigt, hatte sich andere Inhalte auf der Ebene der Beziehung zwischen Mutter und Kind gesucht.

In diesem Gespräch mit den Eltern war Wichtiges zur Sprache gekommen, was Katrins Bedürfnis nach Abgrenzung und der Betonung ihrer Autonomie verständlich werden ließ. An den Unregelmäßigkeiten des Stuhlgangs entlang hatte sich eine tragische Beziehungsstörung entwickelt. Diese anfänglich somatische Störung, die chronisch verlief, hatte sich in der Entwicklung des Körperselbst niedergeschlagen und auf die Objektbeziehung rückgewirkt. Es wird psychologisch verständlich, wenn sich dieses Kind noch heute mit großen Ohren und Augen darstellt, um vorweg wahrzunehmen, was der andere vorhat. Der Beobachter kann sich mit diesem Wissen rückblickend leichter die Szene von König und Königin erklären, denen ein Giftbrei angerührt wurde. Könnte sich die Bedeutung in den vielen Abführmitteln finden lassen, die Katrin bekam, die Gewaltiges in ihrem Körper bewirkten, ohne daß sie wußte, wie das in ihr geschah? Wird jetzt verstehbar, warum sie Fremden nicht die Hand gibt? Mit dem Wissen, daß immer wieder in ihr Körperinneres eingedrungen wurde, um sie gewaltsam zu Reaktionen zu provozieren, können wir uns erklären, warum Katrin vor Beziehungen zunächst zurückschreckt. Wie viele Ärzte werden sie untersucht haben? Auf der einen Seite steht unser Wissen über das Brutkastenkind und Frühgeborene, das die Welt durch Sehen und Hören erfaßt, während seine motorische Entwicklung so viel später erst nachkommt; auf die andere Seite tritt, wenn wir uns Katrins Erleben vorstellen, die Erfahrung von Beziehungen, die ihre Autonomie verletzten. Aus dieser zweifachen Bedingtheit läßt sich ableiten, wie sehr Katrin zögert, die Hand zu geben und eine neue Beziehung körpernah zu beginnen. Für Katrin war es zutreffend, den anderen beim Turnen zuzuschauen. Da sie erst ein Jahr in der Schule war, wird sie sich mit ihrem zarten Körper vor den anderen, die turnten und balgten, auch geschützt haben müssen. Ihr Ehrgeiz, die Tonangebende zu sein, wird sich hinzuaddiert haben, so daß sie sich mit ihrem zarten Körper allzu leicht hätte unterlegen fühlen können. – Eine andere Frage bleibt offen. Warum scheut Katrin sich, die sprachgewandt, phantasiebegabt und mit dem rationalen Denken keine Schwierigkeiten hat, Klassenarbeiten mitzuschreiben oder vor der Klasse etwas aufzusagen oder eine Aufgabe zu lösen? Warum scheut Katrin die Rivalität nicht nur körperlich, sondern auch im kognitiven Bereich? Die Tatsache, daß die Lehrerin die Arbeiten und Aufgaben vorgibt, wird allein nicht zur Klärung genügen. Wir können diese Frage aus dem bisher bekannt gewordenen nicht voll zufriedenstellend beantworten.

Beim Verabschieden erhielt die Kindertherapeutin noch zwei wichtige Informationen von jedem der Eltern. Die Mutter berichtete, wobei sie selbst leicht lächelte, sie und ihre ältere Schwester wären zur gleichen Zeit schwanger gewesen. Ihre ältere Schwester hätte ihr Kind früher als sie bekommen sollen. Katrin sei durch die Frühgeburt jedoch vor dem Kind der Schwester, einem Jungen, geboren worden. Der Arzt hätte ihr gesagt, daß sie sich schonen müsse. Aber das hätte sie nicht fertiggebracht. So wurde Katrin drei Monate zu früh geboren. – Der Vater teilte mit, daß sie Verfolgte aus Argentinien seien, und sie sich hier unter großen Anstrengungen in den letzten Jahren ihre Existenz aufgebaut hätten. Katrin war dann hier geboren worden.

Diese beiden äußerst wichtigen Informationen wurden unter der Tür gegeben. Diente diese zeitlich begrenzte Situation gerade dazu, das Wissen offenzuhalten, von dem sie einen Bezug zu den Schwierigkeiten Katrins ahnten, und das sie selbst für ihr eigenes Verstehen noch nicht gebrauchen konnten? Wir dürfen annehmen, daß die Mitteilung an einen Dritten der Absicht dient, mit seiner Hilfe die Tragweite dieses Wissens erfassen zu lernen. Vor ihrem Gehen waren zwischen den Eltern und der Kindertherapeutin weitere Gespräche vereinbart worden. Die Eltern hatten mit dieser Aussage die in Zukunft für sie zu bearbeitenden Themen aufgeworfen und sie vorerst den Gedanken der Kindertherapeutin überlassen.

Unverständliches und nahezu Rätselhaftes aus dem Interview mit Katrin wie den Eltern erhält eine vorläufige Klärung und allmählich einen Sinn. Die ungemein starke Tendenz Katrins zum Selber-Machen, zum Autonom-sein-Wollen ist uns als Ausdruck ihrer Selbstproblematik angesichts all der Sorgen, die um ihre Entwicklung bestanden, verständlich geworden. Könnte der jetzt bekanntgewordene Ehrgeiz der Mutter, die mit ihrer älteren Schwester offensichtlich in Rivalität stand und die erste sein wollte, Katrin miteinbeziehen? Dann würde eine Note des Ehrgeizes, der von der Mutter her kommt, das Autonomiebestreben Katrins zusätzlich beeinflussen. Wenn Katrin nicht gleich Riegenführerin beim Turnen ist, kränkt das die Mutter, was Katrin wiederum selbst empfindet. In solcher Situation wird Katrin von der Mutter gebraucht beziehungsweise mißbraucht, damit sie mit ihr Tüchtigkeit beweisen kann. Katrin ihrerseits wird verständlicherweise den Wunsch aufnehmen, weil sie doch ein gutes Verhältnis zur Mutter wünscht. Die Kraft, mit der Katrin sich abzusetzen bemüht ist, läßt die Gegenkraft erspüren, mit der die Mutter Katrin aus ihrem Leben in ihr eigenes hinüberzieht.

Die Frage, wie es zu der Frühgeburt kam, ist im Interview nicht gestellt worden. Unaufgefordert hat die Mutter sie am Ende beantwortet. Die Mutter stand unter einem Druck, während sie einem Naturgesetz unterworfen war. Jede Schwangerschaft dauert ihre Zeit, die nämlich das Kind für sein Wachstum braucht. Es bahnte sich bereits an, als der Arzt zur Schonung riet, daß die Mutter innerlich auf ihr Kind Rücksicht hätte nehmen müssen und ihr eben dies nicht möglich war, um bis zu Katrins Geburtsreife den noch notwendigen bergenden Raum zur Verfügung zu stellen. Die Mutter gab mit einem leichten Lächeln einen Grund für die Zeitnot an. Reicht aber die Rivalität mit der Schwester aus, um ein so schwerwiegendes Geschehen wie eine Frühgeburt zu erklären? Wenn die Mutter das klar wüßte, wäre sie nicht beunruhigt, wäre sie gar nicht gekommen und hätte selbst nach ihren

Einsichten handeln können. Drückt die Mutter mit dem Hinweis auf die Rivalität die innere Beunruhigung aus, die sie damals erlebte? Könnte nicht die gleichzeitig vom Vater offengelegte Tatsache – daß sie selbst noch keine Heimat und gerade erst den schweren Zustand der Verfolgung hinter sich hatten – eine viel wesentlichere Rolle spielen? Ist es in solcher Situation vielleicht eine Überforderung für die Mutter gewesen, dem Kind Heimat und Geborgenheit zu geben, die sie selbst so dringend brauchte? Mütter kommen oft zu der Lösung, das, was sie nicht haben oder früher entbehrt hatten, nun dem Kind zu geben. War es ihr Versuch, Katrin Heimat zu schenken, die sie selbst brauchte? Gab sie Katrin diese, bevor sie sie ihrem eigenen Selbst wieder gewähren und einrichten konnte? Die Mutter muß von einem großen Überlebenswillen getragen gewesen sein, wenn sie so rasch das Finden einer neuen Heimat und die Gründung einer Familie bewältigen wollte. Katrin ähnelt dabei der Mutter, wenn sie auch eine Vertriebene aus dem Mutterleib ist. Beide strengen sich in außergewöhnlicher Weise an, stark und tüchtig zu sein und besser als andere. Die Integrierung wird in einem Übermaß versucht. Das bestätigt die von der Mutter erzählte Szene, daß Katrin nicht nur mitturnen, sondern auch gleich erreichen mußte, Riegenführerin zu werden. Die Grundsituation des Lebens, wesentlich bedingt durch eine besondere Epoche der Zeitgeschichte ihres Landes, vermischt sich mit der persönlichen Eigenart von Katrins Eltern. Sie wollten überleben, sie wollten es trotz aller Schwierigkeiten schaffen; ein gesunder, aber zugleich wehrhafter Ehrgeiz. In dieser Atmosphäre wuchs Katrin auf. Ihre Isolierung in der Klasse, ihre Bezeichnung als Sonderling läßt die nicht voll integrierte Stellung der Eltern wiedererscheinen.

Wenn wir jetzt noch einmal zum Vater schauen und uns an die Initialszene erinnern, erhält das Verhalten des Vaters eine erweiterte Bedeutung. Die Unruhe, die Irritation, bis man zusammen im Gespräch sitzen konnte, traten beim Vater deutlich in Erscheinung, wenn er noch einmal zu seinem Auto mußte, um es besser zu parken. Hat der Vater unbewußt kundgetan, wieviel Sorge er hat, einen sicheren Platz für seine Familie zu finden? Die heutige stabilere Situation der Familie trägt noch deutlich die Spuren der Zeit, in der ihr Raum bedrängt war und sie keine Zeit in ihrem Land mehr hatten. Ähnlich wie die Mutter halb zutreffend in ihrer Aussage über die Gründe zur Frühgeburt spricht der Vater von der Notwendigkeit, Zeit einzuräumen, wenn er an Katrins Schwierigkeiten denkt. Er hat recht mit diesem Einwand. Wenn beide Eltern mit ihren Gedanken zusammenkommen könnten, wäre vielleicht vieles leichter. Die Mutter vertrat die Auffassung, daß es jetzt Zeit sei, für Katrins Schwierigkeiten Lösungen zu finden, wenn Katrin emotional gut wachsen soll. Die Verständigung der Eltern, die noch unter dem Eindruck einer vergangenen Zeit stehen und leiden, wäre eine wichtige Aufgabe der Therapie. Im Überleben solcher für die eigene Person bedrohlichen Zeit ist eine Tendenz enthalten, so stark wie der andere, stärker als der Feind zu sein. Katrin hat das am deutlichsten gezeigt in ihrer ständigen Neigung zur Identifikation mit einem Aggressor. Auch die Tendenz der Eltern, mit der Kindertherapeutin so bestimmend umzugehen, ließe sich in diesem Verständnis aufnehmen und die anfängliche Interpretation ihres Umgangs mit dem Termin – sie bestimmten nämlich – bleibt dann weiterhin richtig und vertieft sich. Die von den Eltern überwundene Not und Flucht hat in ihnen die Tendenz zur Identifikation mit dem Aggressor hinterlassen. In der Szene, die Katrin im Interview mit König und Königin gestaltete, sahen wir ihren noch nicht bewältigten ödipalen Konflikt. Die Art und Weise ihres Lösungsversuches entspricht dem Entwicklungsstand einer Vierjährigen: Der König muß weg. In der spezifischen Modifikation durch einen vergifteten Brei, spielt in diese Szene eine rational viel höher entwickelte Ebene hinein. Sie ist nicht mehr eigentlich kindgemäß. Ohne daß Katrin die Verfolgung der Eltern miterlebt hat, scheint sie davon zu wissen. Angst, Sorge und berechtigtes Mißtrauen werden ihr gefühlsmäßig von den Eltern vermittelt worden sein. Das vergangene Schicksal der Eltern wird der ödipalen Konstellation, wie sie Katrin erlebt, die spezifische Prägung gegeben haben. Die Stimmung des total Sich-Wehren- und -Verteidigen-Müssens ist auf Katrin übergegangen, die durch ihr eigenes Schicksal ihrerseits für solche Gefühlseinstellungen prädestiniert war. Vertrauen in einen anderen, einen Fremden, war für diese Familie lange nicht möglich, und Katrin wurde als Säugling und noch lange Zeit danach durch ihre Entwicklungsrückstände und die Ungeduld der Mutter in ihrem Vertrauen gestört. Vertrauen gab es bevorzugt in die eigenen Kräfte und Fähigkeiten. – Die emotional sehr starke Beziehung der Mutter zu Katrin findet durch den letzten ins Gespräch gebrachten Gesichtspunkt noch eine weitere Erklärung, nämlich daß diese Mutter durch die enge, zu enge Beziehung zu ihr, sie vor der Außenwelt und ihren Angriffen schützt und sie wehrhaft machen soll.

Beide Gespräche sind, so wie wir uns nachträglich in sie vertieften, für das Verständnis der Familie und ihrer Situation diagnostisch aufschlußreich und äußerst wertvoll. Sie vermitteln für therapeutische Gespräche mit den Eltern und die therapeutische Begegnung mit dem Kind genügend Wissen, um die Voraussetzungen und Entwicklungen der Beziehungen der Familienmitglieder verstehen zu können. Dennoch werden, wie in jeder Therapie, manche Zusammenhänge anders erscheinen und erst in der aktuellen Situation der Übertragung eindeutig gefunden werden können. Wenn aber der Behandelnde die Freiheit hat, über das Schicksal seiner Patienten nachzudenken, werden seine Patienten sie auch bekommen und damit ihre Wahrheit finden.

Wir haben gesehen, wie in diesem Fall die Eltern durch eine sie in besonderer Weise bedrohende Außensituation in ihrer Beziehung zueinander bestimmt und schließlich geprägt worden sind. Sie wollten miteinander überleben und eine Zukunft in einer Familie haben. Katrin steht vor der Aufgabe, diese Situation der Eltern und ihre Konflikte in sich selbst emotional auszutragen und in ihrer Weise um ihre eigene Beziehung zur Welt zu kämpfen.

Anita Eckstaedt
. . . und dann gibt es einen Knall

In einem impulsiven Akt war der zwölfjährige Piet mit einer Freundin durch ein Fenster in den Unterrichtsraum bei der Kirche eingestiegen. Die Sachen ihrer Mitschüler warfen beide dann einfach aus dem Fenster. Diesen »Vorfall«, so bezeichneten Piets Eltern das Ereignis in verharmlosendem Ton, hatte den Pfarrer veranlaßt, den Eltern eindringlich zu empfehlen, Piet einen »Test« machen zu lassen. Die Eltern berichteten dieses Ereignis der Kindertherapeutin so aufgeregt, daß es ihr nicht möglich war, sich ein klares Bild vom Ablauf des Geschehens zu machen, so daß sie in ihrem Bericht eine genauere Schilderung des Vorfalls hätte wiedergeben können. Es ist bemerkenswert, daß die Eltern schon beim Kommen betonten, keinen Anlaß für eine Therapie zu sehen. Doch hatte Piet, wie sich im Verlauf des Gesprächs mit den Eltern herausstellte, in seinem bisherigen Leben erhebliche Schwierigkeiten gehabt. Trotzdem nannten die Eltern Piet ihren »Sonnenschein«.

Die Eltern waren also geschickt worden. Es wäre zu früh, aus diesem Tatbestand heraus die Möglichkeit der therapeutischen Arbeit mit ihnen als ungünstig einzuschätzen; dennoch spürt der analytische Gesprächspartner bei einem Menschen, der sich darauf bezieht, daß jemand ihn zu ihm geschickt habe, eine gewisse Halbherzigkeit. Bei dem geschilderten Ereignis hatte ein relativ unbeteiligter Dritter, der Pfarrer, das Geschehene als zu weitgehend, zu auffällig und dem dynamischen Feld des Unterrichts nicht zugehörig beurteilt, und es hatte ihn so beunruhigt, daß er die Eltern davon verständigte. Diese ersten Gedanken über den Fall haben die diagnostische Fragestellung bereits vom Kind weg in die Familie als Ganzes verlagert. Hatte der Pfarrer mit seinem Vorschlag, Piet einen Test machen zu lassen, ausgedrückt, daß da etwas herauskommen beziehungsweise geklärt werden müsse? Er war der erste, der auf etwas Unverständliches hinwies. Aus dem Unterricht kannte er Piet und hatte eine Diskrepanz zwischen Piets Wesen und jenem impulsiven Verhalten wahrgenommen, das andere schädigte. Wenn die Eltern diesem Vorfall nicht so viel Gewicht beimaßen wie er, war das dann so zu verstehen, daß sich der Vorfall in das Familiengeschehen einfügte und sich in Piets Handlung eine Spannung entladen hatte? Daß die Eltern dennoch bei ihrer Tendenz zu verharmlosen dem Rat des Pfarrers folgten, weist darauf hin, daß ihnen die Sache so selbstverständlich auch nicht war. Der Widerspruch zwischen der Neigung zur Verharmlosung dieses Ereignisses und der Befolgung der Empfehlung des Pfarrers kann als Indiz für das Vorhandensein letzendlich doch störender, aber unbewußter Prozesse zwischen Kind und Eltern gelten. Die Tatsache, daß die Eltern das Ereignis nicht als eine Unart betrachteten oder als Anzeichen für etwas Krankhaftes, gibt Anlaß zu der Frage, ob Piet etwa von der Familie verführt und unbewußt beauftragt war, diesen Rauswurf fremden Eigentums auszuführen.

Doch lassen wir vor weiteren diagnostischen Überlegungen über den Auftakt des Kommens dieser Familie zunächst den Bericht der Kindertherapeutin folgen. Nach dem ersten Gespräch schilderte sie: »Die Eltern machten auf mich einen etwas biederen, aber sehr sympathischen Eindruck.« Nach diesem Gesamteindruck beschrieb sie zuerst den Vater, dann die Mutter ausführlicher: »Herr Arnold hat ein rundes Gesicht, in dem einige Male spitzbübisch die stolzen Gefühle eines Vaters seinem Sohn gegenüber zu sehen waren. Frau Arnold sieht gut aus. Eine Brille unterstrich ihren ernsten und traurigen Gesichtsausdruck. Beide Eltern waren nahezu schwarz gekleidet.«

Die Kindertherapeutin mochte das Ehepaar, fand es zwar bieder, aber doch sympathisch. Diese Tatsache ist wichtig, weil die Eltern nicht unmittelbar aus eigenem Bedürfnis gekommen waren. In ihrer Schilderung wandte sich die Kindertherapeutin zuerst dem Vater zu. Es war ihm nicht nur deutlich anzusehen, daß er seine Rolle als Vater vertrat, sondern auch, daß er ganz offensichtlich auf seinen Sohn stolz war. Auffällig ist das Wort »spitzbübisch«, das die Kindertherapeutin gebrauchte, um ihren Eindruck entsprechend zu beschreiben. Die Kindertherapeutin muß sich bei der Wahl dieses Wortes während des Abfassens ihres Berichtes vorbewußt gefragt haben, ob der Vater mit seinem Sohn identifiziert ist.

Die Mutter sah ernst und traurig aus. Zu ihrem mimischen Ausdruck paßte die beinahe schwarze Kleidung beider, die sie an einem strahlenden Sommertag trugen. Es schien, als laste etwas auf der Familie, an dem die Eltern unterschiedlich schwer zu tragen haben. In der Schilderung der Kindertherapeutin sind in der bevorzugten Darstellung des Vaters und der Schilderung seiner heiteren und optimistischen Note Stellenwerte zusammengefügt, die den Vater als ein hoffnungsvolles Drehmoment in dieser Familienkonstellation zeigen.

Nach der Darstellung des aktuellen Anlasses ihres Kommens meinten die Eltern im Fortgang des Gesprächs, die Freundin habe Piet zu diesem Rauswurf »verführt«. An dieser Stelle lächelt man; denn es ist offenkundig, daß Piet ein bißchen unschuldiger werden soll. Die Eltern fuhren fort: »Piet sei in der Schule immer still und eher ein Außenseiter. Ihm gegenüber sei der um zwei Jahre ältere Bruder in der Schule erfolgreicher. Piet habe sich von Schulbeginn an geweigert, den Lernanforderungen nachzukommen, worunter er selbst jedoch nicht allzusehr leide.« Dann erweiterte sich das Thema auf die Lebensumstände der Familie. »Frau Arnold arbeitete bis vor kurzem ganztags. Die Großmutter väterlicherseits, eine liebe, verwöhnende Frau versorgte beide Kinder von ihrer Geburt an. Als Piets Schulschwierigkeiten gravierender wurden, war die Mutter nur noch bis mittags tätig.« – Die Kindertherapeutin schloß an dieser Stelle ihres Berichts einige Eindrücke an. Sie schrieb: »Ich hatte mit dem Problembewußtsein der Eltern Schwierigkeiten. Sie schilderten den Jungen heiter, absolut in die Familie passend. Die Schulprobleme schienen die Eltern gefühlsmäßig nicht besonders zu berühren.«

Im Gespräch mit den Eltern hatte die Kindertherapeutin nach diesen Eindrücken versucht, Piets Nöte, hinter denen ein von der Familie aber ausgeklammerter Konflikt zu stehen schien, den Eltern vor Augen zu führen. Darauf insistierten beide Eltern wie schon bei der telefonischen Anmeldung, sie sähen keine Notwendigkeit für eine Therapie, und wieder betonten sie, »Piet sei ihr Sonnenschein«. Damit bekundeten die Eltern nicht nur, alles sei in Ordnung, sie drückten mit Piets Existenz etwas Hoffnungsvolles aus. – Die impulsive Handlung Piets bleibt im Erleben der Familie weiterhin unauffällig. Das bedeutet eigentlich, daß die Familie einen solchen Knall erwartete.

Doch gerieten die Eltern durch diesen Anstoß in Gedanken über sich selbst. Zuerst schilderte sich der Vater und dann die Mutter: »Er sah sich ein Stück weit in dem Sonnenschein-Jungen wieder. Nach einiger Überlegung fand er aber auch Ähnlichkeiten bei dem älteren Sohn. Die Mutter sagte von sich, sie nähme alles viel ernster.« Hier drückten die Eltern mit eigenen Worten aus, was die Interviewerin im Anfang empfunden und vermutet hatte. Den Eltern ist der Unterschied ihrer beiderseitigen Grundstimmungen zugänglich. Im weiteren Fortgang des Erstgesprächs stellte sich heraus, daß es einen tieferen Grund für diese unterschiedlichen Stimmungen der Eltern gab. Ich werde später darauf zurückkommen.

Die Kindertherapeutin konfrontierte an dieser Stelle die Eltern damit, daß es einen Grund gehabt haben müsse, wenn der Pfarrer gerade Piet zu einem Test schickte. Sie fragte die Eltern, was sie dem Jungen sagen würden, wenn sie ihn sehen wolle. Damit hatte die Kindertherapeutin das Konfliktgeschehen in die aktuelle Situation des Gesprächs hereingeholt. »Beide lachten verlegen und fanden es sehr schwierig. Sie berichteten, daß Piet unter gewissen Schulproblemen und einer Isolierung leide. Die Lernschwierigkeiten und das Zurückbleiben Piets gegenüber dem älteren Bruder stellten sie eingehender dar.« Dennoch schloß die Kindertherapeutin ihren Bericht hier etwas resignierend ab, wenn sie den Eingriff in das Gleichgewicht der Familie rechtfertigt: »Ich habe Piet zu einem Termin einbestellt. Die Eltern deckten alle Probleme – der Vater mit heiterer Normalität, die Mutter mit stiller Depressivität – zu, so daß ich mir nicht vorstellen konnte, hier weiterkommen zu können, ohne den Jungen gesehen zu haben«.

Die Kindertherapeutin war auf der Suche nach einem Knotenpunkt, der verborgen als das Unverständliche in der Familie vorhanden sein und Anlaß für die Impulshandlung Piets gewesen sein mußte. Ihre Arbeit entsprach dem Test, den der Pfarrer zum Verständnis für Piets Situation vorgeschlagen hatte.

Als Piet zu ihr kam, konnte er nicht allein kommen, wie es der Vater angekündigt hatte. Die Mutter brachte Piet bis zur Tür. Sollte diese kleine Szene ein Zeichen dafür sein, daß der Vater Piets Autonomie überschätzte, daß Piet in Wirklichkeit noch ganz in den Familienverband hineingehörte, den er auch brauchte? Die Kindertherapeutin: »Piet hat zweifellos das runde Gesicht des Vaters. Er wirkte manchmal wie ein kleiner Erwachsener, der schon recht viel vom Ernst des Lebens mitbekommen hat. Seine dicke Wolljacke behielt er die ganze Stunde mit bis oben verschlossenem Reißverschluß an.« Beim Anblick des Jungen findet sich rasch das wieder, was schon aus dem Elterngespräch hervorgegangen war. Piet verkörpert sowohl einen Teil seines Vaters als auch seiner Mutter. In seinem Gesicht entdeckte die Kindertherapeutin das Runde des Vaters wieder, in seinem ernsten Ausdruck fand sie die Mutter. Er stand zwischen ihnen. Ob seine während der ganzen Stunde bis oben verschlossene dicke Wolljacke etwas ähnliches bedeutete wie das Sich-Verschließen und Nicht-sehen-können seiner Eltern? War das der Hinweis dafür, daß Veränderungen nur mit einem Ruck, einem plötzlichen Entschluß bewältigt werden können? Von Mutters Hand hätte sich der Zwölfjährige, wäre er allein gekommen, wohl zu Hause losreißen müssen. Das Ereignis im Religionsunterricht kennzeichnet am deutlichsten etwas Unwiderstehliches: ein Drang, dem plötzlich gefolgt wurde. In der ganzen Kette vom Vorfall im Unterricht bis in das Interview hinein wird anschaulich, wie die Beurteilung der Realität bei solchem Handeln leidet.

In der kurzen Begegnung der Mutter mit der Kindertherapeutin vor dem Kindergespräch ereignete sich etwas sehr Ähnliches. Den Entwicklungsbogen, der den Eltern zum Ausfüllen mitgegeben worden war, drückte die Mutter rasch und wortlos der Kindertherapeutin in einem verschlossenen und dick mit Tesafilm verklebten Umschlag in die Hand. Diesen Briefumschlag konnte man nur mit Gewalt öffnen, und Piet gestand, als er zu Beginn der Stunde diesen Umschlag in der Hand der Kindertherapeutin sah, zu Hause sehr neugierig gewesen zu sein, was die Mutter über ihn geschrieben habe. Dieser Brief provoziert Neugierde. Im Fragebogen jedoch stand in Wirklichkeit nicht viel: die Geburtsdaten der Eltern und der Kinder, die Daten der Heirat, Berufsangaben der Eltern und einige sehr formale Angaben zu den einzelnen Fragen nach der Entwicklung des Kindes. Lediglich Piets Stimmung war als »gelegentlich eher traurig« angestrichen worden. Alles erschien ganz normal. Sogar die mögliche Handschrift des Elternteils, der den Bogen ausgefüllt hatte, war hinter Druckschrift zurückgenommen worden und sagte damit nichts Persönliches mehr aus. Die Spannung, die durch das Verbergen entstand, hatte sich auf den Jungen übertragen, wie seine Frage an die Kindertherapeutin zeigt. Diese Spannung, die zuerst vom Pfarrer bemerkt wurde, breitet sich bis ins Gespräch mit den Eltern und ins Kindergespräch hinein aus. Doch der Grund der Spannung ist unklar; die Kindertherapeutin hatte sich auf die Suche nach diesem Grund gemacht. Erschwerend war, daß die Spannung selbst verborgen wurde, durch Verharmlosung oder scheinbare Normalität, wodurch nur weitere Spannung entstand. Piet zeigte, daß er sehr empfindlich darauf reagiert.

Der weitere Verlauf des Kinderinterviews: »Als erstes sah sich Piet im Raum um und sagte, als er von außen die Gardinen gesehen hatte, habe er gedacht, hier müßte ein lustiges Mädchen wohnen. Drinnen meinte er jedoch, der Raum sei etwas klein, die Wände zu kahl. Er setzte sich an den Tisch und erklärte auf die Frage der Kindertherapeutin, ob er wisse, weshalb sie mit ihm spreche, die Mutter hätte gesagt, er solle wegen der Umschulung kommen. Nach seinen Interessen befragt, erzählte er von recht abenteuerlichen Experimenten mit technischen und elektrischen Baukästen. Ob diese Experimente tatsächlich so gefährlich sind, wie ich sie empfand, kann ich nicht beurteilen, weil ich keine Ahnung davon habe. Offenbar wollte Piet aber genau das in mir provozieren; er erzählte, er habe schon einmal einen starken Schlag bekommen, als er zwei Drähte in die Steckdose steckte, um eine kleine Glühbirne zum Leuchten zu bringen.« – Mit dieser Erzählung hatte Piet eine Spannung induziert, die die Kindertherapeutin als Unbehagen erlebte. Eine unbewußte Kommunikation hatte stattgefunden. Piet löste diese Spannung auf, als er in seiner Erzählung fortfuhr und seine Erfahrung mit dem anführte, was für ihn gefährlich ist. Sollte die Kindertherapeutin ihn an dieser Stelle bestaunen? Ihn zu belehren oder zu warnen ließ Piet bei dieser Art seiner Erzählung gar nicht zu. – Piet zuckte danach leicht mit den Schultern und sagte zur Kindertherapeutin: »Nun weiß ich nichts mehr zu erzählen«.

Wenn wir dem Bericht noch einmal nachgehen, so fällt auf, daß Piet einen ziemlich bewegten Austausch mit der Kindertherapeutin hatte und dieser anschließend geradezu verschwindet; die Geschichte ist zu Ende, und dann weiß er nichts mehr. Dieser Verlauf wiederholt sich in der nächsten Episode, die Piet anschließend erzählte. »Es fiel ihm ein«, so der Bericht, »daß er sich sehr freue, die Eltern führen drei Tage an die Nordsee. Er und sein Bruder blieben allein zu Hause, weil nämlich die Oma im Krankenhaus liege. Erfreut berichtete er ausführlich, was sie tun wollten; was sie essen und was sie an Verbotenem tun würden, wie beispielsweise Fernsehen-gucken. Allerdings, fügte er hinzu, nicht Samstagnacht den Science-fiction-Film. – Es folgte sein Achselzucken mit der Bemerkung: »Nun weiß ich nichts mehr!«« Dieser Kommentar wiederholte sich noch zwei weitere Male.

Die Kindertherapeutin war ratlos. Das Thema versiegte. Daß dieser Verlauf bedeutsam und es nicht zufällig war, wie Piet die Beziehung zwischen sich und der Kindertherapeutin gestaltete, beweist die Wiederholung, in der zwei ähnlich aufregende Geschichten jeweils mit dem gleichen Ausgang dargestellt wurden. Jedes Mal hatte Piet eine für ihn verbotene oder gefährliche Sache unternommen, wobei er das Gefährliche entweder lapidar ertrug oder die Spitze des Verbotenen schließlich zu vermeiden vorgab. Beide Erzählungen beschloß er mit dem simplen Kommentar, der ein Versiegen in der Gestaltung der Beziehung zur Kindertherapeutin ankündigte. Wenn wir die erste Erzählung Piets noch einmal betrachten, in der er während der ersten Begegnung von seinem Tun erzählt, ist Piet bereits initial in eine starke Bezogenheit zur Kindertherapeutin getreten. Während Piet ihr erzählte, konnte sie nicht ausdrücklich auf ihn eingehen, sondern sich lediglich unausgesprochene Gedanken über die Gefährlichkeit seines Spiels machen, zweifelnd, ob sie sich nicht irre und alles harmloser sei. Piet war es gelungen, die Kindertherapeutin in eine Spannung zu versetzen, in der die Kindertherapeutin sprachlos blieb und auch keinen sonstigen Weg fand, diese Spannung zu lösen. Von dem zu erwartenden Stromschlag sprach er, als sei es selbstverständlich. Die belastende Spannung hatte Piet der Kindertherapeutin zugespielt. Wenn wir am Anfang annahmen, daß der Grund für die Impulshandlung Piets in der Familie liegen müsse, so ist in der Situation des Kinderinterviews die Spannung an die Kindertherapeutin delegiert worden. Piet gibt jedoch zu verstehen, daß bei solchen Spannungen und Kontakten Schläge auftreten, die man hinnehmen muß. Der selbstverständliche Umgang Piets mit diesem Wissen läßt sich vergleichen mit dem verharmlosenden Umgang der Eltern, als sie der Kindertherapeutin von dem Vorfall im Unterricht erzählten. Die Spannung wird verleugnet, beziehungsweise in der Initialszene mit der Kindertherapeutin an diese delegiert. Die impulsive Handlung, oder in Piets Beispiel in der Gesprächssituation der Schlag, folgen selbstverständlich. Man möchte hinzufügen, natürlich für den, der wußte, daß es Spannung gab. Wenn wir diese Beziehungskonstellation zwischen Piet und der Kindertherapeutin aus der Initialszene in dieser Weise aufgeschlüsselt haben, lohnt es sich, den Inhalt für sich zu betrachten. Piet berichtet davon, daß er zwischen zwei Punkten eine Verbindung herstellen wollte, damit eine Birne als Drittes dazwischen zum Leuchten käme. Dabei bekam er einen Schlag. Die Frage ist, ob Piet damit etwas von seinen Erfahrungen mit Kontakten und Beziehungen verschlüsselt der Kindertherapeutin berichtet.

In der zweiten von Piet erzählten Episode spricht er direkt aus, daß er Verbotenes tut. Er läßt auch durchblicken, daß weder er noch andere ihn daran hindern werden, allerdings, verkündet er, werde er nicht über einen bestimmten Punkt hinausgehen. Dieser Punkt betrifft die Vorstellung von der Zukunft. – Mehrere Sachkonstellationen, Beziehungsverhältnisse und in ihnen provozierte Gefühle der einzelnen ähneln dem Vorfall in der Schule und der Beteiligung von Kind, Eltern und dem Pfarrer daran. Piet tat etwas, das überraschte und überrumpelte, der Pfarrer merkte fast erschrocken auf und vermutete einen gewichtigeren Zusammenhang hinter dem Ereignis, doch blieb er mit seinen Vermutungen und Fragen weitgehend allein. Die Eltern versuchten, die Angelegenheit als normal und nicht weiter nachdenkenswert zu betrachten. Die Verharmlosung gelingt ihnen nicht vollständig. Ein Stück Beunruhigung läßt sie dem Rat des Pfarrers folgen und die analytische Ambulanz aufsuchen. Hätten sich die Eltern wirklich normal, beziehungsweise gesund verhalten, hätten sie nämlich Piet gesagt, daß es sich nicht gehöre, anderer Kinder Sachen wegzuwerfen. Sie hätten ihm damit eine Grenze gezogen. So aber blieb der Vorfall ungeklärt und ungelöst stehen. In der Szene, die Piet mit der Kindertherapeutin initiiert, geschieht das gleiche. Die Kindertherapeutin war in eine Spannung geraten, doch artikulierte sie die Spannung nicht. Sie fragte beispielsweise nicht: darfst du das, kannst du damit umgehen? Sie fragte auch nicht nach dem Grund: was hast du damit gewollt? Sie blieb durch ihre mangelnde Stellungnahme im Wechselspiel mit Piet ein Opfer. Piet seinerseits hebt die Spannung, die er im anderen induziert, dadurch auf, daß er sagt, er habe einen Schlag bekommen. Damit spricht Piet von einer Grenze. Im Grunde ist es ihm im Religionsunterricht ebenso ergangen, als der Pfarrer die Sache als ernst aufgriff. Seine Eltern wünschten das jedoch nicht so zu sehen. Worauf sein Handeln in der ersten Episode zielte, ist klar zu beschreiben: er wollte Kontakt schaffen, eine Glühbirne zum Leuchten bringen. Wenn er einen Schlag bekam, ist die Birne nicht zum Aufleuchten gekommen, der Kontakt wurde also nicht hergestellt. Die Bedeutung dieser Intention und ihr Scheitern dürfen wir noch nicht so weit festlegen, wie sie sich rein inhaltlich zur Interpretation anbietet. Hilfreich dafür wird ein Element, das sich in der zweiten Episode findet. Die Eltern sind fort und Piet und sein Bruder bleiben allein. Jetzt beabsichtigen beide etwas viel direkter Verbotenes zu unternehmen, sie wollen dabei jedoch nicht bis zum Äußersten gehen, nämlich sich mit der Zukunft zu befassen. Das Verhalten Piets läßt sich in beiden erzählten Episoden so sehen, daß er seine Ich-Aktivitäten allein, das heißt getrennt von Vater oder Mutter entfaltet. In der ersten Episode soll ein Kontakt gestiftet werden, der nicht zustande kommt, in der zweiten wird von Piet, wenn er allein gelassen ist, nahezu etwas ausdrücklich von den Eltern Verbotenes getan. Nicht unmittelbar in der Handlung enthalten und unausgesprochen zielt jedoch Piets Handeln auf den anderen, wenn er im übertragenen Sinn Kontakt stiften will. Die Intention, das Verbotene zu tun, ist darauf angelegt, daß es vom anderen wahrgenommen wird; sonst hätte Piet der Kindertherapeutin von seinem Vorhaben nicht erzählt; denn wenn er es ihr sagt, ist der Bezug zu einem anderen hergestellt. Der Sinn seiner Erzählung kann nur der sein, daß er in diesem Bezug zum anderen Aufmerksamkeit für sich, Sorge um ihn und im weitesten Sinne eine Zuwendung im anderen zu mobilisieren versucht. Wenn wir Piets sich wiederholenden Abschluß seiner Erzählungen ansehen, er wisse nicht mehr weiter, ist Piet nach dem Erzählen bei der Kindertherapeutin, und wahrscheinlich auch in seinen Handlungen außerhalb dieser Situation, an ein Ende gekommen. Er signalisiert nur noch, im Augenblick keine innerpsychischen Kräfte zur Fortsetzung seiner Aktivitäten und der Beziehung mehr zu haben. Es ist der Ausdruck einer Resignation und der letzte Versuch, ein Hilfs-Ich zu rufen. Piets Handeln geschieht, soweit wir ihn bisher gesehen haben, im Alleingang ohne Erwachsene beziehungsweise deren Worte, die von ihm beherzigt würden. Die Tatsache, daß mehrfach eine Freundin oder ein Bruder an den Handlungen beteiligt sind, sagt uns, daß Piet sie allein nicht ohne weiteres ausführen kann. Er braucht den Gefährten, um in der Gemeinsamkeit der Ichkräfte stärker zu sein; aber sicher noch mehr, um das Gewissen gemeinsam leichter zu überrumpeln. Sein Handeln überschreitet dann nämlich die Grenze. Dadurch kommt es zum Rauswurf und zum elektrischen Schlag. Er entbehrt der Erwachsenen, Vater oder Mutter in ihrer äußeren oder inneren Präsenz, die helfen, sein Handeln zu beurteilen und gegebenenfalls bremsen, um ihn vor Schaden zu bewahren. Seine Intentionen setzen sich unreflektiert durch und geraten damit in eine Spur, die zu impulsivem Handeln führt. Es ist jetzt verständlich, wenn Piet nach einem solchen Handlungsdurchbruch nicht weiter weiß. Er ist zu weit gegangen, das Umschlagen in einen ratlosen Zustand, in Apathie: »Nun weiß ich nichts mehr«, ist vom Verlauf reiner triebhafter Spannung und ihrer Entladung bekannt.

Am Schluß des Kinderinterviews fühlte sich die Kindertherapeutin gezwungen, sich in die Gemeinsamkeit mit Piet aktiv einzuflechten. Mit der Frage, ob Piet keine Freunde habe, griff sie ihrerseits die Initiative auf. Seine Antwort, für die Kindertherapeutin in einer merkwürdig teilnahmslos vorgetragenen Form, war die, »daß er sich manchmal aufs Bett legen würde und einen ganz leeren Kopf habe. Dann müsse er plötzlich weinen, und sein Bruder sage ihm, daß er damit aufhören solle. Er weine dann für alles mit, wenn er nur einmal einen Grund habe«.

Diese bewegende Aussage Piets über ihn selbst macht außerordentlich betroffen. Hier teilt ein Kind seine tiefe Traurigkeit unmittelbar und offen mit. Wenn uns Piets Aussage über sich zunächst unvermutet erscheint, sind wir dann nicht mehr überrascht, wenn wir uns unsere Gedanken über das Umkippen von Piets Überaktivität beziehungsweise Impulsivität in Apathie vor Augen führen. Piet bestätigt uns geradezu, wenn wir annehmen, daß sein Handeln von einer aktiven Stimmung begleitet ist, die dann, wie er berichtet, in fast grenzenlose Traurigkeit umschlägt. Dem Wechsel von Impulsivität und Nichts-Tun oder Nichts-Wissen entspricht der Wechsel von zuversichtlicher Stimmung und Depressivität in den begleitenden Affekten. – Es scheint mir sinnvoll, nun die analytische Theorie nach dem Sinn der impulsiven Handlung zu befragen. Aus der Neurosenlehre von Fenichel* erfahren wir, »daß impulsive Handlungen, die zwar ich-synton, aber nicht sexuell sind, dem Zweck dienen, vor einer Gefahr zu fliehen, sie zu verleugnen oder sich ihr gegenüber in Sicherheit zu bringen. Diese Formel gilt natürlich nur, wenn die ›Depressionen‹ zu den Gefahren gerechnet werden. Die Bekämpfung einer Gefahr als das Ziel solcher impulsiven Handlungen muß nicht notwendig erreicht werden«. – In unserer weiteren Betrachtung müssen wir nach dem verborgenen Grund suchen, der Piet zu diesen impulsiven Handlungen treibt, und fragen, ob er sich zwischen

* Fenichel, Otto, 1946, Psychoanalytische Neurosenlehre, Olten 1974

Piet und seinen Eltern auffinden läßt. Seine Traurigkeit, die bereits depressive Züge zeigt, ist ja noch nicht so weit verselbständigt wie bei einem Erwachsenen, daß sie selbst bereits der Grund für die Notwendigkeit ihrer Abwehr wäre. Der Grund dafür muß sich finden lassen in der Beziehung zwischen Piet und seinen Eltern. Das zweite Gespräch mit einem seiner Elternteile führt uns weiter. Doch bevor wir uns diesem zuwenden, berichte ich vom Abschluß des Kinderinterviews. Piet fragte die Kindertherapeutin, »wozu das Gespräch gut war«. Erinnern wir uns, daß die Kindertherapeutin zuvor sich mit einer Frage eingeschaltet hatte, die er zwar nicht beantwortet, woraufhin er aber von seiner Traurigkeit berichtet hatte. Die stereotype Wiederholung des Satzes »Nun weiß ich nichts mehr« ist an der Stelle überwunden, an der Piet über das, was in ihm vorgeht, der Kindertherapeutin mitteilen konnte, und damit ist geschehen, daß er selber wieder Anschluß an sein eigenes Denken findet; denn Piet stellt eine Frage, und zwar eine gewichtige Frage nach dem Sinn der Begegnung beider. Damit zeigt Piet, daß er nicht nur eine gesunde Beziehung zur Kindertherapeutin entwickeln konnte, sondern auch, daß er in dieser Atmosphäre einen Anschluß an die Realität und ihre Beurteilung selbst fand. In dieser Wendung der Begegnung liegt Hoffnung; denn Piets Ich ist nicht mehr in Abwehr mitgerissen. Er zeigt ein Interesse, das darauf zielt, Gegenwart und Zukunft zu verbinden. Er will den Sinn der hinter ihm liegenden Stunde nicht einfach verlieren. Er fragt, um ihn mitnehmen zu können, ihn deutlicher zu begreifen, und will nicht in einem Handeln steckenbleiben, dessen Sinn ihm nicht klar ist. Damit gibt er zugleich die menschliche Beziehung nicht auf, er will verstehen, was beide verbindet, um das zu bewahren und wahrscheinlich auch fortführen zu können. Er ist es, der mit dieser Frage Kontinuität schafft.

Zum Schluß des Berichts beschreibt die Kinderpsychotherapeutin die Gefühle, die durch die Begegnung mit Piet in ihr wachgerufen wurden: »Noch Stunden nach dem Gespräch fühlte ich mich wie leer und müde. Ich merkte erst mit der Zeit, daß es sich dabei um Gefühle in Reaktion auf Piet handeln mußte. Im Gespräch selbst war ich hellwach, als hielten mich Piets latente Aggressionen auf Trab. Der Junge hatte mich sehr angesprochen, und seine Vermutung, hier müsse ein lustiges Mädchen wohnen, habe ich wie einen Appell empfunden.« – Diese Beschreibung eigener

Gefühle, die die Kindertherapeutin aus der Begegnung mit Piet und im Anschluß an das Gespräch bei sich selbst spürte und formulieren konnte, sind für die Aufklärung von Piets innerem Zustand und seinem Verhalten hilfreich. Von ihrer Art her ähneln sie denen, die wir inzwischen von Piet gut kennen. Die Kindertherapeutin hatte, indem sie den Hinweis auf das lustige Mädchen als Appell empfand, bei diesem Jungen, der am Schluß von seiner großen Traurigkeit sprach, eine Sehnsucht nach Froh- und Lustigsein-Können unmittelbar empfunden. Die Gefühle, daß sich die Kindertherapeutin voll auf Trab und hellwach, nachher völlig erschöpft, müde und leer fühlte, kennen wir von Piet recht genau. Auch Piet war hellwach, wenn er der Kindertherapeutin seine gefährlichen Geschichten erzählte und sie damit in Spannung bringen wollte. Ihr Reagieren auf ihn wird er ebenso innerlich mit Spannung verfolgt haben. Der Kindertherapeutin war es in größerem zeitlichen Abschnitt ergangen wie Piet selbst, der zwischen impulsivem Erzählen von Geschichten und Versacken in Apathie hin und her wechselte. Diese Form der Beziehung zwischen der Kindertherapeutin und ihm muß sehr wahrscheinlich die Beziehung zwischen Piet und seinen Eltern wiedergeben. Piet hatte die Kindertherapeutin mitgerissen in seine Welt, in der es darum geht, mit Spannungen fertig zu werden, was ihm am leichtesten gelang, wenn er einen anderen in Spannung versetzte, ihn innerlich auf Trab hielt. Da die Kindertherapeutin sich von Anbeginn durch den Appell aufgerufen fühlte, war sie bei der Spannung, die Piet induziert, doppelt wach. Sie mußte engagiert für ihn und zugleich auf der Hut sein, wie weit er nämlich gehen würde. Daß er zu weit ginge, hatte sie gespürt, wenn sie von Piets latenten Aggressionen sprach. Sie hatte die Aufgabe gespürt, über Piets Spannungsumschläge hinaus, die Kontinuität beider in ihrer Begegnung zu bewahren. Der Kindertherapeutin war das bei aller Anstrengung möglich gewesen; denn bei Piet hatte sich im Gespräch ein Vertrauen ausgebildet, das am Schluß die Eröffnung von Piets tiefen Gefühlen ermöglichte. Piet hatte zunächst die Kindertherapeutin überrollt. Der analytische Therapeut, in seiner Bemühung sich einzufühlen, muß das geschehen lassen können. Er wird zunächst involviert. Die dann folgende schwierige Arbeit im analytischen Interview, wie auch später in der analytischen Therapie, ist die, daß der Therapeut sich wieder distanziert, sich sozusagen wieder herausnimmt und mit Hilfe der in ihm geweckten Gefühle sich über die Beziehung zu seinem Gegenüber orientiert.

Der Kindertherapeutin war es nicht gelungen, des Rätsels Lösung zu finden. Wie sollte es auch im Kinderinterview gelingen, wenn Piet zuvor von den Eltern etwas andres gesagt worden war: es ginge um »die Umschulung«. Piet hatte diese Erklärung der Eltern nicht geglaubt, sonst hätte er nicht am Ende des Gesprächs, ohne daß von der Schule gesprochen worden war, nach dem Sinn des Gesprächs gefragt. Die falsche Erklärung: »wegen der Umschulung« komme er zur Kindertherapeutin, die die Eltern Piet gaben, sollte wohl seine Angst aufheben und ihn wieder unbefangen machen; in Wirklichkeit ist sie eine Irreführung. Mit seiner Frage am Schluß war Piet in der Lage, sich von der falschen Information zu distanzieren. Piet war von den Eltern nicht ernstgenommen worden. Er hatte den Eltern zwar nicht geglaubt, doch ihre Information stumm hingenommen. Damit zeichnet sich ab, daß Piet sehr irritiert wird, ausgeliefert ist. Der Kindertherapeutin und Piet war es im Gespräch nicht gelungen, sich der eigentlichen Sache, dem Rätsel um den Rauswurf zu nähern. Doch war es ihr gelungen, Piet so gut zu verstehen, daß er ihr seine Not anvertraute.

Wenn wir zusammenfassen, dann sehen wir, daß für die Eltern und Piet etwas geschieht, das nicht durchsichtig und verständlich ist, und deshalb nur aus unbewußten Quellen gespeist sein kann. Ihre Handlungen führen nicht zu verständlichen Zielen und entsprechen nicht der Realität. Wir sehen sogar, daß die innere Kontinuität des Ichs der einzelnen Beteiligten unterbrochen wird. Im Kinderinterview ergibt sich daraus ein gravierender Befund für Piets Entwicklungsstand.

Weil die Kindertherapeutin nicht hoffnungslos geworden war, vereinbarte sie ein Gespräch mit der Mutter. In diesem Gespräch zeigte sie ihr den Teil zur reflektierenden Betrachtung auf, der innerhalb der Familie mit Traurigkeit beladen und vom Ernst des Lebens überbürdet erschien. Die Kindertherapeutin hatte sich zu der Traurigkeit in der Familie hindurchgearbeitet, die bei der Mutter und bei Piet, bei ihm sogar kulminierend, hervortrat. Überraschenderweise bekam sie jetzt neue Auskünfte über die Situation der Familie: »Frau Arnold zuckte mit den Achseln. Sie wisse nicht, woher das käme. Ihr Mann meine, die Oma hätte zu viel über den Tod geredet. Ihr Mann glaube auch, daß die Oma Piet hindern wolle, erwachsen zu werden«.

Mit diesen kurzen Informationen waren der Großmutter wichtige Einflüsse auf die Familie zugestanden worden. Bisher war sie von den Eltern wie selbstverständlich als die Versorgerin der Kinder genannt worden, und Piet hatte sie erwähnt im Zusammenhang mit dem Alleinsein, weil die Großmutter im Krankenhaus liege. Wenn wir die Form betrachten, in der Piets Mutter über dieses neu eingeführte Familienmitglied spricht, so sehen wir, wie ihr Verursachungen in direktem Zusammenhang mit Piets Befinden zugesprochen werden. Das viele Reden über den Tod, so jedenfalls sagt es die Mutter, hindere Piet daran, erwachsen zu werden. Damit hat die Mutter Gründe zur Sprache gebracht, die wohl ihr Mann, sie selbst offensichtlich nicht akzeptiert. Wenn im Nachhinein der Verlauf beider Elterngespräche gesehen wird, verhält es sich insgesamt so, daß der Vater wichtige Tatbestände annimmt, sie für das Verhalten des Kindes verantwortlich macht, in der Gegenwart der Kindertherapeutin aber nicht ausspricht. Die Mutter dagegen spricht ohne das Beisein ihres Mannes der Kindertherapeutin gegenüber die Ansicht ihres Mannes aus, stellt aber den Inhalt dieser Aussage als für sie nicht unbedingt glaubhaft hin. Es findet eine Verschränkung oder Kreuzung der Auffassungen der Eltern statt. Wenn man es genau beschreibt, geschieht folgendes: der Vater weiß den Grund für einen beklagenswerten Zustand, daß nämlich Piet in der Schule nicht richtig mitkomme, das heißt lernen könne, und damit größer würde – das Reden der Großmutter über den Tod. Zu dem Zeitpunkt, wo sein Wissen wichtig wäre, nämlich im Erstgespräch, hält er dieses Wissen zurück beziehungsweise kann es nicht zur Sprache bringen. Erst als die Mutter allein ist, kann sie vom Wissen des Mannes sprechen, als habe er es ihr abgetreten und könne es nicht ertragen, daß es in seiner Gegenwart ausgesprochen und damit verbindlich wird. Die Mutter selbst äußert dieses Wissen in einer auffälligen inneren Distanzierung. An der Sprache zeigt sich, daß sie dieses von ihr ausgesprochene Wissen in den Mund ihres Mannes zurückverlegt. Sie ist nicht eigentlich überzeugt davon; es ist als sage und erkläre ihr das nichts. Ein Wissen, das an einen anderen übergeben wird und bei diesem zum Ausdruck kommt, verändert aber seinen Gehalt. Es wird uneffektiv und nicht mehr verfügbar. Weitere Erkenntnisse oder ein sinnvolles dementsprechendes Handeln können nicht folgen. Durch die Delegation des Wissens an den anderen, der es nicht teilt, aber ausspricht, wird eine Blockierung bewirkt, die den

Verständigungsprozeß, der ein sinnvolles Umgehen miteinander, das Planen und Handel einschließt, unmöglich macht.

Die eigene Geschichte der Großmutter wurde in diesem weiteren Gespräch mit der Mutter wichtig. »Die Großmutter, Mutter des Vaters, hatte fünf Brüder. Sie als Mädchen war in dieser Reihe der sogenannte Prügelknabe. Als die Großmutter selbst heiratete, bekam sie keine Kinder; Herr Arnold, Piets Vater, wurde von seinen Eltern im Alter von einem Vierteljahr adoptiert. Er blieb ein Einzelkind. Die Großmutter, deren Ehemann, also Piets Großvater, seit längerem tot war, lebte auf einer Nordseeinsel. Als Piets Eltern ihren ersten Sohn erwarteten, wurde sie auf ihren Wunsch hin aus ihrem bisherigen Zuhause in die Familie des jungen Elternpaares geholt. Sie sei glücklich gewesen, wieder eine Aufgabe zu haben und in Zukunft die Kinder großzuziehen. Frau Arnold sprach von der Großmutter als ›die Frau‹. Sie schilderte sie ›still, zurückgezogen, unaufdringlich, andere verwöhnend und mit einer glücklichen Hand für Kinder‹. Wenn die Eltern abends heimkamen, fanden sie die Kinder wohlversorgt, und zudem berichtete die Großmutter nie eine Schandtat von den Kindern. Es gab nie Kummer. Abends zog sich die Großmutter gleich zurück in ihr Zimmer. Piet sei häufig zu ihr gegangen, obwohl sie betonte, gern allein zu sein. Als Piet ins Trotzalter kam, habe die Großmutter bedauert, daß er ›jetzt auch so groß würde‹, und das Trotzalter Piets sei mild und kaum auffallend verlaufen. Jetzt im Krankenhaus spreche die Großmutter nur von Piet und frage ständig nach ihm«.

Nachdem die Kindertherapeutin diese Tatsachen erfahren hatte, konnte sie wieder Gedanken fassen und war erstmals in der Lage, sich von ihrem reflektierenden Standpunkt aus in das Gespräch einzuflechten. Sie sagte der Mutter, daß sie das Gefühl hätte, daß sie beide nun langsam einen Faden gefunden hätten. Überraschenderweise bestätigte das Frau Arnold sofort und sprach daraufhin über die Abhängigkeit der Kinder, insbesondere die von Piet. Als damit erstmals in diesem Gespräch mit der Mutter ein Miteinander gefunden wurde, konnte die Kindertherapeutin Frau Arnold sogar eine Deutung geben: »Die Großmutter brauche Kinder, um jemand zu sein«. Zu ihrer Überraschung erfuhr sie jetzt die wichtige Tatsache, daß die Großmutter zur Zeit so krank sei, daß jeden Tag mit ihrem Tod gerechnet werden könnte.

Dieses Gespräch mit der Mutter war wie erlösend und brachte

die Dinge in Fluß. Nach dem Bericht der Kindertherapeutin erfahren wir, daß sie der Mutter nun in einer Art Zusammenfassung eine Konstruktion darüber gab, was mit Piet los sei. Die Verharmlosungstendenz der Eltern hatte bewirkt, daß die Kindertherapeutin einen weiten und schweren Weg zurücklegen mußte, um der Mutter etwas Wesentliches zu sagen und ihr in all dem Erzählten und Geschehenen einen Sinnzusammenhang zu vermitteln. Sie sagte der Mutter: »Piet lebe wie von einem Magnetfeld umgeben, das er nicht aus eigener Kraft durchbrechen könne. Die Großmutter brauche ihn, und dabei bleibe Piet zwar lieb und ohne berichtete Schandtaten, aber dadurch bedingt auch klein. Wenn Piet selbständig werden wolle, brauche er große Kraft und mache dabei erschreckende Sachen.«

Damit war der Mutter Piets wechselvolles Verhalten aufgezeigt, das pendelt zwischen seinen impulshaften Aktivitäten, in denen er sich ganz groß vorkommt, die anderen zittern läßt, und seinem lieben Kleinsein, in dem er selbst initiativelos, ganz auf den anderen angewiesen ist. In dieser letzteren Weise seiner Einstellung auf den anderen brauchte ihn die Großmutter für sich, wenn er bisher ohne Trotz ihren Wünschen folgen sollte. Das meinte die Kindertherapeutin, wenn sie das Bild vom Magnetfeld gebrauchte. Piet kann es nur dann vorübergehend durchbrechen, wenn er plötzlich impulsiv wird und für andere alarmierende Dinge unternimmt. Allein schafft er das in der Regel nicht; er braucht die Verstärkung seiner Altersgenossen, die Freundin oder den Bruder, so wie es bereits dargestellt wurde. Eine Besonderheit muß bei Piets Unternehmungen beachtet werden: bei seinen Durchbrüchen erschrecken nur diejenigen, die nicht zur Familie gehören. – Mit diesem Gesprächsverlauf und dem Fortschritt ihrer Erkenntnis war die Kindertherapeutin noch nicht voll zufrieden; denn Piets Verhalten war aus seiner Sicht und der Sicht der Großmutter, die das Kind als Aufgabe braucht, verständlich geworden. Die Beziehung Piets zu seinen Eltern und seine Stellung bei ihnen war noch nicht klar. Deshalb bestellte sie die Eltern erneut.

Das Gefühl der Unzufriedenheit hatte die Kindertherapeutin nicht betrogen. Das, was sie zwischen der Mutter und dem Vater im vergangenen Gespräch beobachten und für sich klären konnte, das Phänomen der Verschränkung, indem der eine etwas aussagt und für sich nicht gültig sein läßt, und es dadurch nicht mit dem anderen teilt, hatte sich in dem Gespräch zwischen der Mutter und der Kindertherapeutin unbemerkt wiederholt. Die Aussage der Mutter, die Großmutter sei so krank, daß die Familie jeden Tag mit ihrem Tod rechnen mußte, wurde im Gespräch zwischen beiden zwar ausgesprochen, aber nicht in seiner derzeit belastenden und bedrückenden Bedeutung aufgegriffen. Es war, als würde vor der Bedeutung dieser zukünftigen Tatsache eine Schranke bestehen. Wenn die Großmutter derzeit sterbenskrank, und sie zuvor ein zwar stilles, aber selbstverständliches Zentrum in der Familie war, dann ist es unumgänglich, daß sich mit ihrem Kranksein und Sterben-Müssen das Gleichgewicht in der Familie entscheidend verändern würde. Dabei hatte die Großmutter selbst seit langem vor den Eltern und Piet von ihrem Tod gesprochen. Der Mutter und Piet war das unerträglich gewesen. Im Krankenhaus galt die ganze Sorge der Großmutter Piet. Und in der Tat war sie ja mit Piet ganz besonders verbunden. Seit seiner Geburt bis zu den auftretenden Schulschwierigkeiten, der Grund für die Mutter, nur noch halbtags zu arbeiten, hatte sie ihn allein großgezogen. Er besuchte sie abends in ihrem Zimmer, und für sie sollte er klein bleiben, weil sie solche Kinder besonders mochte. Die Kindertherapeutin hatte erkannt, daß die Großmutter Kinder brauchte, um selbst jemand zu sein, weil sie sich durch eine Aufgabe definierte. Dieses Kind war bisher Piet. Der um zwei Jahre ältere Bruder hatte sich von ihr gelöst. Wenn diese Großmutter nun sterben würde, dann war es klar, daß das Magnetfeld um Piet zusammenbrechen würde. Bei diesen Vorstellungen ist zu spüren, wie sich alle Familienmitglieder davor fürchteten.

Aus dem dritten und letzten Gespräch mit der Mutter, als dem Elternteil, der bei allen weiteren Einladungen allein gekommen war, möchte ich das herausheben, was zum weiteren Verständnis des Falles wichtig ist, und die Kindertherapeutin veranlaßte, eine Diagnose zu stellen und einen therapeutischen Vorschlag zu unterbreiten. Die Mutter setzte sich auf einen anderen Stuhl als bei beiden voraufgegangenen Gesprächen, bei denen sie stets denselben Platz eingenommen hatte. Bereits aus dieser Tatsache schloß die Kindertherapeutin, daß etwas in Bewegung geraten war, daß sich in der Mutter Veränderungen einleiteten, und sie diese ertragen konnte. Ihr Wiederkommen, und ihr Wiederkommen ohne ihren Mann, verstand die Kindertherapeutin in der Weise, daß sie und die Mutter im letzten Gespräch an einem Stück gearbeitet hatten, das auch für die Mutter versprach, zu einer Lösung zu führen. So berichtete die Mutter später, das Thema der Großmutter aufgreifend: »Die Oma käme nicht mehr nach Hause. Wenn sie aus dem Krankenhaus entlassen würde, müsse sie in ein Pflegeheim. Die Oma habe einen Schlaganfall gehabt und sei nun vollkommen auf Hilfe angewiesen. Frau Arnold meinte, seit die Oma im Krankenhaus wäre, empfinde sie die Atmosphäre zu Hause als ruhiger, man könne ungezwungener miteinander umgehen. Piet möchte nun Omas Zimmer haben, wollte es schon vom Vater tapeziert bekommen; denn während Omas Krankenhausaufenthalt hatten sie die ganze übrige Wohnung neu tapezieren lassen. Hier spürte ich, daß die Eltern zurückschreckten, so endgültig mochten sie offenbar noch keine Entscheidung über Großmutters Zimmer treffen. Piet, fuhr die Mutter fort, wolle die Oma im Krankenhaus überhaupt nicht besuchen. Der Vater habe den Jungen trotzdem mitgenommen, und Piet habe die ganze Zeit stumm am Bett gestanden. Die Oma habe jeden Realitätssinn verloren. Einzig die Gedanken um Piet hätten Hand und Fuß. Sie möchte aus dem Krankenhaus, da sie Angst habe, der Junge könne etwas anstellen.« – An dieser Stelle war die Kindertherapeutin ganz hellhörig geworden und verstand sofort, daß die Eltern nur auf diese Weise erfuhren, Piet tue auch manchmal etwas Schlimmes. Den Eltern ging jetzt auf, daß Großmutter und Enkel eng miteinander verbunden waren, so daß offenkundig wurde, was Piet allein eigentlich macht. Damit stellte sich heraus, daß Piet sich allein schwer oder gar nicht zügeln kann. Die Kindertherapeutin behielt diese Überlegungen für sich beziehungsweise gab sie in ihrem Bericht wieder und versuchte mit einer Frage nach den Gefühlen von Frau Arnold der Schwiegermutter gegenüber, sich ein Bild von dem Beziehungsverhältnis beider zu machen. Über den Fortschritt des Gesprächs schreibt sie: »Nur zögernd berichtete die Mutter, daß sie sich manchmal über die Großmutter geärgert hätte, es aber dann nie direkt zeigen konnte. Sie habe es ihrem Mann gesagt, der seinerseits dann immer mit der Mutter sprach. Generell habe sie nichts gegen die Großmutter, aber mit ihr könne man einfach nicht streiten.«

Unter dem Eindruck dieser Information über die Intoleranz und Hilflosigkeit der Großmutter anderen Meinungen gegenüber, griff die Kindertherapeutin Piets Situation auf, der schließlich als schwächstes und betroffenstes Glied für sie im Mittelpunkt stand.

So erinnerte sie an das bereits zwischen Mutter und ihr ausgetauschte Wissen um Piets abgemilderte Trotzphase und bot der Mutter diese Eigentümlichkeit in seinem Leben als einen Tatbestand an, der den Zugang zu Piets Situation zu öffnen versprach. Im Bericht heißt es: »Frau Arnold konnte das nun viel besser verstehen. Ihr fiel ein Gespräch von ihrem älteren Sohn ein, daß es die Großmutter nie verstanden hätte, wenn sich die Brüder einmal stritten und sich kurze Zeit später wieder vertrugen. Außerdem waren die einzigen Gründe, aus denen die Großmutter die Mutter an ihrem Arbeitsplatz anrief, Streitereien zwischen den Kindern, mit denen die Großmutter glaubte, nicht fertig zu werden«.

Das Gespräch zwischen der Kinderanalytikerin und der Mutter wurde immer mehr zum Dialog und vertiefte sich in fruchtbarer Weise. Die Kindertherapeutin berichtete weiter: »Frau Arnold habe der Kinderzeit der Großmutter und der Tatsache, daß sie nie gegen ihre Brüder angekommen sei, nochmals einen besonderen Platz eingeräumt«. Die Kindertherapeutin griff diese Äußerung auf und fragte die Mutter: »Was die alte Frau mit ihrem eigenen Ärger oder Zorn in ihrem Leben gemacht habe?« Die Mutter war daraufhin ganz offensichtlich so bewegt von all dem Bemühen um Verständnis und wohl auch darüber, daß solche Gedanken auszusprechen sind, daß sie der Kindertherapeutin antwortete: »All diese Gedanken seien ihr bewußt nie in den Sinn gekommen«. In der Erleichterung, daß hier über Ärgerliches direkt geredet werden konnte, machte sie ein Bekenntnis ihrer Gefühle und Gedanken und fuhr traurig fort: »Die Großmutter habe ihr den Sohn Piet ein ganzes Stück weit weggenommen«.

Diese Aussage ist für die Verstehensarbeit der Kindertherapeutin ein Höhepunkt gewesen. Die Mutter konnte an dieser Stelle zum ersten Mal von ihrer eigenen Betroffenheit sprechen. Wir hatten erkannt, daß die Großmutter Piet, das jüngste Kind ihres Sohnes, in dem Maße wie der ältere Enkel ihrer unmittelbaren Fürsorge entwuchs, als Ersatz für ihn nahm, wie es schon einmal in ihrem Leben geschehen war, als sie den Vater adoptierte. Zugleich aber behielt sie Piet als den Kleinen und Letzten fest. Dieses große Problem zwischen Schwiegermutter und Mutter, das somit sichtbar wurde, nahm die Kindertherapeutin als Anlaß, der wichtig genug war, an dieser Stelle der Mutter Piets eine Reihe von Gesprächen anzubieten, um ihr in der bevorstehenden Krisensituation Hilfe zu geben, wenn durch den bevorstehenden Tod der Großmutter sich das Gleichgewicht der Familie ändern mußte.

Wir können die Kindertherapeutin und Piets Mutter an dieser Stelle ihrer weiteren Arbeit überlassen. Nachdem die Mutter für ihre Situation empfindungs- und gleichzeitig sprachfähig geworden war, und sie Vertrauen gefaßt hatte, in den Gesprächen über das zu sprechen, was sie bewegt und letztendlich, wie sie ihre neu zu gewinnende Rolle als Piets Mutter aufnehmen würde, war das Ziel einer Diagnostik und Vorbereitung zu einer Therapie erreicht. Die Mutter hatte Piet ja wider Willen wie zur Adoption der Großmutter freigegeben, und Piet mußte nun auf Grund des bevorstehenden Todes der Großmutter von seiner Mutter zurückgewonnen werden. Hier war viel innere Arbeit zu leisten.

Kommen wir auf die Frage des Pfarrers nach dem Test zurück. Mit ihm wollte er das Ereignis von Piets Einbruch in den Unterrichtsraum klären, aus dem er Sachen seiner Mitschüler hinausgeworfen hatte. Daß Piet generell zu solchen impulshaften Handlungen fähig ist, hat uns das Kinderinterview gezeigt. Piet in dem Magnetfeld der Großmutter kann sich impulshaft in Form eines Ausbruchs behaupten. Er darf bei der Großmutter, die die Mutter vertritt, nicht böse und ungezogen sein. So verstehen wir, daß Piet es nicht gelernt hat, mit seinen Aggressionen umzugehen. Er hat sie hintanstellen und unterdrücken müssen, und so überwältigen ihn diese Gefühle plötzlich in einer Weise, wie es für ihn und andere nicht vorherzusehen ist, und daher erschreckt. Das aber erklärt noch nicht, warum er gerade in den Unterrichtsraum in der geschilderten Weise eingebrochen war; der eigentliche Sinn dieser Handlung ist noch nicht durchsichtig.

Sehen wir uns noch einmal die spärlichen Informationen über die einzelnen Familienmitglieder an, so wie sie uns durch das bisherige Material vertraut geworden sind, und versuchen wir diese Personen zu rekonstruieren. Hierbei handelt es sich nur um den Versuch einer Annäherung an die eigentliche Bedeutung des Rauswurfs. Wir haben am Beispiel der Mutter gesehen, daß sie das von der Kindertherapeutin ihr entgegengebrachte Verständnis aufgreifen und weiterführen konnte. Die wirkliche Lösung dieser Impulshandlung wird nur die Familie selbst finden können. Sich jedoch zu erlauben über das methodisch Zulässige hinauszugehen, und Mutmaßungen über alle beteiligten Personen sowie ihr Beziehungsfeld in der Familie anzustellen, ist für die spätere therapeutische Situation eine wesentliche Hilfe, in der nicht nur der Sinn dieser Handlung entschlüsselt, sondern auch Verständnis für die Familiensituation als Ganzes gefunden werden soll. Der Rausschmiß gleicht einem Knotenpunkt. Wenn eine Mutter nicht über ihr Kind nachdenken darf, gleicht das im Grunde einer Verweigerung der Einfühlung.

Die Großmutter war also das einzige Mädchen unter fünf Brüdern. Mit dieser Rolle hatte sie es sicher nicht leicht gehabt; das gerade hatte Piets Mutter von ihr erzählt, als sie von ihr als dem Prügelknaben sprach. Die Großmutter als Mädchen war in Streitereien mit den Brüdern stets unterlegen gewesen. Sie muß darunter gelitten und Neid auf die Brüder entwickelt haben, die anders waren als sie und sich damit auch als stärker erwiesen. Aus der Rolle des Prügelknaben läßt sich ein Weiteres ableiten, das wir aus dem heutigen Verhalten der Großmutter kennen. Als einziges Mädchen wird sie in der Situation mit fünf Brüdern ein mütterliches Verantwortungsgefühl für ihre Geschwister entwickelt haben, und die Sorge für die anderen wird ihr von der Mutter oder den Eltern häufiger zugetragen worden sein. Wofür hätte sie geprügelt werden sollen, wenn man sie nicht für irgend etwas verantwortlich gemacht hätte. Offenbar war sie die kleine Mutter unter ihren Brüdern, auf die sie achten sollte; damit aber war sie weit überfordert. Wir kennen aus Analysen diese Konstellation der ältesten Tochter innerhalb einer großen Geschwisterreihe, die zur Entlastung der Mutter einen Teil ihrer Funktionen auferlegt bekommt, die die Tochter häufig ihrerseits wiederum mit Stolz wahrnimmt, weil sie damit in der Geschwisterreihe eine besondere Position erwirbt. Die Fähigkeiten der Großmutter *Mutter zu sein,* waren mit dieser Rolle zu früh und zu sehr beansprucht worden, so daß sie es unbewußt nicht mehr wagte, wirklich selbst *Mutter zu werden,* wenn wir die Kinderlosigkeit der Großmutter bedenken. Da es so früh ihr Selbstverständnis war, eine Mutter zu sein, wird sie unter der Kinderlosigkeit gelitten haben und ihr Entschluß, ein Kind zu adoptieren, nämlich Piets Vater, ist um so naheliegender. Sie muß über viel Mütterlichkeit verfügt haben, wenn es ihr damals schon wichtig war und ihr auch gelang, Piets Vater noch im Säuglingsalter zu adoptieren. Das ist wohl der Ausdruck ihres umfassenden Selbstverständnisses, Mutter zu sein. Wahrscheinlich hat die Großmutter andererseits unter Schuldgefühlen gelitten, die Brüder zu beneiden, der Mutter mit der ihr aufoktroyierten Rolle ins Gehege zu kommen und schließlich kein Anrecht auf ein eigenes Kind zu erleben. Es ist denkbar, daß die Großmutter in einer nicht über die ödipale Konstellation hinaus gereiften, zu früh erlernten Mutterschaft verblieben ist, in der sie zwar Geschwister, ein adoptiertes Kind und später die Enkel gut zu versorgen wußte, aber zur generativen Fähigkeit in einer Partnerschaft nicht gelangte; so lange wir ihre Kinderlosigkeit funktionell und nicht durch somatische Krankheit bedingt verstehen. Ihre Unfähigkeit, die Enkel aus dem anfänglichen totalen Versorgen in ihre eigene Autonomie zu entlassen, zeigt eine Angst an, die zur Überbehütung führte. Bei solchen Entwicklungsschritten sicher zu sein, auch die Rolle der sich abgrenzenden und unter Umständen der – vom Kind aus gesehen – ›bösen‹ und kritischen Mutter zu leisten, vermag nur eine Mutter, die in sich selbst das kleine liebe Mädchen überwunden hat. Die Großmutter hat ein besonderes Triebschicksal, in der aggressive Triebimpulse rasch unterlagen und durch altruistische Abtretung gezügelt wurden. Die frühe Übernahme von Verantwortung in einem zu großem Maße führte wahrscheinlich zu einer forcierten Autonomie. Diese überforderte Autonomie wird im späteren Leben der Großmutter an der Stelle sichtbar, wo sie nur mehr schwer ohne den eigenen Ehemann allein leben kann, und wo sie den Streit der Enkel nicht aushält. Dafür wirkt sie still im Zentrum des Hauses und erledigt ganz selbstverständlich und wie unsichtbar nahezu alles. Die Großmutter wird es schon als kleines Mädchen gewohnt gewesen sein, kein großes Aufheben von sich zu machen.

Der Vater Piets ist in einer besonderen Situation. Er ist ein Adoptivkind und von seiner Mutter sicher sehr geliebt und gut versorgt worden. Rund, strahlend und optimistisch sah er aus. Er war es, der die Großmutter auf ihren Wunsch in die junge Familie holte, als sein erster Sohn geboren wurde. Hatte sich seine Mutter einst ihm geopfert, als er aus unbekannten Gründen, noch ein Säugling, kein Zuhause auf dieser Welt hatte, und opferte er aus ihm unbewußten Schuldgefühlen dieser so bereitwilligen Mutter sein eigenes Kind? Fand er auf diese Weise einen Stellvertreter für sich und war das die Möglichkeit, sich ohne Schmerz von seiner Mutter zu lösen, eine Trennung, die bei dieser Mutter besondere Schuldgefühle auslösen mußte? Konnte er die Mutter allein lassen, nachdem der Vater gestorben war, wenn sie ihn nicht allein gelassen hatte, als er hilflos war? Durfte er so viel Glück in seinem

Leben mehr haben als seine Mutter, nämlich wirklich eigene Kinder zu bekommen? All diese Gegebenheiten werden nicht leicht von ihm zu tragen gewesen sein. Die Lösung bei der Gründung seiner Familie sah damals so aus, daß der Großmutter in der Wohnung der jungen Eltern ein Zimmer eingerichtet wurde, in dem sie leben, und in das sie sich zurückziehen konnte. Eines aber wurde ihr dabei durch Piets Vater zu selbstverständlich gewährt, daß sie seine Kinder ganz und in einer verwöhnenden Weise für sich haben durfte.

Der ältere Bruder Piets hatte sich besser entwickelt, war eigenständig und hatte keine Schulschwierigkeiten. Er war gerade zwei Jahre alt geworden, als Piet geboren wurde. Damit hatte es Piets Bruder leichter, sich in der Individuationsphase wirklich lösen zu können, weil als Ersatz für ihn Piet als der zu jener Zeit viel Bedürftigere, als neues Baby der Großmutter in die Arme gelegt wurde.

Wenn wir jetzt Piet ansehen, verstehen wir die enorme Abmilderung und Dämpfung seiner Trotzphase. Er war das kleinste und letzte Kind und damit für die Großmutter ein Nesthäkchen. Als er trotzig wurde, versuchte die Großmutter das zu beschwichtigen. Sie hatte es ja nicht gelernt, Aufsässigkeiten und Streitereien auszutragen. Sie fürchtete den Streit unter Kindern und den Streit der Enkel mit ihr. Niemand erfuhr von den Schandtaten des kleinen Piet, all das wurde rasch zwischen ihm und ihr geregelt und geglättet, bevor es in der Familie ans Tageslicht gekommen wäre. Piet hatte daher wenig Erfahrung mit seinen eigenen aggressiven Impulsen, er lernte sie nicht richtig einzuschätzen, noch sie zu zügeln oder letztendlich konstruktiv-progressiv mit ihnen umzugehen. Hierin liegt der Zugang zu seinen wechselhaften Ich-Zuständen, wie sie zu seinen Lernstörungen und zu seiner Depressivität, in der er um sein verschüttetes, wirkliches Leben weint. Piets Mutter ist eine ernste, schweigsame Frau, die bei ihrem ersten Kommen vor sich und anderen nicht sagen konnte, was ihr wirklicher Kummer war. An ihrem Ausdruck war für die Kindertherapeutin schon bei der initialen Begegnung die Last dieser Familienkonstellation und ihre Unausgewogenheit spürbar gewesen. Am Anfang, doch noch nicht verstehbar, und am Ende der drei Gespräche sagte sie, worunter sie leide und was diese Familie bestimme: Die Großmutter nämlich. Sicher nicht zufällig im ersten Gespräch hatte sie sie als die »Frau« bezeichnet. Am Schluß sagte sie, daß die Großmutter ihr die Kinder weggenommen habe.

Piets Mutter ist eigentlich eine betrogene Frau, die sich diese Tatsache nicht klarmachen durfte; denn Streit und Auseinandersetzung tolerierte diese Familie nicht. Eigentlich ist sie sogar in zweifacher Sicht betrogen, sie geht arbeiten und verzichtet damit auf ihre Kinder, die der Großmutter, der Frau im Haus ganz gehören und von ihr versorgt und erzogen werden. Das ernste und bedrückte Aussehen der Mutter wird nur allzu verständlich. Sie hatte an der Situation der Familie unter Hintanstellung ihrer eigenen Ansprüche schwer getragen und nicht recht merken dürfen, was wirklich geschehen war. Herr Arnold hatte eine Frau geheiratet, die im Grunde seiner eigenen Mutter sehr ähnlich war: nämlich bereit, mit ihren eigenen Wünschen weit zurückzustehen.

Das bisherige Beziehungsgefüge der Familie hatte sich seit der Geburt der Kinder, also seit vierzehn Jahren in diesem Gleichgewicht eingespielt. In der Geschichte der Familie drohte jetzt aus zwei Gründen eine Veränderung: die Großmutter war alt geworden und konnte ihre Arbeit nicht mehr verrichten, sie war sogar sterbenskrank; auch Piet, ihr zweiter Enkel, wuchs in die Pubertät hinein, ohne daß man ihn hätte aufhalten können. Es verwundert im nachhinein, daß der Vater über seine Frau zwei wichtige Sachen hatte mitteilen lassen: die Großmutter erzähle zu viel vom Tod und lasse Piet nicht erwachsen werden. Es war genau so. Der Vater hatte es gesehen und schien dabei eher optimistisch; die Mutter Piets hingegen trug an diesem Problem still und ernst. Die Familie stand vor einer für sie ungeheuerlichen Veränderung ihres Gefüges. Erstmals nach vierzehn Jahren würden sie für sich allein sein, wobei Vater und Mutter ihre Rollen voll würden ergreifen müssen. Vor dem letzten Gespräch der Mutter mit der Kindertherapeutin war bereits in der Familie etwas geschehen. Die Eltern hatten sich geeinigt, die Großmutter wegen der notwendigen und schweren Pflege in ein Heim zu geben. Das war sicher kein leichter Entschluß. Die Wohnung war bis auf das Zimmer der Großmutter renoviert worden. Der Neubeginn hatte schon stattgefunden. Piet wollte in das Zimmer der Großmutter einziehen, doch an dieser Stelle hatten die Eltern sich gescheut. Piets Vater hatte für diesen Neubeginn, und das klärt seine optimistische Ausstrahlung, in seinem bisherigen Leben wohl keinen anderen Weg gesehen als abzuwarten, bis ihn seine treue Mutter verlassen würde.

Über die Großmutter zu reden, wurde in der Familie weitgehendst vermieden, und wenn sie selbst von ihrem bevorstehenden Ende sprach, wurde das nur mit Beunruhigung gehört, so ja der Kommentar des Vaters, den er offen, aber ohne gefühlshafte Beteiligung aussprach, und der von der Mutter als belastend erlebt wurde. Die Großmutter war ein lieber und aufopferungsbereiter Mensch. Hatte sie doch in ihrer stillen Art alles getan. Daß sie dabei auch anderen manches fortnahm, hatte sie gar nicht bemerkt. Bei ihrer schweren Erkrankung und in ihrem Alter stand ihr Tod wirklich bevor. Über die Bedeutung ihres Todes konnten die Eltern nicht nachdenken; denn beide Elternteile waren persönlich zu sehr davon betroffen. Eine große Spannung hatte sich dadurch in der Familie ausgebreitet, die es nicht gewohnt war, mit Spannungen umzugehen. Diese neue Spannung kam zu einer altgewohnten hinzu, der, die entsteht, wenn man sich niemals beschweren darf. Einen Aspekt, der mit dem Tod der Großmutter zu erwartenden Veränderung, haben wir schon bedacht, den der Übernahme der Elternrollen. Im Rahmen unseres Wissens läßt sich ein weiterer Aspekt entwickeln, der nämlich, daß zwischen dem Elternpaar außer den Kindern niemand mehr stehen würde. Frau Arnold würde die Frau in der Familie sein, die Kinder würden direkt zu den Eltern gehören. Solche direkten Konstellationen der Beziehungen waren bis zum jetzigen Zeitpunkt in der Geschichte der Familie unvertraut und nicht geübt. An der Sprache sind die indirekten Kommunikationsweisen sichtbar geworden. Wollte die Mutter der Großmutter etwas Bestimmtes sagen, so tat sie es über ihren Mann. Die Antizipation der bevorstehenden Veränderung neben dem drohenden Verlust der Großmutter muß der Grund für den Spannungszuwachs in der Familie gewesen sein. Das neu zu findende Gleichgewicht bedeutete einen Start in ein neues Familienleben.

Im Verlauf der Gespräche wurde das von den Eltern auch gespürt. Sie hatten die ganze Wohnung bis auf Großmutters Zimmer renovieren lassen. Es ist verständlich, daß eine solche familiengeschichtlich wichtige Zeit durch die Familie bald überwunden werden möchte. Doch Großmutters Zimmer umzugestalten, was bedeutet, es auszuräumen, und den Raum für Piet einzurichten, davor schreckten die Eltern natürlicherweise zurück. Es war auch noch zu früh, wenn die Großmutter nicht einmal ins Pflegeheim eingezogen und sich dort eingewöhnt hatte. Aber was hatte

Piet in seiner Impulshandlung getan? An einer anderen Stelle, im Unterrichtsraum, hatte er sozusagen Platz geschaffen. Dort war er eingebrochen in einen Raum, der ihm vertraut war, und er hatte die Sachen anderer einfach hinausgeschmissen. Wir sehen jetzt den Sinn der Handlung: verschoben an einen anderen Ort, aus dem Zusammenhang gerissen ist er nicht mehr verstehbar. Wollte Piet die Großmutter mit all ihrer Habe hinauswerfen und konnte das nicht sagen? Das ist nicht zu bestätigen; denn er hatte ja zu Hause geäußert, daß er in ihr Zimmer einziehen wollte. Er konnte ja seinen Wünschen direkten Ausdruck geben. In seiner unmittelbaren Verbundenheit mit der Großmutter hatte er wahrscheinlich keinen Grund, sich so versteckt gegen sie zu äußern. Was also ist geschehen? Piets Bereitschaft, überraschende und unmögliche Dinge zu tun, kennen wir. Diese reihen sich, wenn wir von dem Rauswurf im Religionsunterricht absehen, immer noch in den Rahmen kindlichen Handelns ein. Piet aber, der zu impulsivem Handeln bereit ist, ist zum Empfänger der gewachsenen Spannung in der Familie geworden, die das Sterben der Großmutter nicht aushalten kann. Wenn wir das verschränkte Kommunikationssystem der Eltern hinzuziehen, in dem einer etwas Bestimmtes für den anderen hörbar sagt, das aber ihn selbst weder gefühlshaft noch kognitiv bewegt und betrifft, der andere dieses nun hört, scheinbar nicht begreift, dafür aber sich im im Handeln bewegen lassen darf, so ist das ein System, in dem Wissen delegiert wird zu dem Zweck, daß der andere damit dieses Bestimmte blind und ohne seine Verantwortung ausführt. Beide Eltern hielten es in dieser Weise, wodurch der Zusammenhang zwischen Wissen und Erkenntnis mit der nachfolgenden Handlung blockiert wurde. Erst als die Kindertherapeutin einbezogen wurde, die sich durcharbeitete und auf das reagierte, was sie von den Eltern und Piet schließlich wußte, fand sich ein Dritter, der sinnvolle Antwort geben konnte. Die Stellungnahme, ihre Antwort, die das eigenständige Fühlen und Mitfühlen der Kindertherapeutin für die Mutter durchblicken ließ, befähigten diese unmittelbar, wieder selbst zu denken. Das gleiche war im Kinderinterview mit Piet geschehen. Was war vorher passiert? Die Antwort auf die verbotene Frage der Familie, was wird in Zukunft mit der Großmutter und mit uns, war auf einen zugefallen, der nicht antwortete, aber handelte, allerdings blind. Die plötzlich aufgetretene Ungeduld in Anbetracht der Veränderungen in der Familie hatte Piet im Sinne der Familie beantwortet. So gingen Optimismus und Trauer zugleich von dem Elternpaar aus, die beide im Sommer und noch vor dem Tod der Großmutter schwarz gekleidet kamen. Frau Arnold sah ernst, Herr Arnold strahlend und zuversichtlich aus. Daß Piet Spannung für die anderen abgeführt hatte, belegt die Tatsache, daß der »Vorfall« des Rauswurfes im Unterrichtsraum von den Eltern als selbstverständlich, familiensynton, aufgefaßt wurde. Die Familie hatte diese Spannungsabfuhr nötig, sie hatte keine andere Lösung gefunden und sie an Piet delegiert. Der Pfarrer hatte recht, wenn er spürte, daß Piets Verhalten weder zu ihm noch zu der Gruppendynamik seiner Schüler paßte. Er als Dritter gab diesen Hinweis, daß sich die Eltern um Piet in dieser Sache kümmern müßten. Mit dem vorgeschlagenen Test gab er seiner Ahnung Ausdruck, daß es sich um etwas Verborgenes handeln müsse.

Nach diesen Erstgesprächen wurde der Mutter allein eine analytische Behandlung angeboten. Es stand für die Kindertherapeutin fest, daß sie jetzt Hilfe brauche, um Mutter zu sein. Piet derzeit zu behandeln, wäre nicht gut gewesen, weil wieder ein anderer, eine Ersatzmutter, es besser als die eigene Mutter gemacht hätte. Der Mutter mußte geholfen werden, damit in der kommenden Zeit sie selbst mit Piet seine Entwicklungsrückstände aufzuholen versucht.

Das Prinzip der Delegation war über vier Generationen weitergegeben worden. Die Urgroßmutter, Mutter der sechs Kinder mit dem einen Mädchen unter ihnen, hatte es schicksalhaft nicht verhindern können, daß ihre einzige Tochter vieles mit den Geschwistern, zumindest im Erleben der Tochter, wie an der Stelle der Mutter tat. Wir wissen nicht, ob die Großmutter aus organischen Krankheitsgründen keine eigenen Kinder haben konnte. Doch sie war durch ihre Rolle als einziges Mädchen wie dazu vorbereitet, ein fremdes Kind anstelle eines eigenen Kindes anzunehmen. Piets Vater, der Stellvertreter des wirklichen Kindes seiner Mutter, gab aus einem Übermaß an Verpflichtung seiner Mutter gegenüber seine Stellung delegierend an seinen Sohn Piet weiter. Manches delegierte er auch, wie wir wissen, an seine Frau, die Wissen für ihn aussprach. Ähnliche Aufträge, Spannungen zu lösen, erhielt Piet von den Eltern. Er war verführbar für diese Mobilisierung, sonst wäre die Fusion nicht gelungen. In Stellvertretung für die Familie wurde er zum ausführenden Organ einer

Handlung, die eine äußere Trennung statt einer inneren vollzog. Piet wiederum vollzog seinen unausgesprochenen Auftrag an Mitschülern. Ihr Eigentum stand also stellvertretend für das der Großmutter und im Sinne des pars pro toto-Denkens für diese selbst. Die primitive Direktheit der Handlung und die ihr innewohnende Brutalität sind Anzeichen für den Notstand, der sich entwickelte, weil die Eltern die Spannung nicht ertragen konnten, das Problem der Familie, daß die Großmutter einschloß, frühzeitig miteinander zu bedenken.

Wenn ich zum Schluß Martin Wangh* zitiere, der das Abwehrmanöver der Mobilisierung eines Stellvertreters als Ausgang einer fehlerhaften Entwicklung in der symbiotischen Phase ansieht, dann faßt sich die Geschichte von Piet, der wir weitgehend nachfolgen konnten, auf einer metapsychologischen Ebene noch einmal zusammen:

»Wenn diese Abwehr in weitem Maße benutzt wird, ist sie das Indiz damaliger schwerer Erkrankung, entweder der Mutter oder des Kindes oder beider. Die Fixierung an eine solche Entwicklungsstörung erleichtert gleichzeitig die Regression der Ich-Funktionen, des Identitätssinnes, der Realitätsprüfung und der Impulsbeherrschung. Kindern, die von ihren Eltern als narzißtische Objekte behandelt wurden, werden dies in derselben Weise anderen antun. Das Bedürfnis, Angst und Schuld mit anderen zu teilen ist ein Allgemeinphänomen; jede Gruppenbildung dient diesem Zweck.«

* Wangh, Martin, Die Mobilisierung eines Stellvertreters, in PSYCHE 17, 1963, Stuttgart

Rolf Klüwer
Himmel und Hölle

Die diagnostische Untersuchung begann mit drei Gesprächen zwischen Frau Gerber und der Interviewerin. Das erste war nur kurz, das zweite und dritte – einige Tage später – ausführlich.

Frau Gerber klagte im ersten Gespräch über eine Eßstörung ihrer 4½jährigen Tochter Susi. Die Mutter fürchtete, Susi werde zu dick; sie esse bei den Mahlzeiten kaum, dafür zwischendurch und dann nur Süßigkeiten. Frau Gerbers Anfrage, ob sie Susi auf Diät setzen solle, wurde zunächst zurückgestellt, um erst in Ruhe zu überlegen, was zu dieser Störung geführt haben könnte.

Frau Gerber wirkte wie ein zierliches, schlankes Mädchen. Ihr hübsches, sympathisches Gesicht erschien jedoch etwas aufgequollen. Sie sprach bemüht sachlich und ruhig, wobei sie auffallend aufrecht saß. Wenn sie tiefer atmete, röchelte es.

Frau Gerbers Befürchtung, Susi könne zu dick werden, beschwört eine bisher nicht eingetretene mögliche Folge von Susis Eßgewohnheiten. Diese nimmt Frau Gerber offensichtlich wie selbstverständlich hin. Vermutlich verbindet sie mit *Diät* eine Vorstellung von ›schlank‹. Während für sie ›dick‹ und ›schlank‹ von spezifischer Bedeutung sein müssen, fällt unsere Aufmerksamkeit auf die beschriebenen Eßgewohnheiten. Ein Konflikt um das Essen läßt auf ein Problem in der Mutter-Kind-Beziehung schließen. Die mangelhafte Regulierung und Susis Verlangen nach *Süßem* werfen die Frage auf, ob Frau Gerber, die wie ein *Mädchen* wirkt, ihre Funktionen als ›Mutter‹ auszufüllen vermag.

Doch sie erscheint bemüht. Sie geht auf den Vorschlag ein, zuerst in Ruhe zu überlegen. Allerdings erweckt die Art ihres *aufrechten Sitzens* einen Eindruck von Angestrengtheit, als würde sie eine entgegengesetzte Tendenz, nämlich sich fallen zu lassen und zusammenzusinken, bekämpfen. Das wird noch betont durch das im Bericht unvermittelt auftauchende Wort *röcheln,* das erschreckende Assoziationen von Not und Sterben wachruft.

Im Protokoll über das zweite Gespräch sind zunächst die Beschwerden zusammengefaßt, die im Laufe des Interviews zur Sprache kamen und die, wie sich zeigt, bei weitem nicht auf die Eßstörung beschränkt sind:

Susi benehme sich oft wie ein Kaspar, dann wieder bringe sie lange kein Wort heraus. Neuerdings zeige sie große Angst, wenn sie altersgemäße Aufgaben erfüllen soll. Sie wache nachts mit Angst auf und habe Angst, allein einzuschlafen. Sie wirke unkonzentriert, wild – dann wieder so, als sei ein Gedankenfaden gerissen. Der Mutter gegenüber verhalte sie sich oft unberechenbar, sogar ablehnend.

Diese Beschwerdeliste verrät uns, daß sich die Beziehung zwischen Mutter und Kind tatsächlich in einer tiefen Krise befindet und ein besorgniserregendes Maß angenommen hat. Die anfangs geäußerte Befürchtung, Susi könne zu dick werden und der Vorschlag der Diät wirken dagegen verharmlosend und befremdlich. Frau Gerber steht offensichtlich der ganzen Situation recht hilflos gegenüber.

Das Protokoll berichtet nun über den Stundenverlauf:

Während der Vater nicht abkömmlich war, kam Frau Gerber allein und verspätet zum Gespräch angehetzt. Sie wollte sich »erst mal aufwärmen«. Sie lächelte und begann nach einer verlegenen Pause wieder von den Eßstörungen der Tochter zu sprechen. Susi sei mit nichts zufriedenzustellen. Obwohl die Mutter sich sehr bemüht, ihr Verständnis entgegenzubringen, wolle Susi immer etwas anderes. Im Nebensatz klagt sie darüber, daß sie selbst beim Frühstück immer so müde sei und lieber ihre Ruhe haben wolle.

Frau Gerber kommt *angehetzt;* wieder ist sie *angestrengt.* Obwohl es Winter und kalt ist, können wir den Umstand, daß sie sich *erst mal aufwärmen* will, auch im übertragenen Sinn verstehen: sie braucht die Wärme der Interviewerin. Bereits bei der Beschwerdeliste waren Tönungen angeklungen, die in die frühe Lebensphase der Säuglingszeit verweisen: Störungen des Essens und Schlafens, denen das Bedürfnis nach Wärme zwanglos zuzuordnen ist. Frau Gerber braucht selbst *erst mal Wärme.* Susi dagegen will *immer etwas anderes* als die bemühte Versorgung seitens der Mutter, die beim Frühstück müde ist und ihre Ruhe haben möchte. Ob nicht auch Susi erst einmal Wärme haben will, d. h. eine Mutter, die die Fähigkeit besitzt, sich der Gegenwart ihres Kindes erfreuen zu können, die sich durch sein Dasein nicht überfordert fühlt und nicht in ihrem Ruhebedürfnis gestört ist; eine Mutter, die gegenwärtig und für das Kind bereit ist? So kann, aller Bemühung zum Trotz, ihre Versorgung von Susi wie eine Abspeisung erlebt werden. Sie selbst wirkt unglücklich darüber, daß sie schon beim Frühstück müde ist. Kann sie aber geben, was sie selbst nicht hat?

Im Umgang mit der Mutter ist Susi bemüht, »es ihrer Mutter recht zu machen«. Susi kommt, bietet ihre Hilfe an, wird von der Mutter wegge-schickt, geht dann auch für ein paar Minuten, um wiederzukommen und »Durcheinander zu machen«. Manchmal sei Susi gar nicht anzusprechen und oft auch wirklich müde, obwohl sie dann nicht einschlafen könne. Auch wache sie morgens schon um fünf Uhr auf und bleibe wach. Sie könne keinen schlafen sehen.

Susi ist bemüht, will helfen; genau wie ihre Mutter. Susi ist mitunter nicht ansprechbar, müde; wie ihre Mutter. Beide möch-ten sehr lieb miteinander sein – aber sie stören sich. Die Mutter kann es Susi nicht recht machen, und Susi kann es der Mutter nicht recht machen. Auch darin sind sie gleich.

Obwohl Frau Gerber bei dieser Schilderung äußerlich in Mimik und Gestik ruhig blieb, bemerkte ich bei mir eine stärker werdende innere Unruhe. Ich konnte nicht mehr still sitzen. Ich verspürte den Wunsch, Frau Gerber ›anzustupsen‹, in der Hoffnung von ihr richtig angesehen zu werden. Ich empfand in meinem Kopf ein ziemliches Durcheinander und bemühte mich, erst einmal einen Zusammenhang herauszufinden. Ich faßte darum zusammen und stellte fest, daß es zwischen Frau Gerber und Susi trotz bestem Willen ständig zu Mißverständnissen kommt, in denen sie ratlos vor Susi steht. Um Frau Gerber einen Halt zu geben, fragte ich sie, wie sie sich Susi eigentlich gewünscht habe. »Ruhig« hätte sie sich Susi gewünscht. Doch immer, wenn sie Susi in den Arm oder auf den Schoß nehmen wolle, wolle Susi weg. Susi sei eigentlich immer unruhig, das verstehe sie nicht.

Von Frau Gerber muß eine intensive Wirkung ausgehen: die Interviewerin wird innerlich unruhig, kann nicht auf dem Stuhl sitzen, *ist durcheinander.* Aus dem Impuls der Interviewerin, Frau Gerber *anzustupsen,* damit sie richtig angesehen wird, muß man schließen, daß Frau Gerber nicht *richtig da ist.* Dieser Impuls ist mit Frau Gerbers tatsächlichem Verhalten schwer vereinbar: Sie sitzt ganz ruhig auf dem Stuhl und berichtet. Die Störmomente gehen scheinbar von der Interviewerin aus, zunächst unabhängig von der Frage, ob sie ursprünglich zu ihr gehörten, oder ob sie ihr zugespielt wurden.

Von Frau Gerber gehen gleichzeitig zwei Botschaften aus: eine, die über die sprachliche Kommunikation läuft und eine zweite, die sich ›atmosphärisch‹ mitteilt. – Die Intervention der Interviewe-rin, *es komme zwischen Frau Gerber und Susi zu Mißverständnissen, in denen sie ratlos sei,* faßt nicht nur die angesprochene Beziehung zwischen Mutter und Tochter zusammen, sondern gilt darüber hinaus für die Interviewsituation. Die Interviewerin sucht bei dem in ihrem Kopf entstandenen *Durcheinander* dadurch Ordnung und Übersicht zu finden, daß sie ihren Eindruck über die Beziehung von Mutter und Kind formuliert. Was sie an der Person von Frau Gerber beschreibt, gilt für sie selbst: sie steht ratlos vor Frau Gerber. Als sie denkt, sie wolle ihr Halt geben, ist sie es selbst, die den Halt entbehrt. Sie findet ihren Halt darin, ihn zu geben.

Wir können jetzt das entstandene Durcheinander besser verstehen: eine andere Person als die, zu der dieses Gefühl eigentlich gehört, wird zur Projektionsfigur. Dadurch entsteht die Verwirrung. Denn den gleichen Vorgang beschreibt Frau Gerber bei Susi: sie wünschte sich eine ruhige Tochter – und ausgerechnet sie muß so eine unruhige Tochter haben. Mit der weiterführenden Erläuterung – wenn sie Susi in den Arm nehme oder auf den Schoß setzen wolle, laufe Susi weg – beschreibt sie indirekt unsere Vermutung: Susi meidet die Quelle, von der die Unruhe ausgeht. In der Nähe der Mutter kommt sie gewissermaßen in den Ausstrahlungsbereich der mütterlichen Unruhe. Dieser Gefühlszustand ist auch für Frau Gerber unerträglich und deshalb wird er auf andere projiziert. Wir können auch Frau Gerbers Wunsch verstehen, daß sie sich eine ruhige Tochter gewünscht hat: an einer ruhigen Tochter könnte sie ihre eigene Unruhe lindern. ›Der andere‹ wird zur eigenen Stabilisierung gebraucht. – Wir können diese Zusammenhänge noch etwas anders formulieren: das Durcheinander kommt einmal dadurch zustande, daß das eigene Gefühl von der anderen Person wahrgenommen wird; zum anderen durch die Konstellation, daß ›der andere‹ zwei widersprüchliche Funktionen erfüllen soll: Susi soll – und das ist der unbewußte Wunsch von Frau Gerber – ihre Unruhe übernehmen. Zugleich soll Susi – und das ist die bewußte Ebene – ruhig sein und damit das verkörpern, was sie selbst sein möchte. Sie braucht den anderen als unruhig und ruhig zugleich. Diese paradoxe Aufgabe kann niemand lösen. Ruhig könnte Susi nur sein, wenn die Mutter ihre Unruhe bei sich zu halten vermöchte. Wir beobachten Frau Gerbers Verzweiflung, weil sie ihrer Unruhe nicht Herr werden kann. Zwar kann sie diese an die Tochter delegieren, aber mit der Klage über die unruhige Tochter ist sie wieder mit der Unruhe konfrontiert. Sie wird sie nicht los und es ist schlimmer als zuvor. Man könnte auch sagen: Susi erfüllt den unbewußten Wunsch der Mutter, ihre Unruhe möge verschwinden, indem sie von der Mutter wegläuft. Die heillose Verstrickung beginnt, wenn Susi zurückkommen muß, um ihre vitalen Versorgungsbedürfnisse anzumelden.

Ich frage Frau Gerber, wie es mit ihrer Ruhe sei. In diesem Zusammenhang kommt Frau Gerber auf den beruflichen Druck zu sprechen. Sie beschreibt den ununterbrochenen Einsatz am Kiosk und in der Wohnung. Sie ist bemüht, es allen recht zu machen. Ich sage daher, ich würde verstehen, daß sie für ihre Tochter keine Ruhe aufbringen könne, wenn sie sich selbst so wenig Ruhe leiste. Ob sie denn unbedingt so viel arbeiten müsse? Sie weicht etwas aus. Zwar sei ihr der Gedanke, die Arbeit anders aufzuteilen, auch schon gekommen, doch wenn sie weniger bei ihrem Mann arbeite, sei er allein und das könne sie ihm nicht antun.

Wir kennen bereits Frau Gerbers Tendenz, eigene Gefühle nach außen zu verlagern. So wird ihr die natürliche *Unruhe,* die sie im Haushalt und am Kiosk vorfindet, eine Gelegenheit bieten, von der eigenen inneren Unruhe abzulenken. Ihre Begründung, sie könne es nicht anders einrichten, obwohl sie sich schon Gedanken darüber gemacht habe, ist eine Rationalisierung; sie gibt zugleich ein wichtiges neues Stichwort: allein sein. Wir dürfen annehmen, daß dieses Thema für Frau Gerber von besonderer Bedeutung ist. Sie stellt es wiederum am Ehemann dar, so, als könne er nicht ertragen, allein zu sein. Auch erweckt sie den Eindruck, als würde dem Alleingelassenen etwas angetan und als erlebe sie ›Alleinlassen‹ als etwas ›Böses‹. Wir gehen sicher nicht fehl, wenn wir vermuten, daß Frau Gerber in der Umkehrung ihre eigene Problematik beschreibt: sie erlebt, ihr werde etwas angetan, wenn sie alleingelassen wird.

Frau Gerber berichtet, eigentlich sei es so schlimm nach ihrer Krankheit geworden. Sie habe damals über ein halbes Jahr nur dagesessen und auf nichts reagieren können. Ihre Tochter habe sie nur aus weiter Ferne wahrgenommen. Sie fragt sich, wie ich wohl über die vielen Trennungen urteilen würde. Susi wurde mit einem Jahr in einem Pflegeheim untergebracht. Das sei ihr damals sehr schwer geworden, weil sie sich eigentlich immer Kinder gewünscht habe. Schon als Kind habe sie immer neben dem Kühlschrank gesessen und Puppenkleider gehäkelt.

Frau Gerber beginnt von sich zu sprechen. Unter Schuldgefühlen berichtet sie von einer Krankheit – nach ihrer Beschreibung vermutlich einem schweren depressiven Zustand – die es ihr nicht ermöglichte, ihr Kind zu versorgen. Sie fand sich durch die Krankheit um eine tiefe Befriedigung betrogen, da sie doch schon immer Kinder so gern hatte. Als Beleg bringt sie das Bild vom Kühlschrank und den Puppenkleidern, das wir als Schilderung einer Mutter-Kind-Beziehung verstehen können. Der automatische, mechanische, kühle Versorger ›Kühlschrank‹ ist ein evidentes Bild für eine nicht wärmende Mutter. Dort saß sie *immer,* als wolle sie damit sagen: so war es immer. Immer hatte sie die Kühle gefühlt. Das Kind am Kühlschrank häkelt Puppenkleider, und wir können annehmen, es gibt sich dabei kompensierenden Phantasien hin über eine wärmegebende, schützende Mutter, die darauf konzentriert ist, ihrem Kind zu geben, was es braucht; sie versorgt es mit Kleidern, macht es damit auch schön und zeigt, daß sie sich am Kind freuen kann. Doch die erinnerte Situation handelt von der Beziehung eines Kindes zu seiner Puppe. Das Spiel des kleinen Mädchens mit seiner Puppe stellt, wie wir wissen, eine wichtige vorbereitende Grundlage für eine spätere reife Beziehung der Mutter zu ihrem Kind dar. Doch in dem erinnerten Spiel erkennen wir, wie sich Frau Gerber als Kind die Erfüllung ihrer eigenen Versorgungswünsche vorspielt, wie sie also mit der in ihrer Phantasie befriedeten Puppe, nicht aber einer bergenden Mutter identifiziert war.

Wir stoßen erneut auf die schon zu Anfang unserer Betrachtung formulierte Frage, ob Frau Gerber die Funktionen einer Mutter auszufüllen vermag. Ihre Erinnerung, wie sie als Kind am Kühlschrank Puppenkleider häkelte, bestätigt den Verdacht, daß Frau Gerber selbst als Kind große Schwierigkeiten in ihrer Mutterbeziehung hatte und damit die Voraussetzungen für die Ausbildung einer reifen Mutter-Kind-Beziehung nicht gegeben waren. Vielleicht behandelt sie Susi auch wie eine Puppe. Sie ahnt in ihren Schuldgefühlen dunkel, wenn sie von den gehäuften Trennungen sprach, daß sie Susi nicht hat gerecht werden können.

Bevor Frau Gerber ging, kam sie nochmals auf Susi zu sprechen und bat mich teils schüchtern, teils beharrlich, ihre Tochter anzusehen.

Als ergänzende Angaben zur Biografie hat die Interviewerin noch folgende Angaben festgehalten: Frau Gerber fühlte sich während der Schwangerschaft sehr stark und voller Leben. – Susi sei von Geburt an ein sehr unruhiges Kind gewesen. Im Alter von einem Jahr kam sie für ein Jahr in ein Kinderheim. Anschließend wechselte sie zu einer anderen Pflegestelle und besuchte schließlich den Ganztagskindergarten. Als Susi 2¹/₂ Jahre alt war, erkrankte Frau Gerber für ein halbes Jahr.

Vor einigen Wochen hatte Frau Gerber eine Fehlgeburt.

Wir werden später auf diese Angaben Bezug nehmen. Vorerst wenden wir uns ihrem dritten Besuch zu.

Nach einigem Bemühen von Frau Gerber, zunächst einen gewissen Abstand zu halten, teilte sie mir mit, daß sie wieder schwanger sei. Die Freude steckte mich so an, daß ich den leisen Satz »Vielleicht klappt es diesmal«, in der Situation überhörte.

Diese beiden Sätze müssen uns befremdlich erscheinen. Die Freude, von der sich die Interviewerin angesteckt fühlt, steht ganz im Widerspruch zu der Überforderung, der sich die Mutter durch das Dasein eines Kindes ausgesetzt sieht. Wir können zunächst nicht verstehen, daß sich Frau Gerber mit der Interviewerin so sehr freut.

Aber die Mutter fuhr fort und berichtete über Susis Traurigkeit, als sie sie anläßlich der Fehlgeburt im Krankenhaus besuchte. Diesmal wolle sie ihr den Kummer ersparen – sie habe ihr noch nichts gesagt.

Nach der Freude taucht wie ein Kontrapunkt *Traurigkeit* auf. Nicht Trauer, sondern bezeichnenderweise *Traurigkeit.* Die Schwangerschaft, die die Mutter so freut, ist für Susi nach den konkreten Umständen wohl eher Anlaß zur Traurigkeit; denn sie reagiert wohl mehr auf die Trennung von der Mutter als auf die Fehlgeburt. Susi und die Mutter fühlen nicht mehr das gleiche, weil Schwangerschaft für beide offensichtlich in einen jeweils anderen Bedeutungszusammenhang von Trennung tritt: äußere Trennung für Susi, wie beim Krankenhausaufenthalt der Mutter, innere Trennung von Susi, im Fall der Geburt eines Geschwisters. Wenn Frau Gerber Susi Kummer ersparen möchte, möchte sie ihr den Schmerz der Trennung ersparen. Trennung kann Frau Gerber aufgrund ihrer eigenen Geschichte nicht als notwendigen Entwicklungsschritt erkennen, sondern sie versteht sie als ein schuldhaftes Alleinlassen des Kindes. Sie hat Susi bereits mehrfach aufgrund äußerer Begebenheiten allein lassen müssen, und sie macht sich deswegen große Vorwürfe. Frau Gerber erscheint hier überraschend einfühlsam. Doch genau betrachtet sieht sie in Susi sich selbst als ›verlassenes Kind‹. Da sie selbst ›innerlich nicht getrennt ist‹, kann sie die angemessene und längst fällig gewesene innere Trennung Susi nicht zumuten und ihr bei diesem bedeutenden Individuationsschritt nicht zur Seite stehen. Frau Gerber kann sich auch offensichtlich nicht vorstellen, daß Susi sich mit ihrer schwangeren Mutter lustvoll identifizieren könnte, um so einen wichtigen Grundzug ihrer weiblichen Identität zu bilden. Darüber wird am Ende noch einmal zu sprechen sein.

Ich erkundige mich, wie die Fehlgeburt verlief. Frau Gerber meint dazu, für sie sei ein Krankenhausaufenthalt nie schön gewesen, da sie etwa im Alter von Susi sehr häufig im Krankenhaus war. — Bei dem nun folgenden Bericht habe ich den Eindruck, sie holt ihre Gedanken aus weiter Ferne. Sie hatte damals als Kind eine schwere Krankheit. Sie erinnert sich, wie sie ans Fenster ging und plötzlich nichts mehr sehen konnte. Sie habe gerufen: »Oma, Oma, ich sehe nichts mehr!« Sie wurde sogar operiert, die Blindheit war nur vorübergehend. Damals habe sie ihre Eltern selten gesehen und sich Mühe gegeben, nicht zu weinen. Eigentlich habe sie mit ihrer Mutter noch nie darüber gesprochen; denn diese habe ihr vermittelt, man müsse mit seinen Sorgen allein fertig werden und dürfe nicht jammern. — Daraufhin lenkt Frau Gerber das Gespräch wieder auf Susi und bittet mich, sie anzusehen.

Dieses wichtige dritte Gespräch konnte Frau Gerber ganz für ihre eigene Person verwenden und über schmerzliche Erinnerungen sprechen, über die sie mit ihrer Mutter nie hatte reden können. Ihre eigene Unfähigkeit, die Bedürfnisse nach einer Mutter zu erfüllen, zeigt sich in der Situation, in der sie uns vermittelt, sie wünsche, der Interviewerin ihr Kind zu übergeben. Als sie selbst in Susis Alter war, hatte sie die erschreckende Augen-Krankheit, bei der sie sich so alleingelassen fühlte. Wie problematisch ihre eigene Beziehung zur Mutter gewesen sein muß, wird daran ersichtlich, daß sie in ihrer damaligen Panik zuerst an die Oma dachte. Sie hat ihre Mutter so verstanden, daß diese mit den Gefühlen ihres Kindes nichts zu tun haben wollte. Frau Gerber hat sich dieser Einstellung der Mutter anpassen müssen. Daher hat sie selbst nie erlebt, eine Mutter in einer schweren Situation bei sich zu haben, an die sie sich hätte anlehnen, an der sie hätte Halt finden und von der sie sich später auch hätte abgrenzen können.

Die Frage nach ihrem Ergehen bei der Fehlgeburt beantwortete Frau Gerber auffallend prompt mit Erinnerungen an ihre eigene Augenerkrankung, die von Angst, Alleingelassensein und Einsamkeit bestimmt sind. Diese Verknüpfung, die Frau Gerber herstellt, legt nahe, unbewußte Zusammenhänge zwischen der Erkrankung in ihrer Kindheit und der Fehlgeburt zu vermuten. Nach der Fehlgeburt hat sich Frau Gerber wieder so verlassen gefühlt wie seinerzeit bei der schweren Augenerkrankung.

Das nun folgende Kinderinterview beginnt die Interviewerin mit einigen Vorbemerkungen:

Da ich Susi bereits flüchtig kannte, war ich der Meinung, sie würde nicht viel Angst zeigen. Außerdem war ich der Meinung, ›so schlimm‹ könne es nicht sein, da ich die Mutter als so liebevoll bemüht erlebt hatte. – Seltsam, als wollte ich Frau Gerber damit trösten. –

Frau Gerber und Susi kamen pünktlich und fielen mir geradezu in die Arme. Beide waren schön angezogen. Frau Gerber war erleichtert, nach einer Irrfahrt mit dem Auto endlich »angekommen« zu sein. In der Hand hielt sie ein etwas mitgenommenes »Himmel- und Hölle-Faltpapier«. – Susi ist ein kräftiges kleines Mädchen mit kurzgeschnittenen blonden Haaren und einem runden Gesicht. Man möchte sie gern in den Arm nehmen, aber ihr ernster Blick warnte davor. Sie gab sich große Mühe, alles richtig zu machen. Nachdem die Mutter im Wartezimmer Platz genommen hatte, ging ich mit Susi ins Therapiezimmer. Sie wirkte tapfer. Im Zimmer angekommen, zog sie die Luft etwas ein, so daß ich mit dem Schließen der Tür zögerte. Ich bot ihr an, sich erst einmal in dem fremden Raum umzusehen. Sie blickte mich mit großen Augen an und machte den Mund fester zu. Langsam bewegte sie die Hand, und ich erkannte das gebastelte »Himmel- und Hölle-Faltpapier«. Ich fragte sie, ob sie es mir mitgebracht habe. Sie reichte es mir vorsichtig und stumm. Ich freute mich und sagte ihr das. Sie atmete tief, dann glitt ihr Blick zum Sandkasten. Ich fühlte mich dabei sehr beklommen und folgte jeder ihrer Äußerungen. Sie drehte sich langsam mit starrer Kopf- und Körperhaltung und blieb mit den Augen in der Richtung zum Puppenhaus stehen. Dabei beobachtete ich, wie mein Herz zu klopfen anfing. Ich dachte, ich muß ganz vorsichtig sein. Ich hatte das Gefühl, sie entglitt mir, und es schoß mir durch den Kopf: ›allein‹. Susi traute sich kaum zu atmen. Da ich die Atmosphäre entspannen wollte, ließ ich den Hund im Puppenhaus »Guten Tag« sagen. Sie guckte etwas unglücklich, und ich hatte den Eindruck, etwas störte sie. Da ich sie nicht bedrängen wollte, ging ich einen Schritt zurück. Sie wendete sich dem Regal zu und sah sich aus einigem Abstand alles an. Dann schauten wir beide uns sehr beklommen an. Ihre Hände berührten leicht ihren Rock; ich sagte, sie habe ja einen Rock an. Sie nickte. Schließlich bot ich ihr an, ob sie malen wolle. Sie holte sich die Malsachen und zeichnete stumm. Dabei merkte ich, wie ich mich angespannt nach vorne beugte und dachte »Na mach schon«. Ich lehnte mich also zurück. Sie hatte ein Bild gemalt (siehe Anlage) und flüsterte nun, als sie einen Punkt an das Haus malte, »Klingel«. Ich sagte: »Ah, da muß man klingeln«. Sie nickte. Als sie mit dem Bild fertig war, räumte sie die Sachen weg und schaute zur Kasperfigur. Ich fragte, ob ich ihn ihr herunterreichen solle. Sie nickte und nahm alle

Puppen nacheinander in die Hand. Sie entschied sich für die Königin und deren Puppenhand näherte sich mir. Ich reichte ihr die Hand. Sie griff dann nach der Gretel und befühlte ihr Haar. Dabei stand sie dicht vor mir.

I.:   *Sie hat blonde Haare, wie du.*

Susi: *Das ist das Rotkäppchen, und hier ist die Oma.*

I.:   *Und das Rotkäppchen geht allein zur Oma.*

Susi: *Nickt.*

I.:   *Das Rotkäppchen sagt zur Oma: »Warum hast du so große Augen?«*

Susi: *Aber das ist der Wolf!*

I: *Das Rotkäppchen denkt, es war die Großmutter, und dabei war es der Wolf.*

Susi: *Und der frißt sie auf, und der Jäger holt sie wieder raus.*

I.:   *Und dann sind alle froh.*
         Sie nimmt den Kasper und klingelt mit seiner Mütze etwas, dann immer lauter.

I.:   *Der klingelt mit der Mütze, daß man es hört.*

Sie klingelt immer lauter, ergreift dann das Krokodil und stellt dabei fest, ihres zu Hause sei zerbrochen. Sie freut sich über das Maul des Krokodils. Damit ist die Stunde zu Ende. Sie fragt, ob sie das Krokodil der Mutter zeigen darf und schleppt noch Verbandszeug und Puppen zu ihr. Es fällt ihr schwer aufzuhören.

Durch das ganze Interview zieht sich eine außerordentlich beängstigend erlebte Annäherungsbewegung: ausgehend vom *ernsten Blick,* der davor *warnt, sie in den Arm zu nehmen,* über das *vorsichtige* Annähern der Interviewerin, dem *Einen-Schritt-Zurücktreten;* dem von der Interviewerin registrierten eigenen Impuls, Susi zu bedrängen *(Na, mach schon),* dem sich wieder Zurücklehnen bis hin zur Berührung mit der Puppenhand der Königin. Die Interviewerin fühlt, wie sie für Susi zum Wolf zu werden droht. Nun steht Susi endlich *ganz dicht* vor ihr, und es kommt ein Dialog in Gang, indem Susi über das Märchen vom Rotkäppchen ihre Rettung vor dem Verschlungenwerden durch die ›Wolf-Mutter‹ darstellen kann.

Hinter dieser äußerst vorsichtigen Annäherung können wir Susis Angst erkennen: sie fürchtet, sie könnte vom Wolf verschlungen werden, der wohl für die böse Mutter steht. Darum gibt sie der Interviewerin nur die Puppenhand. Es liegt nahe, im Klingeln den Ausdruck der Freude über die gelungene Rettung zu sehen.

Das Grundthema des beängstigenden Verschlungenwerdens können wir nun auf dem Hintergrund der Vorinformationen verstehen: wir erkennen die Trennungs- und Abgrenzungsproblematik. Nachdem wir beobachten konnten, wie die Mutter ihr Kind zur Bewältigung ihrer eigenen Ängste mißbraucht, nimmt es nicht Wunder, daß sich Susi nicht selbst finden und ablösen kann. Sie verbleibt in einer symbiotischen Verstrickung, weil sie ihrer Mutter einen Halt geben muß. Zum anderen erkennen wir im Märchen vom Rotkäppchen eine Symbolik, die um Schwangerschaft und Geburt spielt. Frau Gerber hatte gerade eine Fehlgeburt und ist wieder schwanger. Indem Susi die Themen ›Verschlungenwerden‹ und ›Schwangerschaft‹ miteinander verbindet, gibt sie uns eine Hilfe, das oben noch unverstanden gebliebene Gefühl der Freude zu verstehen, das die Interviewerin empfand, als Frau Gerber ihr die erneute Schwangerschaft anvertraute. Da Frau Gerber selbst die Sehnsucht nach einer bergenden Mutter besitzt, erlebt sie den Zustand der Schwangerschaft offensichtlich als Erfüllung der ersehnten Symbiose zwischen Mutter und Kind. Unbewußt identifiziert mit dem Fötus, kann sie sich so aufgehoben, ungetrennt und erfüllt phantasieren, wie es ihren Sehnsüchten entspricht. Sie sagte, in der Schwangerschaft fühlte sie sich *stark und lebendig*. Mit der Geburt endete dieser glückselige Zustand, und sie fühlte sich wieder allein, weil getrennt. Wir müssen vermuten, Frau Gerber möchte den Zustand der Schwangerschaft verewigen und die erfolgte Geburt wieder rückgängig machen. Im übertragenen Sinn erfüllt sie diesen Wunsch, indem sie ihr Kind zur Puppe werden läßt, mit der sie ganz nach ihren Bedürfnissen umgehen kann. Geburt gewinnt symbolisch für sie die Bedeutung von Trennung. Sie möchte das Kind nie ›aus ihrem Körper‹ entlassen. So löst sich der Widerspruch, daß sie sich mit einem geborenen Kind überfordert erlebt und nicht mit ihm ›zurechtkommt‹, andererseits *stark und lebendig* ist, wenn sie ein ›Kind empfangen‹ hat. Susi erlebt sich wie in einem Sog ›des immer wieder in die Mutter Hineingezogenseins‹, dem Verschlungenwerden, auf das sie mit der Fülle ihrer Symptome antwortet, einschließlich ihrer Tendenz, die Nähe der Mutter zu fliehen. Wenn sie am Ende des Interviews *Verbandszeug und Puppen* zur Mutter schleppt, hofft sie damit, die durch die Geburt verursachte Wunde der Mutter im Sinne körperlicher Trennung zu heilen und ihr ein Substitut für sich zu geben. Daß sie der Mutter auch noch

das Krokodil zeigen will, ist wie eine symbolische Darstellung der Personifizierung ihres gemeinsamen Konfliktes.

Wenn wir Susis Zeichnung betrachten, fällt auf, wie ›normal‹ und ›gesund‹ das in der Zeichnung dargestellte Kind wirkt. Es ist überraschend, daß dieses scheue und verängstigte kleine Mädchen, wie wir es im Interview erlebt haben, ein solches Bild malen kann. Dieses Bild ist keineswegs von Ängstlichkeit, Gehemmtheit oder von schweren Konflikten gekennzeichnet. Das dargestellte Kind wirkt lebendig, füllt den Raum aus, steht mit den Beinen auf dem Boden und hat Hände, die etwas anfassen können. Wie verträgt sich dieses Bild mit der ganzen Situation, wie wir sie verstanden haben? Wie so vieles in dieser Geschichte steht der Eindruck dieser Zeichnung im Widerspruch zu dem inneren Bild von Susi, das uns vermittelt wurde. Oder haben wir Susi noch nicht verstanden? Tatsächlich haben wir in erster Linie Frau Gerber zu verstehen versucht und daraus geschlossen, welchen Tendenzen Susi unterliegt. Wie wirken sich aber diese Tendenzen auf Susi aus? Neben der ›Gesundheit‹, die ihre Zeichnung vermittelt, fällt auf, daß die Person, die wohl als ein Selbstbild von Susi verstanden werden kann, größer ist als das Haus, neben dem sie steht. Wenn wir das Haus als ein Symbol für die Mutter nehmen, würde das heißen, daß sich Susi im Vergleich zu ihrer Mutter größer erlebt.

Diese einfache Relation kann uns einen bedeutsamen Zusammenhang zugänglich machen. Die Klagen der Mutter über Susi legen eine ›Größe‹ im Sinne einer Überlegenheit über die Mutter nahe: sie ißt nicht bei den Mahlzeiten, nascht statt dessen Süßigkeiten; sie schläft nicht, wenn sie schlafen soll. Sie ist wild, kaspert herum, und dann redet sie wieder nicht. Kurz, Frau Gerber kann Susi nicht bändigen. Noch wichtiger erscheint die Ebene, die wir herausgearbeitet haben, nämlich Frau Gerbers innere Angewiesenheit auf Susi. Zwar kann sich Susi dem symbiotischen Sog, der von der Mutter ausgeht, nicht entziehen, aber innerhalb dieser Symbiose ist sie ›groß‹. Sie findet nicht nur schwer die Abgrenzung gegen die Mutter, sie findet auch nicht ihre eigene Begrenzung, das realistische Maß ihrer tatsächlichen eigenen Größe. Sie kann deshalb, wie es heißt, *altersgemäße Aufgaben nicht erfüllen*. Während sie so unselbständig und unfähig erscheint, ist ihre Bedeutung für die Mutter um so größer. So spielen für sie zwangsläufig Größenphantasien eine maßgebliche störende und schließlich krankmachende Rolle. Ein Teufelskreis kommt hierbei in Gang: je mehr sie an altersentsprechenden Aufgaben scheitert, um so wichtiger werden für sie die Befriedigungen und Genugtuungen, die sie aus der Bedeutung ihrer ›Größe‹ im Verhältnis zur Mutter beziehen kann. Die Konstellation, in der sich Susi befindet, bedeutet in gewisser Hinsicht eine tatsächliche Überlegenheit über die Mutter. Wenn eine Mutter, wie Frau Gerber, in der Weise ihr Kind vital für eigene Bedürfnisse braucht, also abhängig vom Kind ist, kehren sich die natürlichen Verhältnisse um: de facto ist das Kind, das von seiner Mutter (seinen Eltern) absolut abhängige Wesen. Das gilt auch für Susi, nur mit der Besonderheit, daß sie abhängig ist von der wiederum von ihr abhängigen Mutter. Das gibt ihr eine unangemessene Größe. In diesem Sinn wird besser verständlich, warum die Mutter fürchtet, ihr Kind könne zu dick werden.

Da diese ›Größe‹ subjektiv eine Kompensation für die Entbehrungen einer ›guten Mutter-Kind-Beziehung‹ darstellt, wird Susi ihre ›Größe‹ besonders erbittert festhalten. Tatsächlich ist sie schwer korrigierbar, weil sie im Umgang mit der Mutter tagtäglich neue Bestätigung erfährt. Derartige Überlegenheiten von Kindern über ihre Mutter (Eltern), die sehr vielfältige Formen annehmen, führen unter günstigen Umständen zu einer unerschütterlichen Sicherheit. Diese kompensierende Sicherheit geht aber Hand in Hand mit einer Beschädigung der Reifung von Objektbeziehungen.

Diese Gedanken können uns helfen, Susis Zeichnung besser zu verstehen; denn die Sicherheit ist es gerade, die uns verwundert, die Sicherheit, mit der sie dasteht und fragloser Mittelpunkt der Welt dieses Bildes ist. Sicherheit auf der Grundlage einer unangemessenen ›Größe‹ einerseits – Unfähigkeit der Bewältigung altersentsprechender Aufgaben andererseits, das ist die pathogene Situation, in der wir Susi vorfinden. Daß unter dieser ›Größe‹ ein sonst so gesund wirkendes Kind erscheint, mutet zunächst paradox an. Innerhalb der gestörten Beziehung zur Mutter, die Susi die Ausbildung eines individuierten Selbst so erschwert, kann sich das Kind scheinbar gesund entwickeln und seine Ichfähigkeiten ertüchtigen. Diese Entwicklung gelingt aber nur im Austausch mit der Mutter. Im Augenblick der Konfrontation mit der übrigen Wirklichkeit, wie z. B. der Schule, erweist sich ihre Brüchigkeit.

Wir wollen noch einmal zusammenfassen. Frau Gerber leidet unter einer von ihr selbst noch nicht erkannten Depression. Vitale Schwäche, Müdigkeit bei gleichzeitiger großer innerer Unruhe und ein Gefühl des ständigen Überfordertseins sind die Anzeichen dafür. Sie selbst erklärt diesen Zustand als Folge von Schuld und Versagen. Auch das gehört in das Bild der Depression. Da sie sich so sehr an die Wünsche ihrer Mutter angepaßt hatte, z. B., wenn sie beherzigte, nicht zu jammern, hat sie diese Haltung inzwischen als eine natürliche betrachtet, ohne auf den Gedanken zu kommen, daß ihr Leben anders sein könnte. Die verinnerlichte Forderung, allein zurechtzukommen, hat sie unter Aufbieten aller Kräfte bis heute tapfer durchhalten können. ›Allein zurechtkommen‹ bedeutet für Frau Gerber dem Auftrag ihrer Mutter gemäß, nicht zu jammern und den ›anderen‹ mit der eigenen Not nicht zu belästigen. Da sie sich mit ihrer Not nicht offen an jemand wenden kann, entzieht sich ihre vermeintliche ›Angewiesenheit auf andere‹ – ursprünglich die Mutter – ihrer Kontrolle und ihrem Bewußtsein. In Wahrheit kann sie allein überhaupt nicht zurechtkommen, weil ihr Ich mit dem Ausmaß der Not völlig überfordert ist. Sie hat den Ausweg gefunden, alles Beunruhigende auf andere zu projizieren. Sie kann damit auch gar nicht umgehen.

Ihre Sehnsucht nach Sicherheit und wärmender Geborgenheit sieht sie im Zustand der Schwangerschaft vollkommen erfüllt. Die körperliche Symbiose, in der sie sich *stark und lebendig* fühlen kann, endet jedoch mit der Geburt. Die körperliche Trennung eröffnet erneut den Raum der Not, des Alleinseins und der Angst. Die Möglichkeit, sich *lebendig* fühlen zu können, endet mit der Geburt, so daß Geburt und Not in fatale Nähe zueinander rücken. Doch sie hält sich tapfer, obwohl sie *nicht genug Luft* bekommt, wie ihr Röcheln zeigt. Da die mit der unvermeidlichen körperlichen Trennung wieder einsetzende Beunruhigung nicht bewältigt werden kann, erwehrt sie sich ihrer durch Projektion. Auf diese Weise werden ihr Haß und Neid auf ein von ihr unabhängiges Kind ausgeschaltet. Beide Gefühle werden im Krokodil symbolisiert, das zuschnappt und sich die wertvollen Eigenschaften anderer durch Einverleiben aneignet.

In dieser Weise von der Mutter abgestempelt, wächst Susi auf. Sie gerät unausweichlich in den Widerspruch gegensätzlicher Botschaften der Mutter: bleibe ungetrennt von mir in völliger Harmonie und Übereinstimmung – entferne dich mit allem, was mich stört. Susi wird so zwangsläufig zur Verkörperung der projizierten Anteile der Mutter. Jetzt können wir ein Detail aufgreifen, das wir bisher nicht beachteten. Wir erfuhren ganz zu Anfang des Kinderinterviews, daß Frau Gerber ein »Himmel- und Hölle-Faltpapier« in der Hand hielt, das Susi dann mit ins Spielzimmer brachte und der Interviewerin gab. Die Symbolik dieses scheinbar ganz zufällig mitgeführten Spielzeugs enthüllt sich uns nun mühelos. Mutter und Kind präsentieren mit ihm ein verdichtetes Sinnbild ihrer symbiotischen Verklammerung, die ›Himmel‹ und ›Hölle‹ zugleich ist, je nach dem, welcher Aspekt dieses Gebildes gerade freigelegt ist. Ist Susi in Harmonie mit der Mutter, kann sie nicht wirklich unabhängig sein, sondern bleibt mit ihr verschlungen und wie ungeboren – wird sie eigenständig, so wird sie zur Verkörperung alles Beunruhigenden. Der verwirrende Widerspruch ist darin begründet, daß Susi fühlen muß, dann von der Mutter gebraucht zu werden, wenn sie sich als die Verkörperung des Projizierten entfernt. So kann sie der Mutter den größten Liebesdienst erweisen. Mit dieser Lösung kann Susi aber wiederum nicht leben.

Nach den vorangegangenen Überlegungen betrachten wir noch einmal Susis Beschwerden. Die Eßstörungen offenbaren Störungen zwischen Mutter und Kind unmittelbar nach der Geburt; Susi nimmt die Nahrung nicht an, die ihr die Mutter gibt. Als ob sie verstanden hätte, daß sie nicht ›dicker‹, d. h. unabhängiger werden darf. *Sie benimmt sich oft wie ein Kasper:* sie kann nicht sie selbst sein, sondern muß die ihr von der Mutter zugewiesene Rolle spielen. *Dann wieder bringt sie lange kein Wort heraus,* weil das Angebot ihrer wahren Bedürfnisse bei der Mutter kein Echo findet. *Altersgemäße Aufgaben,* die Trennung und Individuation voraussetzen, machen ihr Schwierigkeiten und verraten ihre innere Unselbständigkeit. Mit ihren Schlafstörungen versucht sie sich gegen die symbiotische Verschmelzung mit der Mutter zu wehren. *Sie wirkt unkonzentriert, Gedankenfäden reißen,* als würden die Konflikte um Verbindung und Trennung in den Denkvorgängen einen Niederschlag finden.

Susi zeigt mit all dem aber auch ihren verzweifelten Kampf um ihre Autonomie. Sie lehnt sich noch auf, im Gegensatz zur Mutter, die sich vermutlich in ihrem Alter schon den Forderungen ihrer Mutter unterworfen hatte. Susi sucht sich noch selbst, sie will noch bestimmen, was sie essen möchte, bestimmen, wann sie einschläft und aufwacht. Im Kinderinterview haben wir verfolgen können, welche Mühsal mit Abgrenzung und Annäherung verbunden ist, wie vorsichtig sie mit dem Wolf umgeht. Nahezu stumm, muß sie unmittelbare Lebendigkeit vermeiden.

Nachdem wir die frühe Ebene der Mutter-Kind-Beziehung betrachtet haben, sollten wir uns vor Augen halten, was im Interview fehlt. Bei einem Kind von 4½ Jahren, das sich in der Blüte der ödipalen Entwicklungsphase befindet, erwarten wir Aussagen über die Beziehung zum Vater. Der Vater ist nicht zum Interview gekommen und er wurde inhaltlich nicht erwähnt. Diese Feststellung gilt sowohl für Susis Vater als auch für den Vater der Mutter, soweit es die Erinnerungen aus der eigenen Kindheit der Mutter betrifft. Obwohl vom Vater nicht gesprochen wird, erfahren wir indirekt von seiner Existenz durch die Tatsache der Schwangerschaften der Mutter. Sie müssen Susi nachdrücklich mit den Themen ›Sexualität‹ und ›Rivalität‹ und mit der ›ödipalen Dreiecksbeziehung‹ konfrontieren. Obwohl die ödipale Konstellation nicht zur Sprache kommt, können wir vermuten, daß die Schwangerschaften die im Interview sichtbar gewordene Problematik erheblich verschärft haben, konnte doch die Symbiose allen Autonomiestrebungen Susis zum Trotz weit über ihre angemessene Entwicklungsphase aufrecht erhalten bleiben. Der Konflikt um Loslösung und Individuation ist nun zusätzlich durch die ödipale Konstellation kompliziert.

In diesem Zusammenhang bekommt Frau Gerbers Klage, *Susi werde zu dick,* eine weitere Bedeutung. Frau Gerber selbst wird durch die Schwangerschaft ›dick‹. In dieser Situation bringt sie die Befürchtung, Susi könnte *zu dick werden,* als erste Begründung für ihr Kommen im Interview zur Sprache. Wir müssen daraus schließen, daß Susi als ödipale Rivalin die Mutter beunruhigt. Wenn schon ihr Autonomiestreben als Störung des Gleichgewichts empfunden wird, wie sehr muß Susi als Gefahr erlebt werden, wenn sie in die Beziehung zu ihrem Ehemann eindringen könnte und auch ein Kind vom Vater haben möchte.

Es erübrigt sich die Feststellung, daß wir vor einer schweren Störung von Mutter und Kind stehen. Eine optimistische Betrachtung würde hervorheben, daß Frau Gerber durch die Krise mit Susi endlich in eine Situation kommt, sich mit ihrer bis dahin tapfer ertragenen Depression an jemanden wenden zu können; die Krise gibt ihr eine Chance, die sie bisher noch nicht finden konnte.

Als Frau Gerber der Interviewerin fast in die Arme fiel, signalisiert sie ihre Bedürftigkeit, für sich selbst eine Mutter zu finden. Susi wird dankbar sein, ihre bedrohte Autonomie im Rahmen einer Therapie zur Entfaltung bringen zu können.

Rolf Klüwer
Im Stich gelassen

Frau Schmidt, die Mutter des neunjährigen Thomas, meldete sich anläß-
lich eines Gespräches mit seiner Klassenlehrerin. Die Lehrerin hatte Frau
Schmidt bei dieser Gelegenheit gesagt, Thomas falle in der Klassengemein-
schaft durch übergroße Empfindsamkeit auf. Er klage häufig, die Klas-
senkameraden würden ihn ärgern, ohne daß er sagen könne, was sie ihm getan
hätten. Er habe es ›einfach‹ vergessen. Zudem meinte die Klassenlehrerin,
Thomas sei ein Einzelgänger.

Zum Interview kam Frau Schmidt allein. Sie trug hübsche, halblange
Haare. Ihr Kleid war von unauffälliger Farbe. Sie sah verhärmt aus.
Beim ersten Anblick erschien sie etwas zu alt für einen neunjährigen Sohn.
Das bestätigte sich, denn sie ist 49 Jahre alt.

Einen persönlichen Grund für ihr Kommen konnte Frau Schmidt nicht
angeben. Sie war lediglich der Aufforderung der Lehrerin gefolgt, der
Thomas' Empfindsamkeit aufgefallen war. Immerhin habe sie auch selbst
beobachtet, daß Thomas zu ihr komme und über die anderen Kinder klage.
Wenn sie ihn dann trösten wolle und nachfrage, reagiere er sehr zornig und
böse, als ob sie schuld an seinem Unglück sei. Sonst mache er ihr keine
Sorgen. Er sei für sein Alter sehr verständig, manchmal wirke er schon wie
ein kleiner Erwachsener.

Thomas kann also, wenn er von den Kameraden geärgert wird,
weder seiner Lehrerin noch seiner Mutter mitteilen, was die an-
dern ihm getan haben. Aber auch die Mutter konnte in der
aktuellen Situation im Interview *etwas nicht sagen,* nämlich den
persönlichen Grund ihres Kommens. Sie war nur der Aufforderung der Lehrerin gefolgt. Diese auffallende Gemeinsamkeit zwischen Mutter und Kind läßt sich auch an anderen Stellen beobachten. Die Interviewerin schrieb: *Beim ersten Anblick erschien sie etwas*
zu alt für einen neunjährigen Sohn. Das bestätigte sich, denn sie ist 49 Jahre
alt. Frau Schmidt ihrerseits sagte, *er sei für sein Alter sehr verständig,*
manchmal wirke er schon wie ein kleiner Erwachsener. Damit brachte
sie zum Ausdruck, daß Thomas ›zu alt‹ sei, denn in Wirklichkeit
ist er ja noch ein Kind. Ferner fällt als weitere Gemeinsamkeit auf:
die Lehrerin meinte, Thomas sei ein Einzelgänger. Die Interviewerin hat ausdrücklich festgehalten, daß Frau Schmidt allein kam,
d. h. ohne ihren Mann. Er trat als Ehemann überhaupt nicht in

Erscheinung. Die Einladung zum Erstgespräch erhielten beide Eltern.

Nachdem durch die ersten festgestellten Gemeinsamkeiten – das Nicht-Genau-Sagen-Können und das zu Alte und Einzelgängerische – unsere Aufmerksamkeit auf weitere Parallelen zwischen Mutter und Kind gelenkt worden ist, können wir versuchen, eine Hypothese aus diesen Beobachtungen abzuleiten.

Mutter und Kind scheinen durch Gemeinsamkeiten miteinander verbunden (identifiziert) zu sein. Sie teilen etwas miteinander, das nicht zur Sprache kommt und von dem Thomas sagt, die Mutter sei daran schuld. Das unzeitgemäße Alter steht bei der Mutter im Zusammenhang mit dem Zeitpunkt der Schwangerschaft, bei Thomas mit seiner Entwicklung. Er wirft seiner Mutter vermutlich vor, kein Kind sein zu können. Wir können also annehmen, daß sein Kontaktproblem in einem inneren Zusammenhang zu seiner Existenz als Kind steht und ursprünglich mit den Umständen der Schwangerschaft zu tun hat.

Ich kehre zum Protokoll zurück. Nachdem beschrieben worden war, wie alt die Mutter wirkte, tauchte als zweite Bemerkung das Kontaktproblem auf:

Die Interviewerin schrieb, daß sie schwer Zugang zu ihr bekam. Frau Schmidt war ängstlich, unsicher und wartete auf Fragen. Die Interviewerin fühlte sich merkwürdigerweise durch dieses Verhalten in die Rolle eines Richters gedrängt, als ob es etwas zu verurteilen gäbe. Eine direkte Frage nach den ersten Lebensjahren von Thomas brachte etwas in Bewegung. Die Mutter erzählte: Sie war vierzig Jahre alt, als Thomas unehelich im achten Monat geboren wurde. Sechs Monate war er nach seiner Geburt mit der Mutter zusammen. Ihr ging es gesundheitlich während dieser Zeit nicht gut. Als sie schließlich arbeiten mußte, gab sie ihn in ein Heim, wo er bis zum Alter von 1,7 Jahren blieb. Dann heiratete die Mutter – allerdings nicht Thomas' leiblichen Vater – und holte Thomas wieder zu sich. Er konnte noch nicht richtig laufen, als er im Alter von 1,7 Jahren nach Hause kam, aber durch intensive Betreuung habe er rasch aufgeholt. Die Mutter meinte, sie habe sich von diesem Zeitpunkt an ausschließlich um Thomas kümmern können, habe ihn dabei vielleicht verzärtelt und zu sehr umsorgt. Sie mußte dabei etwas weinen, und die Interviewerin hatte den Eindruck, hinter diesem Weinen verberge sich noch etwas anderes. Gegen Ende des Gesprächs berichtete sie von der Beziehung zwischen ihrem Mann und Thomas. Beide hätten ein sehr inniges Verhältnis zueinander, und Thomas wisse nicht, daß der Vater nicht sein leiblicher Vater sei. Auf die Frage, warum ihr Mann nicht mitgekommen sei, erfuhr die Interviewerin zwar etwas über seine Berufstätigkeit, aber auf den eigentlichen Sinn der Frage konnte die Mutter nicht eingehen.

Abschließend notierte die Interviewerin, sie neige dazu, die Probleme des Kindes als nicht sehr schwerwiegend anzusehen, so daß einige Beratungen wahrscheinlich ausreichen würden. Sie verstand seine Empfindsamkeit und das Einzelgängertum als Ergebnis der Verarbeitung früher Trennungen. Sie überlegte darüber hinaus, ob etwa das Kind eine Bindungsfunktion an den Kindesvater erfüllen sollte und dadurch zusätzlich auch eine Ablehnung dem Kind gegenüber zum Ausdruck komme.

Die Hypothese, das Kontaktproblem habe mit den Umständen der Geburt zu tun, hat die Mutter mit ihren Angaben konkret weitergeführt. Die Umstände der Geburt brachten sie offensichtlich in eine sehr schwierige Situation, in der sie sich ›im Stich gelassen‹ fühlte, was später dazu nötigte, das Kind ins Heim zu geben und es ›im Stich zu lassen‹. Wut, Enttäuschung, Verlassen- und Vergessenwerden, Alleinbleiben sind in dem biographischen Zusammenhang evident. Die anfänglich konstatierten Gemeinsamkeiten von Mutter und Kind lassen sich dahin präzisieren, daß beide mit dem Problem eines fehlenden Ehemannes bzw. eines fehlenden Vaters fertig werden müssen. Die Folge dieser Konstellation war die Entwicklung einer zu engen Bindung zwischen Mutter und Kind. Die angebliche Innigkeit zwischen Vater und Sohn steht in merkwürdigem Widerspruch zu seinem Fernbleiben von dem anberaumten Elterngespräch, so als habe er nichts damit zu tun und es sei dies allein eine Angelegenheit von Mutter und Sohn. Während einerseits der Eindruck entstanden ist, daß es sich nicht um ein schwerwiegendes Problem handele, ist andererseits doch nicht zu verkennen, daß sich die Mutter im Gespräch nicht aufschließen konnte. Ihre Tränen konnten nicht richtig fließen, und der Zugang zu ihr war schwer zu finden. Der Eindruck, das angebotene Problem sei einfach zu lösen, könnte ein Trugschluß sein, der einer Verharmlosungstendenz der Mutter entspricht und übersieht, daß ein affektiver Zugang zur Mutter noch nicht gelungen war, obwohl ein erster Erklärungszusammenhang vermittelt werden konnte.

Wir wenden uns jetzt dem Kinderinterview zu. Es ist der erste Kontakt der Interviewerin mit Thomas. Das Protokoll beginnt:

Mein erster Gedanke, als ich Thomas die Treppe heraufkommen sah, war: So hat dich mir deine Mutter gar nicht geschildert! Sehr klein, zart, blaß, riesige Augen, eine zu große Hose, armselig. Die Haare erinnern an ein Männertoupet. Er starrt mich mit weit aufgerissenen Augen an, und ich fühle den dringenden Wunsch, ihn in die Arme zu nehmen und zu sagen, er solle sich nicht fürchten. Dann wurde der Zugang zu ihm aber sehr schwer. Er konnte zuerst nichts sagen, und ich hatte das Gefühl, ich müsse ihn mit den gleichen erschreckten Augen angestarrt haben. Als ich nach einer Weile angstvoller Spannung, die auf uns beiden lag, fragte, ob seine Mutter ihm von mir erzählt habe, antwortete er sehr mühsam und mit ganz heiserer Stimme, er wisse, daß er immer alles vergesse und deshalb alle zwei Wochen zur Behandlung kommen solle. Zuerst dachte ich, mich verhört zu haben, da ich diese Verabredung mit der Mutter nicht getroffen hatte. Dann fand ich aber eine Erklärung für diese merkwürdige Aussage, ich dachte an die Besuche im Heim.

Das Protokoll wird von einem befremdenden Erstaunen bestimmt: Thomas ist völlig anders, als die Mutter ihn geschildert hat. Besonders eindrucksvoll ist das ›Gefühl‹ der Interviewerin, ihn wie in einer Spiegelung mit erschreckten Augen angestarrt zu haben. Dabei gibt es eine einfache Erklärung für ihr Gefühl: Er ist so erschreckend anders, als ihn sich die Interviewerin vorgestellt hatte – klein, zart, blaß, mit riesigen Augen. Sie hatte den Impuls, ihn in die Arme nehmen zu müssen und zu schützen. Als Thomas entgegen der mit der Mutter getroffenen Verabredung sagt, er komme jetzt alle zwei Wochen zur Behandlung, kann die Interviewerin diese Fehlleistung nur mit ihrem Einfall vom Heim erklären. Sie denkt an die früheren Besuche der Mutter im Heim, wo sie ihn, entgegen ihren Vorstellungen, so erschreckend verändert vorgefunden haben muß, daß sie den Impuls hatte, ihn in die Arme zu nehmen und zu beschützen. Die Spiegelung besagt, Thomas würde anläßlich des Kinderinterviews die Gefühle wiedererleben, die er damals hatte, als er ins Heim gebracht, aus einer vertrauten Umgebung gerissen und in eine fremde Welt versetzt wurde, die völlig anders war. Dieser Vorgang wiederholte sich vermutlich, als die Mutter ihn schließlich nach Hause holte. Diese Erlebnisse der unerwarteten Veränderungen müssen für beide so schrecklich gewesen sein, daß sie in die scheinbar selbstverständliche Vereinbarung eingefangen werden müssen, sich 14tägig zu treffen. Wir unterstellen dabei, daß die Mutter Thomas alle 14 Tage im Heim besucht hatte.

Alle Details fügen sich zwanglos in das unterstellte Verständnis über die Weggabe ins Heim und die dortigen Besuche ein: *Er ist ja noch so klein; ich fühlte den dringenden Wunsch, ihn in die Arme zu nehmen und ihm zu sagen, er solle sich nicht fürchten; statt dessen ist er älter gekleidet, trägt eine zu große Hose, seine Haare wirken wie ein Männertoupet;* er füllt nicht aus, was ihm umgehängt wird. So stellt er im ersten Auftakt bereits dar, daß er hinsichtlich seiner Entwicklung einerseits zu klein und zu zart, andererseits zu alt ist, weil er mit der Bewältigung einer frühen traumatischen Trennung von der Mutter beschäftigt ist, über die er und die Mutter nicht sprechen.

Die Mutter fragte sogleich nach ihrem Eintritt in die Praxis nach einer Toilette für Thomas. Ich führte ihn hin. Dabei durchzuckte mich der Gedanke, sie habe es eigentlich selbst tun wollen. Frau Schmidt zeigte ich das Wartezimmer und ging dann, um auf Thomas zu warten. Damit er nicht das Gefühl bekomme, ich stünde vor der Toilette, ging ich ins Büro, wo ich nach einer Weile unruhig wurde, weil er nicht aus der Toilette kam. Ich verhielt mich deshalb still und lauschte. Ich war sicher, daß er das gleiche tat. Um ihm die Möglichkeit zu geben heraus zu kommen, klapperte ich mit einer Tür. Daraufhin klapperte er auch und öffnete vorsichtig die Toilettentür.

Es ist eindrucksvoll, wie ein körperliches Bedürfnis von Thomas sowohl die Mutter wie die Interviewerin zu einer fürsorglichen Haltung veranlaßt, wodurch jedoch die Not der Zuständigkeit aufbricht. Die Interviewerin hatte das Gefühl, mit ihrem Verhalten der Mutter das Kind wegzunehmen, nachdem ihr die Mutter das Kind beim Eintritt in das Institut, der dem ›Eintritt ins Heim‹ entsprach, übergeben hatte. Thomas rettete sich ins Klo. Die aus dem Zuständigkeitskonflikt resultierende Angst lastet auf der Interviewerin wie auch auf Thomas: in einer neuen Gemeinsamkeit lauschen beide in die Stille um zu hören, ob der andere sich selbst helfen kann oder auf Hilfe angewiesen ist. Dann gibt ihm die Interviewerin mit der Tür das Signal: ›Ich bin hier!‹, um ihm zu ermöglichen, allein herauszukommen. Sie ging emphatisch auf Thomas' Not ein, indem sie ihm vorführte, was er als nächstes zu tun habe: hörbar die Tür zu öffnen. Die auffallenden Spiegelungsvorgänge: er starrt – sie starrt; sie lauscht – und sie ist sicher, er lauscht auch; er kann nichts sagen – sie kann nichts sagen; sie klappert – er klappert, weisen auf eine frühe Beziehungsebene hin, in der erste Orientierungen in einer fremden Umwelt ermöglicht werden. Imitatorische Vorgänge, zunächst aufgezwungen – im beiderseitigen Anstarren –, führen zum ersten ›aufschließenden‹ Verhalten seitens der Interviewern. Thomas kann ›die Tür vorsichtig öffnen‹.

Thomas starrt auf das Spielzeug im Zimmer und stottert: »Oh, was für schöne Sachen«. Dann fängt Thomas an, sich mit den Kasperle-Figuren zu beschäftigen. Als müsse er Zeit gewinnen, schaut er sie sich lange an. Plötzlich zeigt er auf den Mund des Kasperls und dann auf den der anderen Puppen und sagt: »Die grinsen alle so und haben einen so breiten Mund«. Ich nehme in meiner Antwort Thomas' Anspielung auf: »Man grinst manchmal, wenn einem nicht zum Lachen zumute ist«. Er versteht, schaut mich geradewegs an und sagt: »So?« Dann stößt er unter dem Tisch gegen mein Bein, entschuldigt sich und betrachtet wieder die Puppen. Mit zunächst heiserer, dann sicherer werdenden Stimme beginnt er eine Geschichte mit dem Krokodil vorzuspielen: Die Prinzessin wird gefressen, vom König gesucht, der das Krokodil erwischt und verhaut. Dabei fällt mir auf, wie groß sein Wortschatz ist, der nicht seinem Alter entspricht. Er wirkt wie ein alter Mann, der das Leben hinter sich hat, so daß es mir sehr schwer fällt, in ihm das wirkliche Kind zu finden. Gegen Ende der Stunde verändert sich die Situation. Nachdem das Krokodil unaufhörlich alle möglichen Leute gefressen hat, legt Thomas seine Hand in dessen Maul, schaut ins Maul hinein, und damit nimmt seine Ängstlichkeit ab. Er sagt, Krokodile seien listig, sie täten so, als ob sie schliefen, und wenn man näher komme, packten sie zu. Auf meine Bemerkung, man brauche sich vor Krokodilen nicht mehr zu fürchten, wenn man über ihr Leben und ihre Absichten Bescheid wisse, schaut er mich wieder eine ganze Weile an, steht auf und geht durchs ganze Zimmer. Ich registriere mit Freude, wie er auftaut. Dann tritt er ganz dicht zu mir, faßt meine Hand und sagt eindringlich, er habe viele Bücher. Er habe einmal ein Buch gelesen, das habe nur aus einer Geschichte bestanden, einer ganzen Geschichte von vorn bis hinten. Er sagt es in einem Tonfall, als gebe er eine Offenbarung preis. Am Ende frage ich, ob er wiederkommen möge. In dem Augenblick kann er mich wie zu Beginn nicht mehr anschauen und sagt fast böse: »Komme gern wieder, ja, gern.« Als er sich mit der Mutter verabschiedet, habe ich das Gefühl, als risse die Beziehung wieder ab.

Die Interviewerin notierte dazu:

Er erlebte mich bedrohlich, und ich dachte an seine Situation, als er von der Mutter ins Heim gebracht wurde und über die objektiven Zusammenhänge nicht informiert wurde.

Die Kinder im Heim müssen ihm wie listige Krokodile vorgekommen sein, deren Absichten er nicht erkennen konnte, ebenso wie die Kinder in der Schule, von denen er sich ständig geärgert fühlt und nicht weiß, warum.

Bevor ich auf das zweite Elterngespräch eingehe, fasse ich noch einmal zusammen: Mutter und Kind stellen dar, wie sie mit dem gleichen Problem nicht fertig werden. Sie sind nicht in der Lage, genau zu sagen, warum bestimmte Reaktionen bei ihnen selbst und beim anderen zustande kommen.

Thomas wirft seiner Mutter vor, sie sei gewissermaßen schuld, daß er Probleme habe. Wir können hinzufügen, die Mutter wirft ihm wiederum vor, er sei schuld, daß sie Probleme habe. Die traumatische Situation, auf die sich der Vorwurf bezieht, haben beide ›vergessen‹. Die Umstände von Zeugung und Geburt führten dazu, sich ›Im-Stich-gelassen‹ zu fühlen. Wie eine Kette setzt sich das ›Im-Stich-gelassen‹-Werden der Mutter durch den Vater zum ›Im-Stich-gelassen‹-Werden von Thomas durch die Mutter und seinen leiblichen Vater fort.

Unbewußt erleben sowohl Thomas wie seine Mutter die Kontaktaufnahme mit der Interviewerin wie die traumatische Übergabe ins Heim, worauf die Fehlleistung hinweist, er solle alle 14 Tage zur Behandlung kommen.

Thomas drückt in ergreifender Weise seine Sehnsucht nach Kontinuität und Konstanz eines Objekts aus (eine Geschichte). Thomas ringt mit der traumatischen Trennung und seiner Unkenntnis der wirklichen Zusammenhänge, über die nie gesprochen wird. Deshalb werden die Situationen von seinen erschreckenden subjektiven Erlebniszusammenhängen bestimmt.

Zum dritten Gespräch kam die Mutter wieder allein. Sie war unsicher und wirkte auf die Interviewerin, als wäre sie auf dem Sprung und wollte gleich wieder fortlaufen. Als die Interviewerin der Mutter sagte, sie habe Thomas ganz anders erlebt, als sie ihn sich auf Grund ihrer Schilderung vorgestellt habe, unterbrach Frau Schmidt und sagte, Thomas habe ihr erzählt, die Interviewerin habe ihm nicht geglaubt, daß er gern wiederkommen würde, und das habe ihn böse gemacht.

Das Gespräch verlief ähnlich wie das erste. Die Interviewerin versuchte, der Mutter ihre Eindrücke über Thomas näher zu bringen. Als sie meinte, Frau Schmidt neige offenbar dazu, in der Sorge um Thomas eigene Wünsche zu vergessen, meinte diese, sie habe keine Wünsche. Sie begann aber zu weinen. Es gelang wieder nicht, den Grund ihrer Tränen zu erfahren. Frau Schmidt fand dafür offensichtlich keine Worte. Statt dessen berichtete sie vom guten Verhältnis zwischen Thomas und ihrem Mann. So entstand erneut der Eindruck, Thomas habe eigentlich keine größeren Schwierigkeiten. Über diese Form einer Harmonisierung als Abwehr der wirklichen Probleme ließ die Mutter nicht mit sich reden. Sie wollte oder konnte diesen Zusammenhang nicht verstehen, was bei der Interviewerin ein Gefühl von Ärger aufkommen ließ.

Nach der Stunde registrierte die Interviewerin bei sich eine gewisse Verwirrung. Sie fand, die Stunde sei wichtig gewesen, aber sie habe nichts Konkretes erfahren. Vor allem beschäftigte sie das Mißverhältnis zwischen ihren persönlichen Eindrücken von Thomas und dem durch die Mutter vermittelten Eindruck des Harmlosen. Sie selbst fand zu diesem Zeitpunkt jedoch keinen erklärenden Zusammenhang dafür.

Wir können nachträglich die unbewußte Bedeutung des dritten Gesprächs als Fortsetzung der ›Ablieferung des Kindes in ein Heim‹ verstehen. Nun kommt die Mutter zu Besuch, allein, d. h. ohne Mann und ist unsicher, so als wolle sie gleich wieder fortlaufen. Damals war ihr die sichtbare Veränderung, die zwischen den Besuchen mit ihrem Kind vor sich gegangen war, unerträglich. Das erschreckende Bild des veränderten Kindes deckte sich nicht mit ihrer Erinnerung. Als die Interviewerin sie mit diesem veränderten Bild konfrontiert, unterbricht die Mutter sie und schlägt ein scheinbar neues Thema an. Thomas' merkwürdige Behauptung, die Interviewerin habe ihm nicht geglaubt, daß er gern wiederkomme und das habe ihn böse gemacht, wird, wie die andere berichtete Fehlleistung, aus seiner tiefen Identifikation mit der abwesenden Mutter verständlich. Wie er mit Sicherheit feststellen konnte, nun alle 14 Tage zur Behandlung, d. h. zu Besuch zu kommen, so ist er jetzt sicher, die Interviewerin könne nicht glauben, daß er gern kommt. Diese Sicherheit unterstellt die verständliche Annahme, daß die Mutter nicht gern zu den Besuchen ins Heim kam. Thomas bringt damit jene Gefühle der Mutter zum Ausdruck, die sie angesichts der Veränderungen des Kindes bei ihren Besuchen mit Schrecken an ihm feststellen mußte. Thomas kann nicht glauben, daß die Mutter gern zu Besuch ins Heim kam – und das macht ihn böse.

Die seinerzeit durch den Zwang der Verhältnisse gefundene Notlösung in Form eines Heims, die durch das ›Im-Stich-gelassen‹-worden-sein durch den leiblichen Vater zustande kam, muß Frau Schmidt die Überwindung großer innerer Widerstände gekostet haben. Nachdem sie sich unter dem Druck der äußeren Umstände letztlich doch dazu entschließen mußte, erlebte sie dies als eine schreckliche Lösung, ohne es aber anders machen zu können. Das tatenlose Zusehen-Müssen, wie sich das Kind unter diesen Gegebenheiten veränderte, wurde verleugnet. Diese Verleugnung ist in der Beziehung zwischen Mutter und Interviewerin deutlich spürbar. Als die Interviewerin versucht, ihr Bild von Thomas zur Sprache zu bringen, verhält sich Frau Schmidt so, als ob nichts gesagt worden sei und beginnt ein scheinbar neues Thema. In der Verleugnung des Schmerzes durch die erzwungene Trennung und gefangen in den für sie unerträglichen Folgen, kann Frau Schmidt der Interviewerin nur den Eindruck vermitteln, daß ihr Kind eigentlich ›keine größeren Schwierigkeiten‹ habe. Diese Verleugnung hält sie mit aller Kraft aufrecht. Als die Interviewerin fühlt, wie sie selbst angesichts der hartnäckigen Verleugnung der Mutter ärgerlich wird, empfindet sie das Gleiche wie Thomas, als er behauptete, die Interviewerin glaube ihm nicht und das mache ihn böse.

Am Ende spürt die Interviewerin eine Verwirrung darüber, daß sie keine Erklärung hat für ihre widersprüchlichen Bilder von Thomas, von den durch eigene Anschauung gewonnenen und den durch die Mutter vermittelten. Diese Verwirrung kann uns jetzt nicht mehr überraschen, denn dieser fehlende Zusammenhang ist das Schlüsselphänomen dieser Krankengeschichte. Durch die Verleugnung war die Mutter nicht in der Lage, ihre Zuständigkeit zu übernehmen, die Lebensgeschichte von Thomas in Worten und Erinnerungen zu gestalten und offen zur Sprache zu bringen. An dieser Stelle muß die therapeutische Aufgabe ansetzen, die ersten Lebensjahre von Thomas in einem Buch mit *nur ›einer‹ Geschichte* zusammenzufassen.

Angela Köhler-Weisker
Die Dicke

*Als ich Familie Winter zum ersten Mal begegnete, saßen die Eltern
einträchtig beieinander, das Kind in ihrer Mitte.*

So beginnt die Kindertherapeutin ihren Bericht und fährt dann
fort:

*Das Mädchen malte und blickte bei unserer Begrüßung kaum hoch. Es
wollte im Zimmer bleiben, Malen und Lesen bis die Eltern wiederkommen.
Die acht Jahre alte Sabine machte auf mich einen äußerst ruhigen, fast
zurückgezogenen Eindruck. Die Eltern begegneten mir sofort sehr freundlich und aufgeschlossen. Ich spürte, daß sie auf eine positive Weise vorein-
genommen waren, und daß sie erst einmal ihre Ängste und Sorgen loswerden
wollten.*

Der erste Eindruck der Kindertherapeutin von Familie Winter
vermittelt ein Bild der *Einträchtigkeit*. Sobald aber Bewegung in
die Szene kommt, fällt auf, daß das Kind sich anders verhält als die
Eltern. Während die Eltern *freundlich und aufgeschlossen* mit einer
positiven Voreinstellung lebhaft auf die Kindertherapeutin zukommen, *blickt Sabine bei der Begrüßung kaum hoch,* ist mit Malen beschäftigt und macht auf die Kindertherapeutin einen *äußerst ruhigen, fast zurückgezogenen Eindruck.* Es sieht so aus, als seien die
Eltern in ihren Bewegungen mehr nach außen gerichtet, während
Sabine mehr nach innen orientiert erscheint. Stellt das initiale Bild
der *Einträchtigkeit* einen Wunsch der Eltern dar? Wenn wir das
annehmen, liegt der Gedanke nahe, daß die Eigenbewegung ihres
Kindes für die Eltern das Problem ist, mit dem ihre *Ängste und
Sorgen* zusammenhängen.

Sehen wir uns den Ablauf des Interviews mit den Eltern an, den
die Kindertherapeutin schildert.

*Im Sprechzimmer saßen beide Eltern zunächst einen Augenblick lang
stumm da. Plötzlich fingen sie gemeinsam an zu sprechen, und es entstand
für mich ein derartiger Wirrwarr, daß ich die Eltern bat, den Personalbogen auszufüllen. Ich wußte nicht, auf wen ich hören sollte und hatte das
dringende Bedürfnis, mich selbst abzugrenzen und Struktur in das Gespräch zu bringen. Herr Winter griff sofort nach dem Bogen und füllte ihn
aus. Seine Frau sah ihm voller Spannung zu. Bei der Frage nach seinem
Beruf stockte er, sah seine Frau, dann mich an, und meinte: »Welchen*

jetzt, na ja, ich schreibe halt meinen derzeitigen hin«. Herr Winter schrieb:
Vertreter. Ich konnte mich des Gefühls nicht erwehren, daß er etwas
prahlte und lieber einen in seinen Augen höherwertigen Beruf hingeschrieben
hätte.

Dieser Beginn ist recht dramatisch. Wir haben den Eindruck, die Eltern überfluten die Kindertherapeutin, die jetzt nicht weiß, auf wen sie hören soll, und sie greift wie in Notwehr zu einer ganz ungewöhnlichen Maßnahme, indem sie ihnen den *Personalbogen* gibt. Es ist ein Versuch, die Eltern zu steuern und damit Kontrolle über die Situation zu bekommen. Beide Eltern stürzen sich nun auf den Bogen: Herr Winter ergreift ihn sofort; Frau Winter ist beim Zuschauen *voller Spannung*. Das gibt der Kindertherapeutin, die von diesem Auftakt überrascht ist und dadurch ohnmächtig gemacht wurde, zunächst Raum sich gegen diesen gemeinsamen Sturm der Eltern abzugrenzen; Raum, um das Geschehen zu strukturieren und damit für sich verständlich zu machen.

In der kleinen Szene, die sich bei der Frage nach dem Beruf des Vaters abspielt, schwankt dieser einen Augenblick. Er steht vor einer Wahl, und er entscheidet sich für den *derzeitigen Beruf*. Die Kindertherapeutin hat dabei das Gefühl, er *prahlt* und sein Schwanken habe mit dem Prestige zu tun, das sich mit diesem Beruf verbindet, und er würde sich lieber *höherwertig* darstellen können. Hat der Vater vielleicht mit Problemen um Geltung und Ehrgeiz zu kämpfen?

Wir hören weiter:

Beide Eltern fuhren fort, in einer extrem hektischen Weise zu berichten,
so daß ich es weiterhin schwer hatte, mich zu orientieren. Sie fielen einander
ständig ins Wort oder gaben es bald wieder an den anderen ab, indem sie
sagten: »Erzähl du, du kannst es besser«. Dieses Hin und Her lief ohne
Unterbrechung. Nur in Atempausen kam ich zu Wort. Beide betonten
immer wieder, daß ihre Tochter sich nicht zur Wehr setzen könne. Sie ließe
alles mit sich machen. Das sei schon im Kindergarten so gewesen. Jetzt in
der Schule sei es noch schlimmer geworden.

In ihrem Bemühen, sich zu orientieren, hat die Kindertherapeutin einen schweren Stand. Nur in *Atempausen* ihrer Gesprächspartner kommt sie zu Wort. Sie ist ohnmächtig dem, was die Eltern gemeinsam gestalten, ausgeliefert und muß sie gewähren lassen. Diese wirken so aufgeregt, als könnten sie die Spannung, unter der sie stehen, nicht unter Kontrolle bringen, so daß sie sich in dem Bemühen, sich wechselseitig zu helfen, eher behindern.

Der Anlaß ihres Kommens, *die Tochter könne sich nicht zur Wehr setzen und ließe alles mit sich machen,* erweckt jetzt unsere besondere Aufmerksamkeit: wenn wir die Kindertherapeutin zusammen mit den Eltern erleben – ohnmächtig und ganz damit beschäftigt, sich des *Wirrwarrs* zu erwehren – bekommen wir eine Ahnung, wie es Sabine ergehen muß. Die Beschwerde der Eltern über das Kind hat offensichtlich mit der Beziehung zwischen den Eltern und dem Kind zu tun. Wir können uns vorstellen, daß Sabine in dieser Beziehung immer wehrloser geworden ist. Es scheint, als bewirkten die Eltern, ohne es zu wissen, mit ihrer Art des Umgangs bei ihrem Kind das, worüber sie sich jetzt sorgen.

Die Kindertherapeutin schildert uns diese Sorgen:

Die Eltern berichteten von einer Schulkameradin, mit der Sabine in den Kindergarten gegangen sei und mit der sie sich so gut verstanden habe, daß die Eltern beider Kinder damals wünschten, sie kämen zusammen in eine Klasse. Dieser Wunsch wurde verwirklicht. In der Schule stellte sich heraus, daß Sabine, im Mündlichen die stillere von beiden, in den schriftlichen Arbeiten jedoch bessere Noten hatte. Die Freundin wiederum würde nicht ertragen, schlechtere Noten als Sabine zu schreiben und habe angefangen, in der Klasse gegen sie zu stänkern: »Was, mit der Dicken sprecht und spielt ihr?« Sabine komme von Tag zu Tag deprimierter aus der Schule nach Hause. Die ältere Schwester der Freundin würde noch kräftig beitragen, die Querelen zu unterstützen. Im Verlauf der beiden ersten Schuljahre habe es sich so entwickelt, daß Sabine inzwischen mutterseelenallein in den Pausen dastünde, und niemand sie mitspielen ließe. Auch die Lehrerin – mit der Frau Winter sprach – sähe sich außerstande, eine Änderung herbeizuführen. Sabine sei in allem Schriftlichen bis jetzt noch sehr gut. Das rufe den Ärger der anderen hervor, doch könne sie sich weder körperlich noch mit Worten ihrer Haut wehren.

Herr Winter warf ein, er sei als Kind ähnlich gewesen. Sein Bruder dagegen habe sich durchsetzen können. Heute sei es umgekehrt. Er könne sich im Leben behaupten, während sein Bruder ständig Hilfe benötige. Er sei jetzt gekommen, weil er wolle, daß seine Tochter zu Rande käme. Darum würde er Sabine immer wieder sagen, sie müsse lernen, sich selbst zu behaupten, auch wenn es mit Zurückschlagen verbunden sei. Doch alles habe nichts geholfen – sie habe immer nur geschluckt.

Wir erfahren, daß Sabine eine sehr gute Schülerin ist, jedenfalls dann, wenn sie sich wie beim *Schriftlichen* in der Situation befindet, etwas allein gestalten zu können. Die Eltern sagen dazu vorsichtig *bis jetzt,* als fürchteten sie, daß Sabine da, wo sie bisher noch ihr

Terrain verteidigt, wehrlos werden und nichts mehr leisten könnte. Nach dem Bericht der Eltern scheint sie mit ihren guten Leistungen der Freundin und den Mitschülerinnen ,zu dick' geworden zu sein, so daß sie neidisch von ihnen gemieden und lächerlich gemacht wird.

Die Eltern haben gewünscht, daß Sabine gemeinsam mit der Freundin in die Schule kommt. Aber die Einträchtigkeit wurde bald zerstört, als deutlich wurde, daß die Leistungen unterschiedlich sind. Neid und Destruktivität breiten sich aus, und Sabine erscheint als das wehrlose Opfer, dem immer mehr genommen wird. Auch die Ratschläge des Vaters helfen nicht; Sabine kann sich in der direkten Auseinandersetzung nicht behaupten, oder, wie der Vater rät, *zurückschlagen*.

Wir erfahren von Herrn Winter, daß er *als Kind ähnlich wie Sabine* war. *Sein Bruder habe sich durchsetzen können.* Er meint zwar, heute sei das ganz anders. Wenn wir uns aber an seine etwas *prahlende* Reaktion und an die Gedanken erinnern, die die Kindertherapeutin und wir im Zusammenhang mit der Frage nach seinem Beruf hatten, können leise Zweifel auftauchen, ob er sich tatsächlich, wie er sagt, heute im Leben behaupten kann. Ob der frühere Neid auf den Bruder noch lebendig und Herr Winter mit dem beruflich Erreichten wirklich zufrieden ist? Sich gegenüber Sabine zusammen mit seiner Frau durchzusetzen, ist dagegen leichter; denn sie ist ein Kind. Ist Sabine jetzt an seiner Stelle, und er an der Stelle des Bruders? Wir hatten von dem Erleben der Kindertherapeutin, die sich wehrlos fühlte und mit den Eltern in keinen richtigen Dialog kommen konnte, auf das Erleben Sabines mit den Eltern geschlossen. Sollte sich hier eine frühere Geschwisterrivalität, in der Herr Winter neidisch auf seinen durchsetzungsfähigen Bruder war, auf Kosten von Sabine mit veränderten Rollen wiederholen? Wenn wir diesen Zusammenhang unterstellen, dann wird auch verständlich, warum alle Ratschläge des Vaters Sabine nichts helfen, und sie nur ›schlucken‹ kann. Dann bekommt sie von den Eltern, ohne daß diese es wissen, eine Rolle aufgenötigt, die der Vater in seiner Kindheit selbst gespielt und unter der er sicher gelitten hat. Eine Rolle, die er bei sich selbst heute überwunden glaubt, die aber jetzt, zu seinem Leidwesen, bei seinem Kind wieder auftaucht.

Ich fragte, wie es mit Sabine zu Hause sei. Beide Eltern fielen sich erst wieder gegenseitig ins Wort, bis sie sich einigten, wer spricht. Ich hatte das

*Gefühl, als schwirre ein Bumerang über meinem Kopf. Dabei dachte ich,
daß Sabine, wenn es zu Hause ähnlich zugeht, gar nicht wissen kann, wo sie
hinhören soll. Ich versuchte, diese Überlegung anzusprechen, fand aber kein
Gehör; so sehr waren die Eltern damit beschäftigt, eine Einigung zu finden,
wer über Sabines Verhalten in der Familie berichten solle. Herr Winter
meinte, die Mutter erlebe das Kind zu Hause intensiver als er, also könne
sie es besser schildern. So begann schließlich Frau Winter.*

*Ich erfuhr nun, daß Sabine ein sehr braves, williges Mädchen ist. Um die
Schularbeiten brauche sich die Mutter kaum zu kümmern, sie erledige sie
immer von sich aus und lege dabei selbst strenge Maßstäbe an. Ich fragte,
wie diese aussähen, worauf mir Vater und Mutter gemeinsam antworteten,
daß Sabine so schnell nichts gut genug sei. Ein Buchstabe müsse aussehen wie
der andere. Die Eltern wirkten darüber ganz zufrieden. Frau Winter
fügte hinzu, daß ihr Neffe, drei Jahre jünger als Sabine, genau das
Gegenteil sei. Sie schilderte ihn als einen Draufgänger, der vor nichts
zurückschrecke. Er habe keine Angst und lasse sich von niemandem etwas
gefallen. Er neige aber auch dazu, recht unbesonnen und unüberlegt zu
handeln. Herrn Winter war der Vergleich seiner Frau sichtlich unangenehm. Er sagte jedoch, er habe den Cousin Sabine schon oft als Beispiel vor
Augen gehalten, aber das verfehle, wie alles andere, seine Wirkung. Ich
wurde jetzt hellhörig, und es stellte sich heraus, daß der Neffe der Sohn
seines Bruders ist. Nun wagte ich zu sagen, daß mir einige Parallelen dazu
auffallen, was Herr Winter im Zusammenhang mit seinem Bruder erzählt
habe. Herr Winter stutzte einen Augenblick und meinte dazu, daß Sabine
wirklich so sei, wie er als Kind war. Er möchte aber, daß sie sich ihrer
Haut wehren könne. Als ich sagte, er wünsche sich Sabine so strahlend
und unbekümmert, wie seinen Neffen und seinen Bruder als Kind, nickte er
nur.*

In der Beschreibung der Szene erscheinen kämpferische Mo-
mente: *Beide Eltern fielen sich gegenseitig ins Wort, bis sie sich einigten.*
Die Kindertherapeutin hatte das Gefühl, als schwirre ein Bumerang über ihr, und sie *fand kein Gehör*. Spät erst *wagt* sie etwas zu
sagen. Es ist ein Kampf mit dem Ziel einer *Einigung,* die die Eltern
auch schließlich finden. Es geht darum, wer anfangen soll zu
sprechen, und wer es am besten sagen kann. Der *schwirrende
Bumerang,* an den die Kindertherapeutin denkt, versinnbildlicht
eine in der Schwebe gehaltene fühlbare Aggression. Die Eltern
sind davon so in Anspruch genommen, daß sie gar nicht hören
können. Für die Kindertherapeutin wird die Deutung zum ›Wag-
nis‹, weil sie deutlich fühlt, daß auch sie dann in den Kampf

einbezogen wird und noch ganz offen ist, auf wessen Kosten dann die *Einigung* zustande kommen wird.

Warum findet wegen einer so einfachen Angelegenheit, wie der Frage, wer berichten soll, ein derartiger Tumult statt? Hat sich die Aggression der Eltern in Ehrgeiz verwandelt, der mit offener und geheimer Rivalität Hand in Hand geht? Muß immer wieder verbissen geklärt werden, wer es am besten macht, wer der erste von beiden ist, und wer schließlich dran kommt?

Das Gegensatzpaar verwandelten Ausdrucks von Aggression in Gestalt von Ehrgeiz und unmittelbaren Ausdrucks von Aggression in Form von Draufgängertum finden wir im Bericht der Eltern wieder: Sabine steht ganz unter dem Druck eines *strengen Maßstabs,* der ihren Ehrgeiz zur Perfektion anstachelt. Fühlen sich vielleicht darum in der Schule die Mitschüler durch Sabine gereizt, weil sie als ›Bessere‹ auf andere insgeheim herabsieht? Wir müssen annehmen, daß sie sich mit ihren perfekten Leistungen zu ›dick‹ macht und deshalb von den anderen angegriffen wird.

Herrn Winters Rivalität mit seinem Bruder findet für sein Erleben in der folgenden Generation eine Neuauflage. Den *draufgängerischen* Sohn des Bruders hält er heute seiner Tochter als *Beispiel vor Augen.* Im Gegensatz zu seiner Frau, die diesen als Tante ganz richtig *Neffen* nennt, spricht er vom *Cousin* – ein Hinweis darauf, daß er seinen Neffen mit Sabines Augen als Cousin sieht. Der *Draufgänger,* der seine aggressive Durchsetzungsfähigkeit unmittelbar ohne Angst vertreten kann, wird von den Eltern bewundert. Wenn sie aber sagen, daß der Neffe auch *recht unbesonnen und unüberlegt handele,* verraten sie, wie gefährlich und ängstigend sie selbst solches Verhalten erleben.

Wir hören im weiteren Interview-Verlauf etwas mehr von Sabines Ängsten:

Sie wage sich jetzt nicht mehr allein zur Schule, da sie ausgelacht wird, weil sie so dick sei. Die Mutter muß sie begleiten. Auch sei sie nicht bereit, alleine zu Hause zu bleiben. Wenn es doch einmal unumgänglich sei, müsse die Mutter jedesmal vorher in der gesamten Wohnung sämtliche elektrischen Geräte überprüfen, ob diese ausgeschaltet und die Anschlüsse aus den Steckdosen entfernt seien. Jeden Abend findet das gleiche Ritual statt. Regelmäßig eine halbe Stunde, nachdem Sabine »Gute Nacht« gesagt habe und in ihr Zimmer gegangen sei, stehe sie wieder auf, überprüfe im ganzen Haus, ob alle elektrischen Anschlüsse ausgeschaltet seien. Erst dann sei sie in der Lage einzuschlafen. Sie habe Angst, das Haus könnte mit der

gesamten Familie abbrennen. Jedesmal wenn die Eltern nach dem Abend-
essen einen Spaziergang versuchten, hätten sie Sabine schreiend und blau
angelaufen in ihrem Bett vorgefunden, so daß sie es nicht mehr wagen
wegzugehen.

Herr Winter überlegte, ob die Angst damit zusammenhänge, daß seine
Frau zweimal sechs Wochen lang weggewesen sei, als Sabine noch klein war.
Er habe Sabine in dieser Zeit zu seiner Mutter gebracht, die aber nicht gut
mit Sabine umging. Sie habe sie extrem verwöhnt und ihr jeden Willen
gelassen. Auch habe sie beim Essen nicht aufgepaßt, sondern alles in
Sabine hineingestopft. Frau Winter warf ein, sie habe ihr Kind beinahe
nicht wiedererkannt, so kugelrund sei Sabine nach Hause zurückge-
kommen.

Beim Zuhören fiel mir etwas auf: Während den Eltern Sabines Schwie-
rigkeiten im sozialen Umgang sehr wichtig waren, hinterließ die Art und
Weise, wie sie von den zuletzt berichteten Ängsten und Sabines eigentüm-
lichen Verhalten zu Hause sprachen, bei mir den Eindruck, sie versuchten,
beides zu bagatellisieren.

Mit Sabines Ängsten kommt jetzt eine andere, beunruhigende
Seite zum Vorschein, die die Eltern, wie die Kindertherapeutin
meinte, merkwürdigerweise *zu bagatellisieren versuchen.* Die Ängste
sind vermutlich etwas Unheimliches für die Eltern, und wir können annehmen, daß sie sich nicht anders zu helfen wissen, als das
Unheimliche zu verkleinern. Wie hilflos muß sich da erst Sabine
fühlen. Sie hat Angst, wenn sie alleine ist und wenn sie abends im
Bett liegt. Gemeinsam ist diesen Angstsituationen das Alleinsein
und wir können annehmen, daß sie dann ihrer eigenen Phantasiewelt nahekommt. Die Präsenz eines anderen, natürlich besonders
der Mutter, dient Sabine offensichtlich zur Abwehr und Kontrolle
ihrer eigenen gefährlich erlebten Phantasiewelt. Ohne diesen
Schutz ist sie der Angst hilflos ausgesetzt und die Angst zwingt
die Mutter wieder herbei. Insofern ist die Angst mit der Macht
verbunden, die Eltern zum gewünschten Verhalten zu zwingen,
das heißt Sabine nicht alleine zu lassen. Die Eltern wiederum sind
dieser Macht der Angst hilflos ausgeliefert.

Herr Winter dagegen spielt auf eine andere Art von Angst an, die
durch Verlassenheitsgefühle beim Getrenntsein von der Mutter
entsteht. Ob ihm diese Art von Angst weniger unheimlich ist als
die, die mit den Phantasien zusammenhängt?

Die Aufmerksamkeit fällt natürlich besonders auf Sabines merk-
würdiges Ritual des Ausschaltens bzw. des Unterbrechens der

Elektroanschlüsse. Sie hat Angst vor dem Feuer, das entstehen könnte, wenn der Strom fließt. Wenn sie die Kontakte unterbricht, kann der Strom nicht fließen, und sie hält die Angst vor dem Feuer unter Kontrolle. Die symbolische Bedeutung des Feuers als einer sich rasch überall hin ausbreitenden und vernichtenden Triebgefahr sowohl sexueller als auch aggressiver Art, ist unmittelbar evident.

Von einer anderen Seite aus betrachtet, können wir uns fragen, ob sie mit dem Unterbrechen der Kontakte zugleich eine magische Kontrolle über die Sexualität der Eltern ausübt. Stellt der erregte Zustand, in dem sie, wie die Eltern berichteten, *schreiend und blau angelaufen in ihrem Bett* lag, ihr unbewußtes Verständnis der elterlichen Sexualität dar? Wenn wir unterstellen, daß sie den Verkehr der Eltern erlebt und ihn aus ihrer kindlichen Sicht interpretiert hat, könnten wir verstehen, daß sie die beobachtete Szene als eine enorme Bedrohung erlebt.

Weiter erfahren wir von der Kindertherapeutin:

Aus dem Fragebogen entnahm ich, daß Frau Winter 18jährig mit Sabine schwanger wurde und wegen der Schwangerschaft heiraten mußte. – Die Mutter begann mit zwölf Monaten Sabines Sauberkeitserziehung, die im Alter von drei Jahren abgeschlossen war. – Mir fiel auf, daß Frau Winter selbst kleine Striche in dem von ihr ausgefüllten Fragebogen mit dem Lineal gezogen und ihn insgesamt sehr akkurat ausgefüllt hatte.

Die Art, wie Frau Winter den Fragebogen ausgefüllt hat, legt den Gedanken an eine starke Kontrolle ihrer Impulse nahe. In ihrem langen Kampf um Sabines Sauberkeit hat sie auch deren spontane Impulse einzudämmen versucht. Als die Großmutter Sabine *verwöhnte* und *ihr jeden Willen ließ,* konnte die Mutter das nur als eine Sabotage ihres Bemühens um Kontrolle verstehen. Sabine ist der Mutter ›zu dick‹ geworden. Man sieht an den Daten zur Sauberkeitserziehung zweierlei: zum einen, daß ein langer Kampf um die Kontrolle stattgefunden hat; zum anderen, daß das zu frühe Einsetzen der Bemühungen um Erreichung der Kontrolle nicht zu dem gewünschten Ziel der Verinnerlichung der Kontrolle geführt hat, sondern eine Angewiesenheit und Abhängigkeit von Kontrolle durch Beziehungspersonen bei Sabine erhalten blieb.

Bedeutsam ist vermutlich die neue Information, daß Frau Winter bereits *mit 18 Jahren mit Sabine schwanger war.* Selbst wenn wir unterstellen, daß sie die Schwangerschaft in der Spätadoleszenz bejaht hat, dürfen wir uns doch fragen, ob die innere Persönlichkeitsreifung so weit fortgeschritten war, daß sie die Schwangerschaft und ein kleines Kind nicht als eine Überforderunge erlebt hat. Ist sie zu früh ‚dick‘ geworden? Hat sie als junge Frau, die sie war, ihre sexuellen Wünsche in einer befriedigenden Form leben können?

Sehen wir uns jetzt an, wie die Kindertherapeutin ihre Begegnung mit Sabine schildert.

Mir war von Sabine der Eindruck starker Zurückgezogenheit in Erinnerung. Die Eltern schilderten mir ein braves, williges, sehr ängstliches Kind, dem jegliches Durchsetzungsvermögen fehlt. Sie erwähnten öfters, daß Sabine als ›Dicke‹ bezeichnet würde. Selbst schienen sie sie auch so zu sehen. Ich wunderte mich, daß ich mir das Kind nur verschwommen und vage vorstellen konnte. Als sie mit der Mutter in der Tür stand, empfand ich das Bedürfnis, Sabine genau anzusehen, um mir ein eigenes Bild von ihr zu machen. Ihr Gesichtchen erinnerte mich an eine Käthe-Kruse-Puppe. Ihr Teint war sehr blaß. Ihre Dicke suchte ich vergebens. Mein damaliger Eindruck von Scheu und Zurückgezogenheit bestätigte sich. Sabines Angst war deutlich spürbar, als sie mir zögernd die leicht zitternde Hand gab. Schüchtern versuchte sie ein kleines Lächeln der Höflichkeit, das förmlich auf ihrem Gesicht einfror. Schnell blickte sie wieder zu Boden.

Es wundert uns jetzt nicht mehr, wenn die Kindertherapeutin nur ein verschwommenes Bild von Sabine in sich hat. Alle von den Eltern beschriebenen Merkmale drücken tatsächlich nur Hemmungen, Einschränkungen und Fremdbestimmtheit aus: brav, willig, ängstlich, ohne Durchsetzungsvermögen, strenge Maßstäbe, Perfektionsanspruch. Diese Beschreibung kann die Kindertherapeutin bestätigen: ängstlich, zögernd, zitternd, schüchtern, höflich, eingefroren. Wir finden nichts lebendiges ›Eigenes‹ – eine blasse Puppe.

Im Gegensatz zu den Eltern findet die Kindertherapeutin Sabine nicht dick. Wir erkennen daran, daß die Beurteilung des Dickseins sich nicht an objektive Maße hält, sondern daß in den jeweiligen Eindruck des Dickseins auch Beziehungsaspekte eingehen. Dann müssen wir das Dicksein in einem übertragenen Sinn verstehen und zwar in dem Sinn, daß mit dem Dicksein von den Eltern empfunden wird, Sabine könne mit ihren Triebansprüchen und ihrer Emotionalität zu viel Raum in der Familie einnehmen. Wie wir sahen, haben beide Eltern noch starke emotionale Ansprüche, mit denen sie sich im Interview so ›dick‹ gemacht haben, daß die Kindertherapeutin im Vergleich dazu nur ›dünn‹ wirken konnte.

Hören wir, wie das Interview mit Sabine verlief.

Wider Erwarten ging sie ohne Zögern mit mir. Sie wollte allerdings die Einkaufstasche der Mutter mitnehmen. Als diese erklärte, sie warte hier, stellte Sabine die Tasche wieder zurück. Im Spielzimmer blieb Sabine dann fast zehn Minuten lang wie angewurzelt stehen, gab keinen Ton von sich und sah mich nur an. Sie wagte nicht, sich umzusehen. Schließlich begann sie, mich zaghaft anzulächeln. Ich erwiderte das Lächeln und fragte, was sie denn gerne machen möchte. Ich hatte das Gefühl, ich müßte ihr eine Brücke bauen. Sie zuckte aber nur mit den Schultern, blieb weiter stehen, so daß mir unbehaglich zumute wurde. Ich bot ihr an, sich mit den Spielsachen hier zu beschäftigen oder sich mit mir zu unterhalten. Dabei erwähnte ich, ich hätte gehört, daß sie zu Hause gern und viel spiele.

Sie lächelte mich an, sah sich einmal mit einem kurzen, huschenden Blick um und fragte leise: »Darf ich malen?« Als ich bejahte, fragte sie schüchtern: »An die Tafel?« Sie wartete meine Antwort ab und ging zögernd auf die Tafel zu. Ein bereits vorhandenes Bild wischte sie mit einer Sorgfalt aus, die pedantisch auf mich wirkte. Kein Kreidestäubchen war danach mehr zu sehen. Sie malte ein Pferd. Als sie sich die Zeichnung ansah, meinte sie, der Kopf sei für den Körper zu groß. Dann lief sie kurz durch den Raum und erzählte mir, daß sie am liebsten male, turne, lese und bastele. Ich fragte, ob sie auch Freundinnen habe. Sie zögerte und sagte dann: »Nur eine.« Sie heiße Anna und sei eine Klasse weiter als sie. Sie könnten sich nicht oft sehen, weil sie so viele Hausaufgaben hätten. Einmal habe die Freundin aber bei ihr geschlafen, weil deren Eltern weg waren.

Sie sah einen Zeichenblock mit Stiften und fragte mich, ob sie noch einmal zeichnen dürfe. Als ich bejahte, nahm sie vorsichtig ein Blatt aus dem Block und setzte sich mir gegenüber. Sie malte – sie malte wirklich, anders kann ich es nicht bezeichnen. Sie malte erst die Randbegrenzungen und füllte dann das Innere Stückchen für Stückchen aus, indem sie einen kleinen Strich neben den anderen setzte. Die Genauigkeit und Sorgfalt mit der sie ans Werk ging, versetzten mich in Spannung. Sie benötigte für die Zeichnung den weiteren Verlauf der Stunde, sicher noch 30 Minuten. Bei dem minutiösen, pedantisch genauen Arbeiten bekam ich mehr und mehr das Gefühl, damit in Schach gehalten zu werden. Ab und zu blickte Sabine hoch, als wollte sie sich vergewissern, daß ich noch zusehe. Dann huschte ein schnelles, scheues Lächeln über ihr Gesicht, das sofort wieder verflog. Das Bild zeigte ein Wasser, das den ganzen Boden des Bildes bedeckte und auch einen großen Teil eines kleinen Hügels, auf dem eine Palme stand. Am

Himmel standen zwei blaue Wolken neben einer Sonne mit vielfach unterbrochenen Strahlen. Ein Dampfer, dessen sichtbare Konturen unter Wasser Heck und Bug jeweils gerade am anderen Ende andeuteten als sie über der Wasseroberfläche gezeichnet waren, schwamm im Wasser. Aus der Stellung der Fahne entstand dadurch der Eindruck, daß das Schiff über Wasser rückwärts und unter Wasser vorwärts fuhr. Bei der Betrachtung des Schiffes bekam ich das Gefühl, daß es mich aus zwei Deckfenstern und sieben Bullaugen anstarrte. Sabine bemerkte dazu, es habe eine deutsche Flagge und fahre vielleicht nach Italien. Dort gäbe es Palmen. Sie bliebe nicht alleine zu Hause, sagte sie unvermittelt an dieser Stelle. »Es kann mal einer kommen«.

Danach schwieg sie wieder und war durch nichts aus der Reserve zu locken. Am Ende schrieb sie ihren Namen auf die Rückseite des Bildes und schenkte es mir. Sie fragte ganz leise, ob sie wieder kommen dürfe. Beim Verabschieden hielt sie mir die Hand hin und blickte wieder krampfhaft zu Boden. Ich empfand im Verlauf der Stunde ein immer stärker werdendes Gefühl der Hilflosigkeit, mir war so, als müßte ich mich gegen Einengung und Besitzergreifung wehren. Sabines allzu vorsichtig tastende Versuche einer Kontaktaufnahme verstärkten eher noch mein Gefühl der Unsicherheit, weil ich Angst hatte, durch eine falsche Reaktion alles zu zerstören. Ich wagte nicht, meinen spontanen Impulsen zu folgen.

Bei den von den Eltern beschriebenen Schwierigkeiten hatte die Kindertherapeutin nicht erwartet, daß Sabine ohne Zögern mit ihr ins Spielzimmer gehen würde. Vielleicht hatte sie mit dem Vater die Vorstellung ausgebildet, daß es alleine darum gehen könne, daß sich Sabine nicht trennen kann. Er hatte ja auf die zweimaligen frühen Trennungen Sabines von der Mutter ausdrücklich hingewiesen. Wir müssen unterscheiden zwischen Schwierigkeiten eines Kindes sich von der Mutter zu trennen, und Schwierigkeiten, alleine zu bleiben. Wenn auch ihr Wunsch, die *Einkaufstasche* als Substitut der Mutter mitzunehmen, darauf hinweist, daß die Trennung von der Mutter nicht ganz ohne Schwierigkeiten verläuft, so steht doch, wie wir schon herausgearbeitet haben, ihre Angst vor dem Alleinsein im Vordergrund. Sie kann ohne Zögern mitgehen, weil sie in Begleitung der Kindertherapeutin ist. Wir vermuteten, daß Sabines Ängste, allein zu bleiben, durch das Überschwemmtwerden mit Phantasien bedingt sind, die durch einen Begleiter unter Kontrolle bleiben.

Im Auftakt des Interviews wird beschrieben, daß Sabine sich solange bewegen kann, als sie Anweisungen bekommt, was sie tun

kann: sie wird aufgefordert, ins Spielzimmer mitzugehen und die Einkaufstasche wieder hinzustellen. Die Verhaltensanweisungen enden, nachdem Sabine das Spielzimmer betreten hat. Dort steht sie fast zehn Minuten wie angewurzelt auf Anweisungen wartend. Nur in ihren Augen und dem *zaghaften Lächeln* zeigt sich Leben. Die Frage, *was sie gern machen möchte,* verändert die Situation noch nicht, weil diese offene Formulierung keine Handlungsanweisung enthält. Erst das direkte Angebot, *sich mit den Spielsachen im Zimmer zu beschäftigen oder sich mit der Kindertherapeutin zu unterhalten,* erlöst Sabine aus der Starre.

Sie kann jetzt das *Pferd* an die Tafel malen und damit wohl die erste Darstellung ihres Selbstbildes anbieten: *der Kopf ist im Verhältnis zum Körper zu groß.* Wir erkennen darin Sabine als die Musterschülerin, die auch in der Art sichtbar wird, wie sie die Tafel auswischt und ihr Bild malt. Weil sie *so viele Hausaufgaben* machen muß, könnten wir sagen, ist ihr Kopf zu groß, und sie hat keine Zeit mehr, ihre Freundin zu sehen oder mit ihr zu schlafen. Die mit dem Körperlichen verbundenen Befriedigungen mit Gleichaltrigen sind im Vergleich zu den mit dem Kopf zu bewältigenden Aufgaben zu klein.

Nachdem Sabine sich mit ihrem ersten Bild gewissermaßen vorgestellt hat, kann sie sich in der Interviewsituation weiter lösen; sie kann mehr Lebendigkeit und eigene Interessen zeigen.

In dem zweiten Bild, das Sabine dann malt, stellt sie noch einmal in eindrucksvoller Weise den inneren Konflikt gegenläufiger Tendenzen dar. Wenn wir bei der Betrachtung des Bildes nicht entscheiden können, ob der *Dampfer* vorwärts oder rückwärts fährt, vielmehr eher zu dem Eindruck kommen, daß er auf der Stelle stehen muß, da sich die gegenläufigen Kräfte aufheben, sehen wir in neuer Form, wie sich Sabine in der Eingangsszene im Interview darstellte: im Bild starren zwei Deckfenster und sieben Bullaugen auf den Betrachter, so wie Sabine angewurzelt dastand und die Kindertherapeutin nicht aus den Augen ließ.

Wenn wir das links im Bild befindliche Land betrachten, kann man die tief ins Wasser herabgezogene Kontur des Landes im Sinne einer Überschwemmung interpretieren. Das Thema der Überschwemmung ist uns im Verlauf des Elterninterviews bereits begegnet, wenn wir daran denken, wie sich die Kindertherapeutin von den Darstellungen der Eltern überschwemmt fühlte, und wie Sabine sich von ihren Phantasien überschwemmt fühlt, wenn sie allein ist.

Die Darstellung der *Sonne mit den mehrfach unterbrochenen Strahlen,* können wir so verstehen, daß mit dem Unterbrechen der Strahlen die Energie von der Sonne gebremst wird. Dies erinnert an das Ritual des Unterbrechens des Stroms, das Sabine zur Bannung der Triebgefahr ausübt. Wir können vermuten, daß die Sonne neben den *beiden blauen Wolken* symbolisch den Vater neben Mutter und Tochter darstellt.

Sabine hat Zutrauen gefaßt und sich weiter geöffnet. Im Bild verrät sie, wenn sie sagt, *das Schiff fahre vielleicht nach Italien,* wo *es Palmen gibt,* etwas von ihren Wunschphantasien, die sie zugleich so ängstigen. Noch deutlicher wird sie in der unvermittelten Bemerkung, *sie bleibe nicht alleine zu Hause,* weil *mal einer kommen könnte.* Hier stellt sie in projektiver Form andeutungsweise einen ängstigenden Inhalt dar, denn wir dürfen vermuten, daß sie unbewußt damit sagen möchte: ich wünsche, daß einmal einer kommt, nämlich der Vater. Mit ihm verbindet sie beängstigende sexuelle Phantasien.

Nachdem sie der Kindertherapeutin so viel anvertraut hat, muß sie sich wieder verschließen. Die leise Frage, *ob sie wieder kommen dürfe,* läßt erkennen, daß Sabine sich im Zusammensein mit der Kindertherapeutin, die ihr ihre langsame, zögernde Art des Machens zugestand, angenommen fühlte. Mit dem *Schenken ihres Bildes* drückt sie deshalb einmal ihren Dank aus, zum anderen vermutlich auch, daß sie der Kindertherapeutin etwas von dem übergeben möchte, was sie innerlich beschäftigt und ängstigt. Die Gefühle, die die Kindertherapeutin in ihrem Zusammensein mit Sabine erlebt und beschreibt: *unbehaglich, in Spannung, in Schach gehalten, Hilflosigkeit, Einengung* und *Besitzergreifung* vermitteln etwas von dem inneren Kampf, der sich in Sabine abspielt und der am deutlichsten im letzten Satz formuliert ist: *Ich wagte nicht, meinen spontanen Impulsen zu folgen.* Wenn Sabine sich bei der Kindertherapeutin aus der Starre löst, muß zwangsläufig diese die Funktion der Kontrolle übernehmen, da Sabine sich sonst allein gelassen fühlen würde. Der letzte Satz ist zugleich die Diagnose über Sabines Situation: sie wagt nicht, ihren spontanen Impulsen zu folgen. Beim Verabschieden ist sie wieder das brave Kind, das mit *zu Boden gesenktem Blick* auf die Anweisungen der Mutter wartet.

Die Kindertherapeutin wollte sich bei dem erneuten Gespräch mit den Eltern nicht wieder wie beim erstenmal überschwemmen lassen. Sehen wir uns an, wie sie dabei das Bild der Eltern ergänzt.

Die Eltern kamen eine Viertelstunde früher. Herr Winter begann, noch in Hut und Mantel, schon in der offenen Flurtüre, zu erzählen. Ich unterbrach ihn mit dem Hinweis, daß wir erst in 15 Minuten beginnen könnten und bat die Eltern ins Wartezimmer. Nachdem seine Frau sagte: »Erzähle doch unsere Angelegenheiten nicht hier im Flur«, gab er nach, wirkte aber wie ein anspruchsvoller Junge, der gleich trotzte, wenn er nicht sofort erhält, was er wollte. Die Eltern kamen mir diesmal im Gespräch in ihrer Lebhaftigkeit wie zwei Pfauen vor, die Rad schlugen und bestätigt werden wollten. Ich fühlte mich von ihnen zum Schiedsrichter darüber aufgerufen, ob sie gute oder schlechte Eltern sind. Als sie fragten, was die Stunde mit Sabine ergeben habe, kamen wir in ein Gespräch darüber, wie die Probleme von Sabine mit eigenen Schwierigkeiten der Eltern zusammenhängen. Herr Winter konnte im Zuge dieses Gesprächs erkennen, daß er seine Ängste an Sabine weitergibt, und kam schließlich auf seine eigene Kindheit zu sprechen.

Er schilderte die Beziehung zu seiner Mutter als für ihn und seinen drei Jahre älteren Bruder recht schwierig. Seine Mutter könne keine Fremden ertragen, auch nicht mehrere Menschen gleichzeitig. Am ehesten käme noch der Vater mit ihr zurecht. Das Verhältnis der Mutter zum Bruder sei derart gewesen, daß dieser bereits mehrere Nervenzusammenbrüche hinter sich habe. Der Bruder sei bis zu seiner Heirat mit über 30 Jahren zu Hause geblieben. Er selbst habe es etwas besser gehabt. Mit 25 Jahren sei er zwar wegen einem Magenleiden in Behandlung gewesen, aber er habe den Rat eines guten Freundes befolgt und sich von der Mutter getrennt. In einer anderen Stadt suchte er sich Arbeit und lernte seine Frau kennen. Wenn er und sein Bruder heute mit ihren Familien ins Elternhaus kommen, sei seine Mutter jedesmal ganz hektisch und aufgelöst, obwohl sie andererseits ständig ihre Besuche fordere. Er sehe sich als einen Menschen, der lange überlegt, bevor er etwas tut, und der, wenn er denkt, es sei nicht gut, gar nicht erst anfängt. Er sei ein Pessimist, leicht zu irritieren, und seine Frau sei für ihn der ruhende Pol in der Familie.

Im weiteren Verlauf des Gesprächs konnte auch Frau Winter über ihre Geschichte berichten.

Sie stellte sich als eine Frau dar, die es besser machen wollte als ihre eigene Mutter und die sich deshalb vielleicht zu viel um Sabine gekümmert habe. Ihre eigene Mutter habe – obwohl sie das einzige Kind war – nie Zeit für sie gehabt, sondern immer nur gearbeitet. Wenn sie etwas wollte, mußte sie sich an ihre Großmutter wenden. Mit acht Jahren sei sie bereits dazu gezwungen worden, in der Wäscherei zu Hause zu helfen. Sie hatte überhaupt keine Freizeit zum Spielen. Sie sei für ihre Arbeit nicht gelobt

worden, und wenn sie sich davonstahl, bekam sie Schläge. Sie wollte zur
Freundin oder zum Tanzen, aber ihre Mutter wünschte das alles nicht.
Schließlich tat sie es heimlich, bekam zwar Schläge, aber sie war wenigstens
weg. Sie habe sich geschworen, es bei Sabine ganz anders zu machen.

Sabines Mutter ist traurig, nicht noch ein zweites Kind zu haben, sie
meint, das wäre auch für Sabine besser. Aber aus gesundheitlichen Gründen
dürfe sie kein Kind mehr haben. An dieser Stelle flocht Herr Winter ein:
»Ich bin dagegen!« Ganz offen sagte er, er habe zuviel »eigenen Egoismus«,
um seine Frau wieder mit einem Baby zu teilen. Auch Sabine wolle keine
Geschwister!

Ich bekam von den Eltern noch eine Reihe von Informationen über Sabine.
Sie sei in letzter Zeit sehr schwer zu bewegen, vor ihnen ins Bett zu gehen.
Sie halte ihnen jedesmal vor, sie wollten sie los haben, um allein sein zu
können. Dem Vater werfe sie bei jeder Gelegenheit vor, daß er die Mutter
mehr liebe als sie und beobachte ihn mit Adleraugen. Dem Vater war
deutlich anzumerken, wie ihm diese Rivalität schmeichelt.

Bei der Mutter fühlte ich unterschwellig an dieser Stelle eine leise Eifer-
sucht. Diese Eifersucht war auch spürbar, als sie erzählte, wie begeistert
Sabine von der Stunde berichtete und wie nett sie mich gefunden habe.

Am Ende des Gesprächs berichteten die Eltern, wie nebenbei, eine für
mich außerordentliche interessante Familienszene. Herr Winter habe mit
seiner Frau im Bad gestanden und ihr einen Kuß gegeben. Plötzlich habe
Sabine gerufen, daß im Keller das Wasser überlaufe. Er sei gerannt, aber
es sei gar nichts aufgedreht gewesen. Sabine habe darüber triumphiert, daß
sie ihn so foppen konnte.

Wir wissen nun schon, was Herr Winter *wollte,* wenn er es so eilig
hat und schon *im Flur* anfing zu erzählen. Er will die Bestätigung
dafür, daß er es richtig macht und wünscht, daß man es ihm
bestätigt. Die beiden *Pfauen,* die der Kindertherapeutin einfallen,
entsprechen dem ›Dick-tun‹ von Sabine. Die Eltern haben
ihre ›Leistung‹ durch die Vorführung von Sabine gezeigt, die
ein so braves Kind ist, daß die Eltern Lob, d. h. gute Noten
wie Sabine in der Schule, verdient haben. Interessant – eher
unerwartet – ist die *anspruchsvoll trotzige* Note, die beim Vater
auftaucht.

Als das gemeinsame Thema der Familie ließe sich eine abge-
wehrte Ansprüchlichkeit in den Mittelpunkt stellen, die jeder der
Beteiligten in seiner eigenen konflikthaften Weise erlebt.

Der Vater konnte sich im Vergleich zu seinem Bruder mit frem-
der Hilfe von seiner Mutter lösen. Als Kind erlebte er sich dem

Bruder unterlegen und fühlte sich bei seiner Mutter zu kurz gekommen. Jetzt kann er seine Ansprüche seiner Frau gegenüber durchsetzen und verwirklicht seinen *Egoismus* in der Familie. Er steht selbst wohl noch in der Position des Kindes und rivalisiert mit dem Kind um die Mutter, seine Frau. Frau Winter hat sich gegen ihre Mutter durchsetzen können. Sie hat den Anspruch, es *besser zu machen als ihre eigene Mutter,* wohl um dieser zu zeigen, wie sie es hätte machen sollen. Sie fühlt, daß sie durch ihren Anspruch *zu viel mit Sabine gemacht hat.*

Beide Eltern klagen über ihre Mütter. Sie werden aus jeweils anderen Gründen beschuldigt, Ansprüche an sie als Kinder gestellt zu haben, die ihnen die Entwicklung zu einer eigenen freien Persönlichkeit vorenthielt.

Herr Winter klagt über die ›Schwierigkeiten‹ seiner Mutter derart, sie habe eine fordernde Angewiesenheit auf die Kinder erkennen lassen und sie nicht freigegeben. Sie ›brauchte‹ ihre Söhne. Frau Winters Mutter ›brauchte‹ die Tochter als Hilfe bei der Arbeit und gab sie nicht ›frei‹, ihren altersentsprechenden Interessen nachzugehen.

Beide verstehen sich als durch ihre Mütter eingeengt. Über ihre Väter haben beide merkwürdigerweise nicht zu klagen, als wenn ihnen noch nicht bewußt geworden wäre, welche wichtige Rolle der Vater für eine gute Lösung des Kindes von der Mutter spielt. Das ›zu sich kommen‹ haben sich beide erkämpfen müssen: Herr Winter mit Hilfe eines anderen, Frau Winter hat es sich ertrotzt. Wir müssen bei beiden annehmen, daß die Ausbildung einer reifen zwischenmenschlichen Beziehung nicht ganz zustande gekommen ist, sondern kindliche Erwartungen erhalten geblieben sind.

Herr Winter holt jetzt zu Hause nach, was ihm nach seinem Erleben durch die Mutter vorenthalten blieb. Er bringt sich heute in der Familie in die Position, die er sich als Kind gewünscht hat: er ist jetzt der umworbene, um den die beiden, Mutter und Tochter, eifersüchtig rivalisieren. Frau Winter hat sich von der Mutter befreit – aber wohl zu früh. Sie wird von ihrem Mann partiell in die Rolle einer Mutter für ihn gezwungen, wenn er ihr nicht ein weiteres Kind gönnen kann. So muß sie in ihrem Mann eigentlich wieder einen Aspekt ihrer Mutter erleben, wenn er jetzt über ihre Freiheit verfügt, wie zuvor ihre Mutter. Sie ist von einer Bindung in die nächste übergewechselt. Unser früherer Verdacht, daß Frau Winter ihre eigenen Triebwünsche unterdrückt, bestätigt sich jetzt in der Weise, wie sie sich den egoistischen Wünschen ihres Mannes unterordnet.

Wir sehen, wenn wir diesen Entwicklungslinien nachgehen, wie die Eltern eigene infantile Ansprüche einklagen, und das heißt: in ihren gelebten Beziehungen erneut zur Geltung bringen. Herr Winter will nun seine *egoistischen* Ansprüche in der Familie befriedigt sehen. Frau Winter wird sich mit ihren »Freiheitswünschen« durchzusetzen versuchen.

Wir können die aufgeregten Szenen zu Beginn jetzt insofern tiefer verstehen, als sich in ihnen der Kampf um die Durchsetzung der eigenen Ansprüche widerspiegelt.

Was bedeutet diese Konstellation für Sabine?

Wir sahen Sabine als ein Kind, das im offenen Ausdruck seiner Ansprüche außerordentlich gehemmt wirkt. Sie zeigt im Kinderinterview, wie sie jeweils die Erlaubnis für jeden Schritt, den sie tun möchte, einholen muß. Wir müssen darum schließen, daß sie ihre Ansprüche nur in verhüllter Form zeigen kann: einmal im übersetzten Ehrgeiz, sodann in ihren Symptomen. Wir beschrieben, wie ihre Ängste und Symptome – ohne, daß sie deswegen angegriffen werden könnte – die Eltern hilflos machen und wie sie dadurch indirekte Macht ausübt, ohne es mit ihrem bewußten Ich zu wollen. So können sich ihre Ansprüche indirekt durchsetzen.

Unsere Vermutung, Sabine sei von ihren Phantasien, die ihre Triebansprüche repräsentieren, beunruhigt, wird durch die letzte Information der Eltern, nämlich die Szene *im Bad mit dem Kuß,* voll bestätigt. Wir sehen dabei die von ihren ödipalen Wünschen überschwemmte Sabine. Die gesamte Familie agiert miteinander eine ödipale Konstellation. Die ödipale Thematik von: Liebe, Begehren, Eifersucht und Rivalität ist in der Familie nicht durch eine angemessene Bewältigung zur Ruhe gekommen. Sabine, die mit acht Jahren über die ödipale Phase hinausgewachsen sein sollte, wird in ihren Triebansprüchen permanent weiter stimuliert und ist der Mutter mit ihren Forderungen sicher zu ›dick‹. Die damit einhergehenden Phantasien ängstigen sie, und wir können ihre Symptomatik auch als eine Notwehrreaktion, einen Versuch, sie zu steuern und unter Kontrolle zu bringen, verstehen.

Welche Ansprüche können wir bei Sabine erkennen?

Einmal im Ehrgeiz die aggressiven Äußerungen, wenn sie die anderen als die ›Bessere‹ herausfordert. Ihre Liebeswünsche und sexuellen Ansprüche kann sie in ihren Symptomen zur Geltung bringen. Indem ihren Ängsten Rechnung getragen werden muß – wollten die Eltern nicht grausam sein –, unterbricht sie ›Kontakte‹, wobei wir an den sexuellen Kontakt der Eltern, wie auch an innere Kontrolle denken. Sie unterbricht die sozialen Kontakte der Eltern, wenn sie sie hindert, abends auszugehen. Auf diesem Weg finden ihre infantilen Ansprüche, die Eltern bzw. ihre Mutter oder ihren Vater jeweils für sich zu haben, zugleich eine geheime Befriedigung. Sie will nicht die ausgeschlossene Dritte in der ödipalen Beziehung sein und versucht, die Eltern zu trennen oder einen von ihnen auszuschalten.

Hierfür spricht die von den Eltern zuletzt berichtete Kuß-Szene, in der wir Sabine von einer ganz anderen Seite kennenlernen, als wir sie bisher sehen konnten. Es ist das Kontrastbild zur *einträchtigen* Eröffnungsszene: das wegen seiner Überflutung mit ödipalen Wünschen die Eltern trennende Kind.

Sabine braucht zur Bewältigung dieses übersteigerten ödipalen Konfliktes eine psychotherapeutische Behandlung. Da auch die Eltern ihre ödipalen Probleme nicht genügend gelöst haben, wäre eine Behandlung ihrer Schwierigkeiten außerordentlich wichtig.

Renate Meyer zur Capellen
Räume

Der Patient, ob Kind oder Erwachsener, der uns aufsucht mit
einem Problem, dessen Ursachen wir in seiner Lebensgeschichte
begründet vermuten, kommt aus seinem Lebensraum, dem inneren und äußeren, in unseren Raum, der äußerlich repräsentiert
wird durch ein Zimmer, in dem der Psychotherapeut ihn erwartet.

Vom Raum ist in der psychoanalytischen Literatur in verschiedenen
Zusammenhängen die Rede: vom inneren und äußeren Raum, vom inter-
mediären Raum, vom imaginären Raum, vom Raum der Analyse, vom
Raum der Omnipotenz usw. Es ist hier nicht der Ort, sich mit diesen
verschiedenen Konzepten auseinanderzusetzen. Der Begriff des Raumes
wird benötigt, um Begrenzung und Ausdehnungsmöglichkeit zu bezeichnen, worin sich psychisches Geschehen in Verbindung mit äußerer
und innerer Realität abspielt. Im folgenden wird vom äußeren und inneren Raum die Rede sein, den das Selbst zu seiner kontinuierlichen
und situativen Entfaltung benötigt. Dazu gehören für ein Kind sowohl
der Bewegungsraum (– eine enge Wohnung oder ein großer Garten
bspw.), wie die es umgebenden Menschen mit ihren emotionalen Angeboten und ihren bewußten und unbewußten Erwartungen, wie auch das
gesamte sozio-kulturelle Umfeld, in dem es aufwächst an einem bestimmten sozialen Ort. Dazu gehören, auf seiten des Subjekts, seine
persönlichen Fähigkeiten, die diese Räume nutzen, sich neue Räume
erobern können, oder es veranlassen, sich zurückzuziehen, auszuweichen,
zu vermeiden.

Zwischen dem Patienten und dem Therapeuten, die sich nie vor-
dem im Leben gesehen haben, gestaltet sich nun unter den besonderen Bedingungen dieser ersten Begegnung eine Szene, in der der
Patient unbewußt etwas Wesentliches von sich selbst darstellt.
Innerhalb einer gewissen Latenzzeit begreift der Patient unbewußt
das Besondere dieser ihn unmittelbar angehenden Situation. In

Winnicott spricht beim Kind von einer »Periode des Zögerns« in einer
neuen Situation mit einem neuen Menschen, in der es nach einer »gewissen
Intimität« in der analytischen Situation sucht, die ihm die ersten verbalen
oder gestischen Beiträge ermöglicht[1].

1 Einleitung M. Masud R. Khan: »D. W. Winnicott - sein Leben und
Werk« in: D. W. Winnicott: »Die therapeutische Arbeit mit Kindern«
(1971) Kindler 1973, S. XV.

dieser Latenzzeit gehen von ihm erste Angebote aus, die vorhandene, bereitliegende Formen der Annäherung und der Abwendung vom mitmenschlichen Gegenüber (Objekt) wiederholen.

Der Psychoanalytiker kann vermöge seiner besonderen Ausbildung des Verstehens auf diese Angebote so eingehen, daß der zur Entfaltung der Szene notwendige Raum entsteht und daß beider Anteil daran mehr und mehr verständlich wird.

Die erste Begegnung eines dreizehnjährigen Jungen und die seiner Eltern mit einer Kinder- und Jugendlichen-Psychotherapeutin wird nachfolgend geschildert. Diese drei Episoden (Eltern – Sohn – Eltern) wurden vor Beginn der Behandlung mit mir besprochen.

Der Anruf der Mutter bei der Therapeutin als erste Kontaktaufnahme hatte bereits besondere Kennzeichen. Den Eltern lag daran, für ihren »verhaltensgestörten« Sohn, wie ihn die Schule bezeichnete, und die ihn nicht mehr haben wollte, eine neue Schule zu finden. Der therapeutischen Einrichtung, an der die Therapeutin tätig war, war eine Schule für verhaltensgestörte Kinder angeschlossen. Man war dort jedoch zur Zeit in Überlegungen begriffen, die zur Zurückhaltung bei der Aufnahme von Kindern über elf Jahren in diese Einrichtung rieten, da diese älteren Kinder erfahrungsgemäß, mitbedingt durch die Pubertät, besondere Schwierigkeiten machten. Bis zum Ende der Schulzeit blieb nicht mehr genügend Zeit für eine wirksame therapeutische Hilfe.

Die Eltern wünschten für ihren Sohn vor allem eine neue Schule in dieser therapeutischen Einrichtung. Diesem Wunsch konnte wahrscheinlich nicht entsprochen werden. Aber die Therapeutin konnte unter Umständen eine Behandlung anbieten.

Für die Eltern stellte es sich nun als sehr schwierig heraus, im Zeitplan der Therapeutin einen Platz zu finden, weil sich der Vater tagsüber nicht freimachen könne, wie die Mutter sagte. Als Grund für diese Verhinderung wurde jedoch nicht einfach die Dienstzeit des Vaters angegeben, sondern seine Unabkömmlichkeit in einer wichtigen Kontrollfunktion. Sie war die Ursache, warum sich der Vater nicht frei bewegen konnte: als Abwassertechniker kontrollierte er die Abwässer.

Der Anruf hinterließ bei der Therapeutin eine Unsicherheit. Sie wußte nicht, ob sie den Eltern das werde geben können, was diese sich wünschten, und ob diese sich auf ihr Angebot einer Behandlung umstellen könnten. Außerdem hatte sie eine gewisse Vorerwartung in bezug auf den Vater. Abwasserspezialist, ein sonderbarer Beruf, ob es dafür auch eine persönliche Motivation gibt?

Das erste Gespräch mit den Eltern

Der erste Auftritt der Eltern war dramatisch. Draußen vor dem Haus der Institution stehend, riefen sie aus Leibeskräften den Namen der Therapeutin, die sich in einer Besprechung befand. Sie waren eine halbe Stunde zu früh gekommen (»lieber zu früh als zu spät«, sagten sie), die Eingangstür war verschlossen, die Klingel, die unschwer zu finden war, hatten sie nicht finden können, und draußen war es sehr kalt.

Die Therapeutin mußte ihre Besprechung unterbrechen und selbst zur Tür gehen, um zu öffnen. Die beiden beklagten sich, daß sie schon zehn Minuten in der Kälte ständen und ihr Hals fast eingefroren sei. Sie machten einen so hilflosen Eindruck auf die Therapeutin, daß diese ihre Besprechung abbrach und mit dem Elterngespräch zwanzig Minuten vor der verabredeten Zeit begann.

Dieser bemerkenswerte Beginn des ersten Gesprächs gibt Anlaß zu verschiedenen Betrachtungen und Fragen.

Die Eltern hatten draußen gestanden in der Kälte wie zwei Kinder, die dringlich nach der Mutter riefen. Sie waren zu früh gekommen, sie wollten nichts versäumen, nichts verpassen, aber sie hatten keine Möglichkeit gefunden, sich Einlaß zu verschaffen in dieses Haus, in dem sie die Therapeutin wußten, die zu einer bestimmten Zeit auf sie wartete.

Sie hatten die gut sichtbare Klingel nicht finden können und mußten also rufen wie Kinder, laut, aus Leibeskräften. Wie war ein solches Versehen möglich, ein solches Übersehen der Klingel? Die Eltern hatten sich der Therapeutin gegenüber wie mächtige Kinder verhalten, die mit der Kundgabe ihrer Ansprüche so bedrängend waren, daß sie die Therapeutin sogleich zum »Mehr-Geben« zwangen (– zwanzig Minuten früher –), indem sie ihr Schuldgefühle machten, weil sie so verfroren und ausgesperrt waren. Sie selbst, die Eltern-Kinder, waren brav, pünktlich, richtig; die Therapeutin war böse, unaufmerksam, nachlässig. Die Eltern schienen gut befähigt, Unangenehmes an andere zu delegieren, sich auf diese Weise zu befreien und den anderen zum Schuldigen zu machen. Ob sich Ähnliches mit ihrem Sohn abspielt?

Man könnte sich vorstellen – und der Verlauf des Interviews bestätigt diese Vermutung –, daß die Eltern unbewußt den Wunsch hatten, die Therapeutin möge auf sie wartend in der Tür stehen. Aber sie hatten die Enttäuschung, daß ihr Wunsch doch nicht in Erfüllung gehen würde, schon vorweggenommen. Darum waren sie zu früh gekommen, hatten die Klingel nicht finden mögen und riefen statt dessen dringlich nach der Mutter. Sie verhielten sich wie ungeliebte, zu kurz gekommene Kinder, deren Ansprüche anscheinend nie erfüllt werden.

Als die Eltern sich dann im Zimmer der Therapeutin niederließen, verstärkte sich der Eindruck, daß sie eigentlich keine Eltern waren. Die Frau behielt eine weiße Pudelmütze auf dem Kopf, in einem Pullover mit riesigem weißen Rollkragen und großen Ärmelstulpen erschien sie der Therapeutin wie eine Clownsgestalt, die sie mit großen, traurigen Augen ansah, die Arme auf den Tisch unter den Kopf gestützt. Der Mann hingegen, im eleganten braunen Anzug, war in ständiger Bewegungsunruhe, wippte auf dem Stuhl hin und her, war mehrmals nahe daran aufzuspringen, beherrschte sich mühsam und stotterte gelegentlich. Der Therapeutin erschien er mit seiner »Kribbeligkeit« wie ein Kasperl.

Mit dieser ›Verkleidung‹ und diesem Auftritt kommt etwas Maskenhaftes, Unangemessenes herein, das vom Raum Besitz ergreift: Clown und Kasper sind nicht recht ausgereifte, auch als Geschlechtswesen nicht ganz festgelegte Wesen, die sehr viele Möglichkeiten des Sagens, Agierens und Ausdrückens haben, ohne selbst als Person in Erscheinung treten zu müssen.

Die Therapeutin teilte den Eltern nun die negative Entscheidung der Institution mit, daß der Sohn nicht aufgenommen werden könne, also keine neue Schulmöglichkeit bestehe, daß sie aber eventuell eine Behandlung anbieten könne. Die Eltern bedauerten zwar die Entscheidung der Institution, waren aber offensichtlich nicht zu sehr enttäuscht. Die Mutter berichtete nun über Robert, Robby genannt. Sie beklagte sich über dieses schwierige Kind und erzählte, was sie alles schon mit ihm versucht hätten.

Robby lutsche noch immer, bei Tag und bei Nacht. Wegen seiner Aggressivität habe er den Kindergarten wechseln müssen. Mit sieben Jahren sei er noch nicht schulfähig gewesen und durch sein »unmögliches Verhalten«, seine unmotivierten Handlungen und seine diffusen Bewegungen aufgefallen. Den Verdacht auf eine hirnorganische Schädigung bestätigten jedoch eine neurologische Untersuchung und ein EEG nicht.

Er habe gestottert, aber innerhalb eines Jahres Spieltherapie habe sich die Sprachstörung gebessert. Die Mutter gab an, daß die Therapeutin die Behandlung abgebrochen habe, weil ihr Mann sich weigerte, an den Beratungen teilzunehmen. Der Lehrer habe ihnen einmal geraten, den Jungen in eine Pflegestelle zu geben oder zu Verwandten. Die Augen der Mutter füllten sich mit Tränen: »Aber wir hatten niemanden, der uns hätte helfen können«.

Die Therapeutin fragte erstaunt, warum denn der Lehrer dieser Meinung war? Jetzt erfuhr die Therapeutin, daß Robby einen Bruder hat, der nur ein Jahr jünger ist als er. Der Lehrer habe gemeint, das häusliche Klima sei zu schlimm für den Jungen, weil der jüngere Bruder Micha ihm keinen Raum zur Entwicklung lasse. Der Bruder bekomme alle Anerkennung und Unterstützung, die eigentlich Robby so nötig brauche, während Micha sie gar nicht nötig habe, weil er in allem ja so viel besser als Robby sei. » Robby ist nichts, und er darf nichts werden!«, stellte die Mutter resignierend fest.

»—— *und er darf nichts werden?«* Warum darf Robby nichts werden? So, wie die Mutter das sagt, klingt es, als könne sie da gar nichts tun, als sei es ein übermächtiges Geschick, das den einen Sohn so gut gemacht hat und den anderen so schlecht. Sie hätte Robby offenbar gern weggegeben auf Rat des Lehrers oder weil sie selbst fühlte, daß Robby in dieser Umgebung bei den Eltern und dem begabten Bruder nichts werden kann. Aber die resignierende Feststellung, daß der Junge nichts werden d a r f, daß es ihm gewissermaßen nicht erlaubt ist, etwas zu werden, legt die Vermutung nahe, daß die Mutter dunkel ahnt, daß es keinen Ausweg für dieses Kind gibt. Aber warum?

Jetzt mischte sich der Vater in das Gespräch ein.

Der Vater schien betroffen, er stotterte zuerst ein bißchen, so, als sei ihm die Vorstellung, es solle an seinem guten Sohn liegen, daß Robby schlecht sei, doch nicht ganz faßbar und vertretbar. » Jetzt muß ich mal sagen, was ich von dem Jungen denke, sonst meinen Sie noch, der Vater hat auch einen Klaps«.

Und nun klagte er ihn an: der Junge habe kein »Durchstehvermögen«, er habe viele Fünfen im Zeugnis, er könne nicht still sitzen, »ganz wie sein Vater«, meinte er lächelnd, ein wenig selbstgefällig. Und es wäre gut, wenn die Lehrer noch Ohrfeigen geben dürften. Aus drei Klassen sei Robby schon rausgeflogen, er mache die Lehrer physisch fertig. Denn Robby merke sofort, »wenn der Lehrer ein Schwein ist – wo der Lehrer einen schwachen Punkt hat« korrigierte er sich erschrocken.

Diese Anklage des Vaters hat Widersprüche. Zuerst beschimpft er den Jungen, dann verweist er wohlgefällig darauf, daß der Junge in seiner Unruhe *»ganz wie der Vater«* ist. Das klingt ganz einverstanden und steigert sich dann fast bis zum Stolz auf diesen Sohn, der die Lehrer physisch fertigmache und gleich merke, wenn *»ein Lehrer ein Schwein«* sei. Auch diese unkontrollierte Äußerung weist darauf hin, daß hier bei Robby etwas erscheint – für die Sichtweise des Vaters –, das der Vater bei sich gut kennt. In Robby muß mit Strenge etwas kontrolliert werden, das zum Vater gehört.

»Der Junge braucht Strenge und Eingrenzung«, sagte der Vater. Aber er, der Vater, habe auch oft keine Lust mehr, wenn er von der Mutter jeden Abend dasselbe Theater höre (die Mutter beklagt sich bei ihm über Robbys »Untaten«), und dann denke er, »aus dem wird nichts mehr, dem ist nicht mehr zu helfen«.

Hier intervenierte die Therapeutin: »Sie haben das Gefühl, daß Sie es nicht mehr schaffen, daß es Sie ganz kaputt macht«. Diese Intervention spricht des Vaters Bemühung um Kontrolle an, die er fürchtet, nicht mehr zu schaffen. Er hat Angst, daß bei Kontrollverlust sich etwas Bedrohliches ereignen könnte. »So kann man sagen«, bestätigte Herr F. und berichtete nun von einem Leben ohne Kontrolle und ohne Probleme, allein mit seinen beiden Söhnen Micha und Robby:

Seine Frau lag im Krankenhaus wegen einer Unterleibsoperation und die Familie war befreit von ihrem »Putzfimmel«. – Seine Frau protestierte vergeblich, daß dies nicht hierher gehöre. Er berichtete weiter: ihre Operationsnarbe sei nach drei Tagen wieder aufgeplatzt, »vor lauter Putzen, Putzen, Putzen. Sie tat so, als seien wir im Dreck fast erstickt, dabei fühlten wir uns sehr wohl! Die Ruhe war hin mit ihrem Erscheinen. Alles setzte sie in Bewegung, es brummte und rumorte, die Waschmaschine, die Spülmaschine, der Staubsauger und was es sonst noch gibt.«

Der Vater ist ganz lebendig geworden. Es scheint als habe er recht, seine Frau wegen der zwanghaften Sauberkeit zu kritisieren, sich dagegen zu wehren wie gegen eine strenge Mutter, die einem die kleinen »Schweinereien« nicht gönnt. Er hatte sich mit seinen Söhnen sehr wohlgefühlt ohne dieses Übermaß an Kontrolle. Diese Kontrolle erlebt er als unangenehm, sie scheint unangemessen, aber vielleicht ist sie ihm, dem Vater, notwendig?

Nun schwärzt die Frau ihren Mann an, nachdem sie während seiner Vorwürfe mit den Tränen gekämpft hatte. Er sei zu streng und rücksichtslos mit dem Kind, er lasse ihm keine Chance. Mit Schlägen und Schreien ändere er auch nichts. Er mache ihn lächerlich wegen seines Lutschens und sage ihm immer wieder, daß doch nichts aus ihm werde.

Die Schuld für Robbys Versagen wird von der gekränkten Mutter nun dem Vater zugeschoben. Er läßt ihm keine Chance. Nicht ihre zwanghafte Kontrolle in bezug auf Sauberkeit engt Vater und Sohn zu sehr ein, sondern die Abwertung des Vaters, der den Sohn lächerlich macht, zu streng und rücksichtslos mit ihm sei, ihm immer wieder sage, daß nichts aus ihm werde. Wer engt den Raum, in dem Robby sich entwickeln könnte, so sehr ein, die Mutter, der Vater, der Bruder?

Danach entschuldigte der Vater seinen Sohn und schob dem Schulsystem die Schuld zu, wo man ohne eigene Klasse sei und seinen Lehrer nicht regelmäßig sehe. »Ein Kind wie Robby braucht seine Bank in der Schule, seinen festen Platz und seinen Lehrer. Er muß wissen, wohin er gehört.«

Spricht der Vater jetzt von seinem Sohn oder von sich selbst? Es klingt so, als käme im Vater ein tiefes Verstehen für sein Kind auf oder für sich selbst, geboren aus einer eigenen Sehnsucht, zu wissen, wohin man gehört, was zu einem gehört, den eigenen Platz und die Grenzen zu kennen, damit das Durcheinander und die Verworrenheit aufhöre, in denen man so verstrickt ist. (Das letzte Elterngespräch wird darüber Aufhellungen geben.)

Hier fragte die Therapeutin, inzwischen in einiger Sorge und Bedrängnis mit dem abwesenden Kinde identifiziert, ob es denn irgend etwas gebe, was dem Jungen Freude mache? Die Therapeutin war überrascht über die Mitteilung der Eltern, daß das Hobby des Jungen das Funken sei, ein Hobby, das auch ein Hobby des Vaters ist. »Dabei vergißt er oft Raum und Zeit«. Er habe dadurch auch Freunde kennengelernt, leider keine guten Freunde, sondern gefährliche Freunde, die ihn zu schlimmen Dingen anstiften. Als »schlimme Dinge« bezeichneten die Eltern, daß er, Robby, Kinder erpressen würde, oder sich an einem Mädchen, das er eigentlich sehr gern habe, für ein verlorenes Spiel räche, indem er ihren Eltern Sand in den Rolladenkasten schüttete.

Dem Phänomen der Lebensraum-Begrenzung durch den begabteren Bruder und die ablehnenden Eltern steht der »Funk-Raum« als ein erweiterter Raum gegenüber. Ob Robby in diesen Raum ausweicht, ob er dort »begabt« ist wie der Bruder, ob er dort den Ansprüchen der Eltern entgeht?

Zusammenfassung der Gesprächsergebnisse mit den Eltern

Beide Eltern erscheinen zum ersten Gesprächstermin zunächst nicht als Eltern, sondern gewissermaßen als Kinder, die gewohnt sind, daß ihre Wünsche nicht erfüllt werden. Sie stellen unbewußt selbst die vorweggenommene Enttäuschung her, indem sie die

Klingel nicht finden und wirklich allein gelassen, draußen in der Kälte vor der verschlossenen Tür stehen. Sie behandeln die Therapeutin vorwurfsvoll-anklagend wie eine unzureichende Mutter, so daß diese vorzeitig ihre derzeitigen Partner in einer Gesprächssituation verläßt, um sich den neuen, leidenden, anspruchsvollen »Kindern« zuzuwenden. Die äußere Erscheinung und das Auftreten der Eltern verstärken den Eindruck, daß da nicht Vater und Mutter kommen, die sich um ihr Kind sorgen, sondern daß sie selbst ein drängendes Problem haben. Beide Eltern erklären hoffnungslos, daß bei ihnen aus ihrem Kind nichts werden kann. Die Mutter hätte ihn wohl gern, dem Rat des Lehrers folgend, weggegeben an Verwandte oder an eine Pflegefamilie, damit Robby herauskäme aus dem, was zu Hause für ihn anscheinend so unerträglich ist. Alle Schwierigkeiten kämen daher – und hier referieren die Eltern vermutlich auch die Auffassung des Lehrers oder der früheren Spieltherapeutin –, daß der Lebensraum des älteren Robby durch den ein Jahr jüngeren, begabteren Bruder eingeengt werde, indem der jüngere sich gewissermaßen alles hole, was an Liebe und Anerkennung in seiner Umgebung zur Verfügung stehe, so daß für den armen Robby nichts mehr übrigbleibe. Der dramatische Auftakt dieses Gesprächs, wo die Eltern sich als verlassene, in der Kälte stehende Kinder darstellen, bekommt in diesem Zusammenhang einen eindeutigen Sinn: die Eltern sind in ihrer eigenen Problematik eng verwoben mit der ihres zu kurz gekommenen Sohnes, hatten vielleicht ein ähnliches Schicksal wie Robby, für den nichts mehr übrigbleibt, der sich jedoch dagegen wehrt, schreit und anklagt. Auf diese Weise kommen sie jedoch zu mehr: die Eltern zu einem früheren Gesprächsbeginn und Robby zu einer Therapie.

Die Eltern beziehen Robby in ihre Problematik in verschiedener Weise ein. Die Mutter putzt so zwanghaft. Man denkt daran, daß sie damit vielleicht feindliche Impulse kontrollieren muß und Schuld abarbeitet, wie etwa Neid, Eifersucht und Haß gegen jüngere Geschwister, die auch ihren Lebensraum eingeengt haben. Sieht sie in Robby ein eigenes Geschwister, das ihr zuviel ist? Andererseits erträgt sie den Micha, den zweiten, der gut gedeiht. Was mag so verschieden an den beiden Jungen sein?

Der Vater hingegen hat mit Robby anscheinend ein anderes Problem. Er findet, daß der Junge keine Grenzen hat, und niemand ihm diese Grenzen richtig zeigen könne. Er selbst bemüht sich zwar mit Schreien und Schlägen, aber oft sei er dazu zu müde. Doch es ist offenbar nicht nur die Müdigkeit, die ihn daran hindert, dem Sohn sicher eingrenzend und einschränkend gegenüberzutreten; denn er ist gleichzeitig stolz auf diesen unruhigen Jungen, der ganz wie sein Vater ist, überlebhaft, jeden Lehrer fertig machend, weil er bei jedem gleich heraus hat, wenn der ein »Schwein« ist. Und wer ein Schwein ist, den darf man bekämpfen. Der Vater kontrolliert beruflich die Abwässer. Die Abwässerkontrolle und das unkontrollierte Herausplatzen: »wenn der Lehrer ein Schwein ist«, geben einen Hinweis darauf, daß es sich wohl um anale, schmutzige, aber auch anal-aggressive, also gefährliche Impulse handeln wird, deren Kontrolle für den Vater lebensnotwendig ist, weil sie so bedrohlich sind. Seine zwanghafte Frau braucht er möglicherweise zusätzlich für die innere Kontrolle dieser eigenen bedrohlichen Triebaspekte, die außerdem an den Jungen delegiert sind. Auf diese Weise kann er ihn zwar außerhalb von sich selbst bekämpfen, aber nicht sicher eingrenzen. Wie bedrohlich diese anal-aggressiven Impulse tatsächlich sind, wird durch den Ausgang der Geschichte mit diesem Jungen Robby, die noch berichtet werden wird, belegt.

Das Gespräch mit Robby

Die Therapeutin war außerordentlich gespannt auf die Begegnung mit Robby. Wie bewältigt er all diese Belastungen, die ihm von den Eltern und von dem Bruder aufgebürdet werden? In welchem Raum existiert er bei so viel Einschränkungen?

Robby ist ein kleiner, zarter und schwächlicher Junge, der seinen Altersgenossen körperlich sicher unterlegen ist.

Robbys Antwort auf die eröffnende Frage der Therapeutin, ob er wisse, warum er hier wäre: »Daß ich 50 Minuten mit Ihnen reden soll und daß die Mutti nicht rein darf«. Dann schwieg er und knetete seine Hände. Die Therapeutin dachte, er hält sich an ihnen fest, sonst würde er vielleicht jetzt gern lutschen. Sie verstand, daß er nicht mag, was er soll; daß er sich verlassen fühlt, daß die Abwesenheit der Mutter keineswegs ausreicht, um diesen Raum mit einem neuen Menschen zu benutzen, sich in diesem neuen Raum auszudehnen. Sie fragte ihn: »Vielleicht ist es Dir gar nicht recht, hier zu sein. Du möchtest vielleicht etwas anderes tun, statt mit mir zu sprechen?«

Damit öffnet die Therapeutin den Raum, den ihm die Mutter gewissermaßen verordnet hatte mit der Begrenzung: *fünfzig Minuten ohne mich*. Sie zeigt ihm damit, daß sie nicht unbedingt identisch ist mit den Vorstellungen der Mutter, sondern daß Robbys Wünsche hier zugelassen sind.

Robby antwortete auch sogleich: »Das kann man wohl sagen!« Die Therapeutin: »Und was würdest Du denn tun?«

»Mit Robby, meinem Freund, würde ich durch die Straßen gehn und funken. Ich habe ihm ein Funkgerät von meinem Bruder gegeben. Wenn ich das Funkgerät hier hätte, könnte ich mit ihm sprechen.«

Die Therapeutin: »Aus solch einer Entfernung?«

Robby: »Bis zu einem Umkreis von 60 km kann ich funken.«

Robby hätte, so scheint es, zunächst den Raum mit dem neuen Menschen gern verlassen. Er möchte mit seinem Freund durch die Straßen gehen und funken. Der Freund trägt den gleichen Namen wie er. Ein Zufall, ja, aber dieser Freund hat außerdem das Funkgerät von Robbys Bruder. Es scheint eine enge Beziehung zu bestehen zwischen Robby, dem Doppelgänger-Robby und Robbys Bruder. Wenn er diesen Robby erreichen kann, könnte er auch hier im Raum mit der Therapeutin bleiben, brauchte diesen Raum nicht verlassen. Mit dem neuen Menschen in diesem Raum kann er direkt keinen Kontakt aufnehmen, es sei denn über den Umweg in einen anderen, eigentlich unerreichbaren Raum, in dem sich ein dritter Mensch befindet, der zufällig seinen Namen trägt und das Funkgerät seines Bruders hat.

Nach der Bekanntgabe seiner Fähigkeit, so weit im Umkreis funken zu können, also andere Menschen zu erreichen, schwieg Robby lange und sah die Therapeutin ängstlich von der Seite an. Er atmete schwer und tief.

Robby hatte sich zu Beginn des Gespräches sehr unbehaglich, vielleicht sogar verlassen gefühlt, er knetete seine Hände, hätte vielleicht gern gelutscht. Er hatte sich eingesperrt gefühlt und seinen Wunsch da herauszukommen, mit leichtem Trotz gezeigt. Das erscheint eigentlich altersentsprechend als Ausdruck notwendiger Abgrenzung von den Eltern. So überrascht es eher, daß Robby sich doch verhältnismäßig rasch auf den neuen Menschen einläßt, indem er ihm unmittelbar von seiner Fähigkeit mitteilt, Menschen über große Entfernungen zu erreichen, ihnen Mitteilungen zu machen und zu hören, was sie sprechen. Das ist eine Annäherung an diesen neuen Menschen hier in diesem Raum, keine Entfernung. Robbys ängstliches Schweigen, sein tiefes, schweres Atmen drückten seine Angst vor dieser Annäherung aus. Die Reaktion der Therapeutin auf dieses lange Schweigen bestätigt diese Vermutung.

Die Therapeutin bemerkte jetzt, nach dieser wichtigen Mitteilung über den Funk-Wunsch, daß sie an eine Veranstaltung dachte, die sie noch vorbereiten mußte. Damit hatte sie sich selbst für einen Moment aus der Situation entfernt.

Daß sie sich gerade in diesem Moment des angstvollen Wartens von dem Jungen entfernt, kann kein Zufall sein. Sie erlebt vordergründig die Entfernung Robbys in den Funk-Raum als Abwendung, auf die sie ihrerseits auch mit Abwendung antwortete, d. h. mit Zuwendung zu anderen, sie interessierenden Dingen. Es muß also in dieser Annäherung wohl etwas gewesen sein, was ihr Unbehagen macht, was sie schwer erträgt. Ob sie das schwierige Kind loswerden wollte?

Innerlich zurückkehrend, spürte sie eine aufsteigende Ungeduld und wünschte, den Jungen zum Sprechen zu bringen. Ihre Aufforderung, sich im Raum umzusehen, mit ihr eventuell etwas zu spielen oder alleine etwas zu tun, verneinte er. Wieder machte sie einen Vorstoß und erzählte ihm, was für Schwierigkeiten die Kinder haben, die zu ihr kommen: Schulschwierigkeiten, keine Freunde, kein oder wenig Verständnis von den Eltern. Jetzt war Robby in der Lage, auf die Angebote der Therapeutin einzugehen. »Ich habe auch Angst, meine Freunde zu verlieren«. Und er fragte von sich aus, ob die Eltern etwas von seinen Freunden erzählt hätten, und glaubte sich rechtfertigen zu müssen: er habe den Eltern des Mädchens diesen Streich nur gespielt, weil sein Freund Robby das wollte. Denn er habe das Mädchen noch sehr gern. Er schwieg danach wieder und weigerte sich, weiterzusprechen. »Ich habe Angst, daß Sie alles meinen Eltern weitersagen.« Die Therapeutin: »Du hast schlechte Erfahrungen gemacht.« »Ja, sehr schlechte«. Er schwieg weiter. Da machte die Heizung ein lautes Geräusch, beide schauten sich an und lachten. »Das war die Heizung«, sagte die Therapeutin. »Das kenn' ich«, sagte Robby. Und damit war Entspannung da. Langsam entspannte er sich und schaute die Therapeutin nicht mehr gar so ängstlich an. Seine Lippen bewegten sich, dann sprach er leise etwas vor sich hin. Die Therapeutin fragte ihn, ob er ihr etwas sagen wollte, sie hätte es nicht verstanden. Danach fragte Robby, wann seine Eltern wiederkommen sollten und wollte den genauen Termin wissen, den er sich in sein Notizbuch schrieb.

In dieser Passage des Gesprächs, in der viel geschwiegen wird, findet die Entscheidung statt, ob Robby in diesem Raum bei der

Therapeutin bleiben wird, ob die Entfernung in den erweiterten Raum, den Funkraum, in dem die Menschen nur als Stimme, als Zeichen existieren, Annäherung oder Flucht bedeutet. Robby hat sich auf die Versuche der Therapeutin, ihn zu erreichen, eingestellt. Er hat ihre ›Signale‹ empfangen und ist darauf mit einer kurzen Wendung auf seinen realen Lebensraum eingegangen. Dabei teilt er ihr etwas von dem mit, was ihm den Umgang mit den realen Menschen so schwierig macht: er weiß nicht wie er verhindern kann, sie zu verlieren. *Ich habe Angst, meine Freunde zu verlieren.* Diese Angst bezieht sich auch auf das Mädchen, das er verletzt hat, ohne es eigentlich zu wollen, weil er es ja gern hat, aber er mußte es verletzten über ihre Eltern, weil er sich nicht gegen die Forderung seines Freundes Robby wehren kann. Das Schlimmste wäre, ihn selbst seinen Eltern auszuliefern, darum muß er schweigen, denn ihre Reaktion fürchtet er am meisten. Er fühlt sich eigentlich ohnmächtig, abhängig von allen, ohne selbst etwas bestimmen und kontrollieren zu können. Indem er sich auf die Signale der Therapeutin einstellt, auf ihren Raum, ihre Angebote, wiederholt er etwas, was er in seiner Lebensgeschichte unendlich oft tun mußte: er stellt sich auf die Zeichen des anderen ein und unterdrückt den Wunsch, sich Eigenem zuzuwenden. Er geht einfühlsam auf das vom Gegenüber Gewünschte ein, weil er die Abwendung, den Verlust des anderen befürchtet. Ob es dabei in erster Linie sich um die Mutter oder um den Vater handelt, ob diese Angst bei der Mutter begann und sich beim Vater fortsetzt, wird sich erst zeigen in weiteren Gesprächen mit den Eltern. Da er weiß, daß die Therapeutin zu den Eltern Verbindung hat, ist die Wendung zur Therapeutin auch eine Wendung zu den Eltern hin. Er fürchtet nicht nur den Verrat, er hat auch Hoffnung, daß es für ihn eine andere Möglichkeit gibt, einen Weg, der aus dieser schlimmen Situation mit Schule und Eltern herausführt. Denn er erlebt die Therapeutin ja als ein gutes, wohlwollendes Wesen, dem man etwas anvertrauen kann. Er realisiert damit die Möglichkeit einer direkten Verbindung, ohne den Umweg über den erweiterten Raum. Diese direkte Verbindung stellt sich vermutlich in dem Moment her, als beide über das Geräusch der Heizung lachen, ein Geräusch, das beide in früheren Zeiten als ein unheimliches Geräusch wahrgenommen hatten, vor allem in der Nacht, das aber seinen Schrecken verloren hat, seit man es kennt. Beide lachen über den einstigen Schrecken und sind erleichtert, daß die Dinge ihren Schrecken verlieren, wenn man sie kennt. Als Robby sich nun den Eltern zuwendet, um für sie den nächsten Termin zu erfragen, tut er das vielleicht als folgsamer Sohn, vielleicht aber auch als verlassener Sohn, der nicht verlassen sein möchte.

Er behielt nun den Bleistift in der Hand und das Blatt mit der Notiz für die Eltern und malte darauf Zeichen: Kreise und Punkte. Robby zeigte der Therapeutin jetzt seinen Funknamen »Vento 03«. Er erzählt von anderen Funknamen, einem Mann namens Carla, mit dem er morgens immer vor der Schule spreche. Er war gelöst und frei, erzählte, auf welchen Frequenzen er am meisten funkt, wie er umschalten könne, wenn andere ihn einfach ausschalten, weil sie bessere Geräte haben. Doch wenn er könne, störe er die aus Rache ebenso. Oft höre er mit, wenn die nichts merken. So höre er viele neue interessante Dinge und vor allem neue Code-Wörter.

Die Annäherung ist geglückt. Robby will die Therapeutin nicht ausschließen aus seinem Können und Wissen, er will sie einweihen und erzählt ihr vom Bereich seiner Herrschaft, wo er hören kann, was keiner merkt, wo er stören kann, sich rächen kann und viel Neues erfährt. Kann er so, auf diesem Wege, auch mit den Eltern umgehen? Indem die Therapeutin sich einweihen läßt, begibt sie sich mit ihm in seinen Raum und respektiert sein großes Bemühen, den beengten Raum mit den Eltern zu vermeiden und sie, zumindest den Vater, dennoch zu erreichen. Es ist ein Stück Autonomie, das Robby sich auf diese Weise erobert hat, ohne den Wunsch nach Erreichbarkeit der Menschen aufzugeben. Denn er verrät etwas von der geheimen, unbewußten Beziehung zum Vater (der Mann mit dem Funknamen Carla), mit dem er über den Funkraum eine regelmäßige Verbindung hat.

Danach bot die Therapeutin, die auch zum Festhalten der Verbindung entschlossen war, eine Behandlung an. Robby war sehr einverstanden; den langen Weg schaffe er leicht. Bei der Verabschiedung sprach ihn die Therapeutin mit seinem Funknamen an: »Vento« – sie zögerte, wußte ihn nicht mehr ganz sicher, und er ergänzte lachend: »03«, und verabschiedete sich heiter.

Zusammenfassung des Gesprächs mit Robby
mit den bereits bekannten Lebensdaten

Ein kleiner, zarter, schwächlicher dreizehnjähriger Junge, mitten in den phasenbedingten Schwierigkeiten der Pubertät, muß zurechtkommen mit einer schwierigen, ihn sehr einengenden Familiensituation. Ein nur ein Jahr jüngerer, begabterer und allseits geliebter Bruder nimmt ihm Beachtung und Anerkennung. Starke, aus verschiedenen Wurzeln stammende Ablehnungstendenzen der Eltern schränken seinen Lebensraum ein, der ihm zur Entfaltung seines Selbst notwendig ist, und verzerren ihn.

Wie geht Robby jetzt damit um, nachdem er bereits Phasen mißglückter Verarbeitung durchlaufen hat: seit seiner Babyzeit lutscht er tagsüber und nachts bei jeder Gelegenheit; er hat zwischen 7 und 8 Jahren sehr stark gestottert; er hat seit der Kindergartenzeit bis heute ein auffälliges, unmotiviert-aggressives Verhalten, das ein Bleiben in den Institutionen schwer oder unmöglich machte. In der ersten Begegnung mit der Therapeutin stellt Robby sich als jemand dar, der eine Fähigkeit hat, und nicht als einer, *der nichts ist und nichts wird.*

Zunächst möchte er – und darin zeigt sich sein eigener Wunsch – den ihm von den Eltern zugewiesenen Raum bei der Therapeutin nicht nutzen. Er mißtraut diesem neuen Menschen, der eine Beziehung zu den Eltern hat und erwartet von ihm für sich nichts Gutes. Erst als die Therapeutin ihr Verständnis dafür zeigt, daß er nicht hier sein möchte, kann er über einen Dritten vermitteln – einen Doppelgänger, der seinen Namen trägt – und der Therapeutin Einblick in seinen Raum geben: er erreicht über weite Entfernung die Menschen, mit denen er in der Nähe keine Beziehung aufnehmen kann. Dieser Doppelgänger ist der kontaktbegabte Teil seines Selbst. Robby hat diesen Selbstanteil an den begabten Bruder, der die Eltern direkt erreichen kann, abgetreten. Über den Bruder partizipiert er an dessen Kontakt mit den Eltern. Mit dem Vater ist er darüber hinaus im Funkraum mit dessen Fähigkeit identifiziert und entspricht dessen Wunschvorstellung.

Der Funkraum ist ein Raum der Omnipotenz mit zerstückelt-konturlosen Wesen, die nur als Stimmen, Namen, Zeichen, Reden von und mit Unsichtbaren existieren. In diesem Raum fühlt Robby sich als Herrscher, dort kann er aggressive Impulse, Phantasien und Neugier ungehindert ausleben. Dieser Raum ist – aus der Sicht des Therapeuten – gefährlich, weil er den Bezug zur Realität verdrängen könnte. Vorläufig ist der Funk-Raum noch verbunden mit den realen Menschen seiner Umgebung – das Funken ist das Hobby des Vaters gewesen –, denen er sich in den Funk-Raum hinein entziehen kann. Wieweit der Raum mit den realen Menschen durch den Entzug der libidinösen Besetzung gleichsam geschrumpft ist, ist in diesem Gespräch noch nicht sicher auszumachen.

Zwischen die beiden Ausflüge in den Funk-Raum eingestreut, gibt es eine kurze Passage, in der Robby, sich auf die Zeichen der Therapeutin einstellend, sich dem Raum mit den realen Menschen zuwendet und von seiner Angst vor dem Verlust der Menschen spricht, die er gern hat, weil er nicht die Fähigkeit besitzt, seine gute Beziehung zu ihnen zu erhalten. Indem er zerstörerische Handlungen begeht, besteht die Gefahr, daß sich geliebte Menschen von ihm abwenden.

Er fühlt sich zu solchen Handlungen ›verführt‹: der Doppelgänger Robby wolle das. Das könnte ein Hinweis sein auf die Delegation des zerstörenden väterlichen Selbst-Anteils, dem er unterworfen ist. Es könnte aber auch damit zum Ausdruck kommen, daß er kein sicheres eigenes Selbst hat, sondern abhängig ist von anderen und ihren Wünschen.

Indem Robby die Therapeutin in seinen omnipotenten Raum einläßt, ihr seinen Funknamen mitteilt, versucht er einen vorsichtigen Kontakt herzustellen, den er beherrscht in einem Medium, das er manipulieren und kontrollieren kann, während die Therapeutin sich seiner Führung und Hilfe anvertrauen muß, wenn sie die Verbindung zu ihm haben möchte. Damit stellt sich zwischen beiden eine symbiotische Beziehungsform her, die regressive Stufe, auf der Robby seine Kontaktversuche unternimmt. Damit entsteht Entspannung, die beide genießen. Robby erscheint zwar zunächst als mißtrauisches Kind, – aber er ist ein Kind, das nicht resigniert hat, das darauf vertraut, daß seine Kontakt-Zeichen irgendwo aufgenommen und verstanden werden. Er hat eine Erfahrung mit dem Guten gemacht und hat diese Erfahrung festgehalten. Er lutscht noch immer und stellt in dieser frühesten Form, die das Baby zur Verfügung hat, die Verbindung zur guten Mutter immer wieder her, als Trost und Beschwörung. Robby zeigt mit der Entwicklung verschiedener Symptome an, daß eine phasengerechte Entwicklung nicht zustande kam. Das Stottern als Ausdruck unzureichender Kontrollmöglichkeit gegenüber aggressiven Impulsen in der Kommunikation mit den Primär-Objekten, den Eltern, und die Ausbildung eines allgemein unmotiviert-aggressiven Verhaltens bereits im Kindergarten, zeigen an, daß sich kein sicher abgegrenztes Selbst hat ausbilden können. Es bedarf einer permanenten Anstrengung, Verschmelzungswünsche abzuwehren, von Gefühlen nicht überwältigt zu werden, die die labile psychische Struktur erschüttern würden. Aggressivität und Omnipotenzvorstellungen haben vermutlich bei Robby eine strukturerhaltende Funktion. Da er nun, nicht sicher abgegrenzt, mit einem labilen Selbst, begabt mit der Fähigkeit, symbiosebildende Signale aufzunehmen – aus der Fixierung der frühesten befriedigenden Situation mit der Mutter im ersten Lebensjahr – in einer mitmenschlichen Umgebung lebt, die dazu neigt, angsterregende, unkontrollierbare Phantasien, Wünsche und Triebimpulse zu externalisieren (projektive Identifikation), ist Robby dafür prädestiniert, diese aufzunehmen und zu agieren. Er entwickelt auf diese Weise ein falsches Selbst im Sinne D. W. Winnicotts; denn er hat gelernt, daß er am geliebtesten ist, wenn er den negativen Vorstellungen der Eltern entspricht, die deren abgespaltene, externalisierten Selbstanteile darstellen. Robby hat eine schwere Störung für die Eltern entwickelt, bei der die Gefahr von Realitätsverlust und Verwahrlosung besteht. Eine psychoanalytische Behandlung ist für Robby dringend notwendig und für die Eltern eine begleitende Beratung.

Werden die Eltern eine Behandlung des Jungen unterstützen können, der für ihr psychisches Gleichgewicht so viel bedeutet?

Das zweite Gespräch mit den Eltern

Es bestätigten sich einige der Vorstellungen, die sich im ersten Gespräch bereits angeboten hatten. Die Mutter erschien dieses Mal mit einer auffallend langen, lockigen Haarpracht, mit der sie sich während des Gesprächs immer wieder selbstgenießerisch beschäftigte. Sie erzählte, als hätte sie vermutet, daß dieses der kritische Punkt sei, auf den es bei der Beurteilung von Robbys auffallendem Verhalten ankomme: sie hätte den Jungen gar nicht haben wollen. Das hätte sie der Psychologin auch schon erzählen müssen. Sie sei enttäuscht gewesen, daß sie nach kurzer Ehe schon schwanger war, wo sie doch eigentlich ihr Leben noch richtig genießen wollte. Sie war die dritte von acht Geschwistern und miteingesetzt für die Betreuung der Jüngeren. Sie hatte entsprechend »genug von Kindern«. Daß auch das zweite Kind, der Micha, »gleich hinterherkam«, war eine böse Enttäuschung für sie gewesen.

Der Vater berichtete zögernd über die eigene Kindheit. Bilder jahrelan-

gen Unterwegsseins, von Ostpreußen herkommend, tauchten auf: Hunger,
Massengräber, die von Soldaten, die die neugierigen Kinder vertrieben, mit
Zement zugeschüttet wurden, Ungeziefer, die Scham über einen »geschore-
nen Glatzkopf«. Der eigene Vater war lange fort gewesen im Krieg und
Gefangenschaft, er selbst lebte mit der Mutter in sehr dichter Beziehung,
aus der ihm ein Arzt ein »zu großes Herz« diagnostiziert habe. Das sei
die Ursache seiner Nervosität, die auch Robby habe. Der Vater selbst
verweist auf die »dichte Beziehung« zur Mutter als Ursache seiner Schwie-
rigkeiten. Außerdem erinnere ihn Robby an seine Schwester, die »in der
Schule nicht lernen, nur hübsch sein wollte«, sich dann mit einem Besat-
zungssoldaten einließ und nun in Amerika als Witwe mit fünf Kindern
sitze. Daß die unkontrollierbare Triebhaftigkeit das Beunruhigende ist,
dafür sprachen auch einige »Ausrutscher«, unangemessene Mitteilungen
über Sexualität, die der Situation nicht entsprachen, die Ausdruck der
Beunruhigung über die eigene Unkontrollierbarkeit waren.

Es bestätigt sich in diesem Gespräch die Verteilung der elterlichen Anteile an Robbys Fehlentwicklung. Die Mutter wehrte sich
gegen Kinder aus der Erfahrung der vielen eigenen Geschwister.
Neid, Eifersucht, die Erinnerung an die Einschränkungen des
eigenen Lebensraumes in der Beziehung zur Mutter durch die
Kleineren und ihre Überforderung mit ihrer Betreuung. Diese
Gefühle richten sich heute gegen Robby.

Die Mutter hat Robby seit der Geburt bewußt abgelehnt. *Robby*
ist nicht gewollt – oder er sollte nicht gleich im ersten Ehejahr geboren
werden. Robby mußte also schon als Baby etwas Besonderes leisten,
um die Zuwendung der Mutter zu erreichen. Die Verbindung
zwischen Mutter und Kind wurde dann gestört, als nach einem
Jahr der Bruder Micha geboren wurde. Robby befand sich damals
in einer wichtigen Phase, in der die Mutter eigentlich die allmähliche Ablösung von ihr, die Entlassung aus dem ursprünglichen
Raum der Omnipotenz in der Symbiose mit der Mutter hilfreich
unterstützen sollte. In der Zeit aber war sie mit einem neuen Kind
beschäftigt und konnte die Zeichen der Beunruhigung, der Trauer
und Verzweiflung ihres ersten Kindes darüber vermutlich nicht
richtig wahrnehmen und verstehen. Jede auftretende Schwierigkeit Robbys wurde nun für die Mutter zu einer Rechtfertigung
ihrer inneren Ablehnung, die sie gleichzeitig mit Schuldgefühlen
erlebte. Seine Schwierigkeiten befreiten sie von zu sehr belastenden Schuldgefühlen. Micha hingegen wird akzeptiert, obwohl er
doch die Situation des ›viele Geschwister-Habens‹ noch ver-

stärkte. Wie ist das möglich? Einerseits war die Mutter den Geschwistern gegenüber ambivalent, also zu einem Teil vorwiegend mit der pflegenden Mutter identifiziert. Sie hat eine reifere Struktur entwickelt, mit Schuldgefühlen und Wiedergutmachungswünschen, mit einer zwanghaften Putzsucht, um diese aggressiv-vernichtenden Impulse abzuwehren.

Auf Micha mögen sich Wiedergutmachungswünsche konzentriert haben. Entscheidend aber wird sein, daß Robby sich von früh an auf die Signale der Mutter einstellte, die zur Entlastung ihrer Schuldgefühle Befriedigung über sein schwieriges Verhalten zeigt, während ihr möglicherweise das zweite Kind ihre guten Fähigkeiten zurückspiegelte durch entsprechende gelungene Anpassung an ihre Wünsche, was freilich ein ebenso falsches Selbst zur Entwicklung brächte wie beim Bruder.

Hinzu kommt die Einstellung des Vaters zu Robby, der in ihm seine verführende Schwester ahnt. Seine eigene »Großherzigkeit« aus der zu dichten Beziehung zur Mutter ohne Vater, seine Unruhe und Zügellosigkeit, mit der er in seinem Beruf kontrollierend umgeht, – verstärkt durch die Kontrollfunktion seiner Frau –, ist außerdem an den Sohn delegiert, um sie in ihm bekämpfen zu können. Die Gefahr der Grenzüberschreitungen besteht für den Vater nach allen Seiten, sie ist eine Folge seiner Vater- und Heimatlosigkeit. Er fühlt das selbst, indem er sagt: *Ein Kind braucht seine Bank, seinen festen Platz und seinen Lehrer.* Dieses selbstgefällige Feststellen: *ganz der Vater,* der Stolz auf diesen mißratenen Sohn zeigt an, wie ambivalent seine Einstellung zu diesem, im Kind untergebrachten Selbstanteil ist, so daß Verführung und Bestrafung vermutlich zusammengehören. Die Entwertung des Jungen durch den Vater gibt der Mutter zusätzlich die Rechtfertigung, in Robby einstige Geschwister, die ihren Raum eingeschränkt haben, abzulehnen.

Dennoch kommt es im Gespräch der Therapeutin mit beiden Eltern zu einer Verständigung: Robby soll behandelt werden und beide Eltern wollen regelmäßig zu Gesprächen erscheinen.

Es kam jedoch nicht zur Behandlung. Der Antrag für die Kostenübernahme durch die Kasse war gestellt und befürwortet worden. Der erste Behandlungstermin stand fest. Aber Robby kam nicht. In der Zeit des Wartens bis zu diesem Zeitpunkt hatte der Vater die Kontrolle verloren, und den Sohn so heftig verprügelt, daß eine Heimunterbringung veranlaßt wurde. *Der Junge braucht Strenge und Eingrenzung; aus dem wird nichts; dem ist nicht mehr zu helfen!* – das waren die ratlos-resignierenden Worte der Eltern gewesen. Und so war es geblieben, daran hielten sie unerbittlich und erbarmungslos fest, nicht wissend, daß sie in ihrem Kind ein eigenes inneres Bild bekämpfen mußten, dem sie selbst ohnmächtig unterworfen waren wie einem unerbittlichen, grausamen Schicksal.

Elisabeth Müller
Der kleine Fehlerteufel

Es wird häufig befürchtet, daß Kinder, die Geld stehlen, vor einer kriminellen Laufbahn stünden. Dabei wird davon ausgegangen, es handele sich um eine beabsichtigt begangene Tat des Kindes. Die Eltern, die den Diebstahl aufdecken, sind außerordentlich beunruhigt, weil sie vermuten, ihr Kind habe die Neigung zu einem schlechten Charakter. Sie sind dann mit allen Mitteln darauf bedacht zu vermeiden, daß die Außenwelt von dem Diebstahl ihres Kindes erfährt. Die Sorge der Familie gilt in hohem Maße der Meinung von Nachbarn und Bekannten, die an der Erziehungsfähigkeit der Eltern zweifeln könnten; scheint es diesen doch nicht gelungen, ihr Kind zu sozialem Verhalten, wie der Achtung fremden Eigentums, anzuhalten. Außerdem fürchten Eltern, man würde annehmen, ihr Kind leide Mangel an Liebe und Geborgenheit. Solche, zunächst vermuteten Rückschlüsse können Eltern sehr bekümmern und beschämen.

Aus Schuldgefühl, aus Sorge vor Bloßstellung in der Öffentlichkeit, und um dem gefürchteten Vorwurf unzureichender Erziehung zu begegnen, fühlen sich Eltern zu Sanktionen ihrem Kind gegenüber veranlaßt, wie dem Entzug von Geld, stärkerer Kontrolle oder besonderer Auflagen, wie etwa Abarbeiten des entwendeten Betrages. Fassen Eltern solches Versagen als unzureichende Zuwendung auf, können gegenteilige Wiedergutmachungsversuche beobachtet werden; dann erhöhen Eltern das Taschengeld oder fühlen sich genötigt, andere materielle Zuwendungen dem Kind zu geben. Es kann Schuldentlastung auch dadurch gesucht werden, daß das Problem nach außen verschoben wird. Die Konsumneigung, der allgemeine Kaufzwang oder die Werbung werden dann oft für die Entgleisung des Kindes verantwortlich gemacht.

Sicher signalisiert ein Geld stehlendes Kind, daß ihm etwas mangelt. Hilfreicher als die erwähnten Vorstellungen über die Art des Mangels und die entsprechenden Reaktionen ist die Frage nach der unbewußten Bedeutung des Geldstehlens. Das gilt für die Beziehung des Kindes zu seinen nächsten Bezugspersonen wie auch zu sich selbst. Das Stehlen im Zusammenhang mit der individuellen Lebensgeschichte und den noch unbewältigten Konflikten des Kindes zu verstehen, ist eine gemeinsame Aufgabe des analytischen Kindertherapeuten, des Kindes und seiner Eltern; denn das Symptom des Stehlens kennzeichnet nur die Spitze eines verborgenen Eisberges.

Im folgenden versuche ich ein solches Vorgehen darzustellen. Ich beziehe mich auf die ersten Gespräche zwischen einer Kindertherapeutin und einer Mutter und die erste Begegnung ihres Kindes mit der Kindertherapeutin.

Die Mutter wandte sich in großer Sorge an die Beratungsstelle, weil ihr siebenjähriger Sohn Till seit einiger Zeit wiederholt ihr und anderen Personen in der häuslichen Umgebung Geld entwendet hatte. Sie fürchtete, daß Till, der seit kurzem zur Schule ging, auch dort Geld wegnehmen könnte. Sie wünschte, daß rasch etwas geschehe, um dem störenden Verhalten Tills ein Ende zu setzen. Sie erziehe den Jungen allein, er sei ein ›Asthmakind‹.

Bereits vor dem Interview mit der Mutter erhielt die Kindertherapeutin durch das Telefongespräch wichtige Informationen. Till sei ein *Asthmakind,* teilte die Mutter mit. Diese Wendung ist auffällig festlegend. Die Mutter weiß offensichtlich nicht, daß das Asthma als eine psychosomatische Erkrankung Ausdruck eines Konflikts in der Beziehung zwischen ihr und dem Kind ist.

Obwohl die festlegende Art, in der sie vom Asthma spricht, sofort erkennen läßt, daß sie von der seelischen Seite dieser Erkrankung nichts ahnt, benennt sie sie dennoch sogleich am Telefon, was auf den besonderen Stellenwert dieser Krankheit im Familienleben hindeutet. – Es soll damit wahrscheinlich auch unterstrichen werden, daß ›rasch‹ etwas geschehen müsse. Obwohl wir wegen des Asthmas annehmen müssen, daß bereits seit längerer Zeit zwischen Mutter und Kind Probleme bestehen, kann erst das sozial auffällige Phänomen des Stehlens zum Anlaß werden, fachmännische Hilfe in Anspruch zu nehmen. Während das Asthma von ihr wohl als rein körperliche Erkrankung verstanden wird und damit die in ihm gebundenen seelischen Konflikte den Beteiligten ganz unbewußt bleiben, wird durch das Stehlen die Tatsache einer seelischen Konfliktsituation veröffentlicht. Die Mutter würde sich als Mutter eines überführten stehlenden Jungen öffentlich bloßgestellt fühlen. So können wir gut mitfühlen, wenn die Mutter einen gewissen Druck ausübt, daß ›rasch‹ etwas geschehe; fühlt sie sich doch durch Tills Verhalten unter Druck gesetzt.

Sie hat bisher versucht, ohne fremde Hilfe fertig zu werden. Wenn die Mutter betonte, daß sie ohne Vater beziehungsweise ohne Ehemann ›allein‹ mit der Situation fertig werden mußte, können wir schließen, daß die Angst vor weiterer Bloßstellung durch das Stehlen in der Öffentlichkeit sie mobilisierte, während sie die anderen Schwierigkeiten weitgehend als gegeben hinnimmt.

Wie wir aus der psychotherapeutischen Arbeit mit Kindern wissen, ist es nicht ungewöhnlich, daß Eltern erst dann einen Rat suchen oder eine Behandlung für das Kind wünschen, wenn durch die Konfrontation mit äußeren Instanzen, wie zum Beispiel der Schule, und der mögliche Hinweis dieser Instanzen auf das Fehlverhalten oder das Symptom des Kindes, das bisherige Beziehungsgefüge der Familie in Frage gestellt wird. Das Fehlverhalten des Kindes, sein Symptom oder seine Krankheit wurden im Verständnis der Familie als selbstverständlich und schicksalhaft erlebt. Fehlverhalten, Symptom oder Krankheit wurden nicht als Signal verstanden, sondern, eingebettet in das Gleichgewicht der Familie, sie dienten der Abwehr unbewußter Konflikte, die das ganze Familiengefüge betreffen. Der Hinweis der Außenwelt bringt den inneren konfliktdynamischen Zusammenhang ins Wanken. Häufig wird darum vom Kindertherapeuten erwartet, er möge nur das von der Außenwelt nicht gebilligte Verhalten des Kindes ändern oder beseitigen, um das Gleichgewicht des konflikthaften Beziehungsgefüges der Familie nicht anzutasten.

So können wir auch den bei der Anmeldung vorgebrachten Wunsch der Mutter verstehen, das antisoziale Verhalten Tills zu beheben.

Wenn die Mutter schon am Telefon sagt, daß sie Till allein erziehe, spricht sie ein wichtiges Merkmal der Familiensituation an: Till fehlt der Vater. Welche Bedeutung es haben mag, daß sie Till ohne Ehemann erzieht, wird das Interview zeigen.

Es wird weiterhin die Frage sein, ob vom Familiengefüge her betrachtet, das psychosoziale Symptom des Stehlens und die psychosomatische Erkrankung des Asthmas aus einer gemeinsamen Wurzel verständlich werden. Dann hätte das eine Symptom ausschließlich die psychosoziale und die Krankheit die psychosomatische Ebene in der Beziehung zwischen Till und seiner Mutter ergriffen.

Die Interviewerin berichtet vom ersten Besuch von Tills Mutter:

Sie ist eine freundliche und warmherzige Frau, die zurückhaltend und bescheiden auftritt. Das faltige, sorgenvolle Gesicht der noch verhältnismäßig jungen Frau fällt auf. Als die Mutter mir gegenüber sitzt, nimmt sie die Hand zum Kopf und sagt, als wolle sie diese Bewegung erklären, sie habe einen schweren Tag gehabt. Sie erzählt dann, daß Till wiederholt bedenkenlos Geld wegnehme und verstecke. Es sei für sie nach einem solchen Vorfall sehr schwierig, an das Kind heranzukommen. Im Kontakt mit anderen Jungen habe Till immer das dringende Bedürfnis, sich messen zu müssen. Von der Mutter erfahre ich dann weiter, daß sie mit Till, seiner fordernden Art wegen, häufig Auseinandersetzungen habe. Besonders schlimm seien diese gewesen, bevor Till zur Schule kam. In der Schule selbst habe er sich gut eingefunden. Doch sie wisse nicht, ob es anhalten werde; denn der Streit zwischen ihr und Till habe jetzt von neuem begonnen, weil er täglich alle seine Stofftiere mit zur Schule nehmen wolle. Die Mutter vermutet, daß Till in der Schule keine Lust hat, die an ihn gestellten Anforderungen zu beachten und sich stattdessen lieber mit seinen Stofftieren beschäftigt. Hier macht die Mutter eine Pause und sagt, sie wisse gar nicht, wo sie beginnen solle.

Nach dem ersten Eindruck der Kindertherapeutin tritt Tills Mutter freundlich und bescheiden auf, während Till selbst, wie die Mutter schildert, von ›fordernder Art‹ ihr gegenüber ist, seine Ansprüche nicht zügeln kann, sich ›bedenkenlos‹ aneignet, was ihm nicht gehört und sich der Mutter gegenüber dann verschlossen zeigt. Sie kommt dann nicht mehr an ihn heran, als wolle er mit dem heiklen Thema nichts mehr zu tun haben. Wenn es Till so wichtig ist, sich mit Gleichaltrigen zu messen, können wir vermuten, daß er sich mit dem Geld wichtig und größer zu machen versucht, als er sich wirklich fühlt. – Wenn wir die Aufmerksamkeit auf die Beziehung zwischen Till und seiner Mutter richten, drängen sich Fragen auf wie etwa, ob sie für ihn zu mächtig ist oder ob sie ihm zu wenig gibt, ihm etwas vorenthält oder ob Till dies aus bestimmten Gründen so empfinden könnte.

Auf die Interviewerin wirkt die Mutter allerdings nicht mächtig, eher bescheiden und hilflos, müde und gealtert. Sie ruft in der Kindertherapeutin das Gefühl hervor, geschont und gestützt werden zu müssen. Die Kindertherapeutin stellte diese Beobachtung an den Anfang ihres Berichts, weil sie damit die Vorstellung verband, daß Tills Mutter weitere Forderungen nicht ertrage, so daß an die Probleme vorsichtig und behutsam herangegangen werden müsse.

Dem Protokoll zufolge gab es, insbesondere vor Beginn der Schulzeit, häufig Streit zwischen Till und der Mutter wegen dessen ›fordernder‹ Art. Jetzt sind erneut Auseinandersetzungen entstanden wegen der Mitnahme der Stofftiere in die Schule. Statt sich mit den Anforderungen der Schule auseinanderzusetzen, spielt Till lieber mit seinen Tieren, wie die Mutter meint. Wir erkennen hier, daß es Till bisher nicht gelungen ist, eine altersentsprechende Verinnerlichung von Anforderungen zu vollziehen. Statt sich selbst mit *Anforderungen* der Schule innerlich *auseinandersetzen* zu können, stellt er *Forderungen* an die Mutter, so daß es dort zu *Auseinandersetzungen* kommt. In der Schule möchte er weiter spielen.

Die Auseinandersetzungen, die seit längerem die Beziehung zwischen Mutter und Kind belasten, scheinen von der Mutter so viel gefordert zu haben, daß die Interviewerin das Gefühl hat, sie schonen und stützen zu müssen. An sie können keine Anforderungen mehr gestellt werden. Wir dürfen annehmen, daß die Auseinandersetzungen deswegen stattfinden müssen, weil die innere Trennung Tills von der Mutter sich nicht in der seiner Alters- und Entwicklungsstufe angemessenen Weise verwirklicht hat.

Wenn Till darauf besteht, *täglich alle seine Stofftiere* mit in die Schule zu nehmen, so mutet dieses Drängen – auch wenn wir nicht wissen, um wie viele Tiere es sich dabei wirklich handelt – wegen seiner scheinbaren Übertriebenheit doch zugleich wie ein Ausdruck einer besonderen Not an. Da er alle Tiere ständig bei sich braucht, müssen sie ihm helfen, einen Zustand der Getrenntheit erträglich zu machen, da er sich sonst hoffnungslos verloren fühlen muß. Die Stofftiere müssen für Till die Funktion von Übergangsobjekten haben.

Das Übergangsobjekt ist der erste ›Nicht-ich-Besitz‹, von dem Winnicott sagt: das Übergangsobjekt . . . »ist ein Symbol für die Einheit von Kleinkind und Mutter (oder einem Teil der Mutter). Dieses Symbol kann lokalisiert werden. Es steht an der Stelle in Raum und Zeit, wo das Kind beginnt, sich die Mutter nicht länger als Teil seines Selbst vorzustellen, sondern sie als Objekt wahrzunehmen. Die Verwendung eines Objekts symbolisiert die Einheit der jetzt voneinander getrennt erlebten Wesen für Kind und Mutter an der Stelle in Raum und Zeit, wo sich ihre Trennung vollzieht.« (D. W. Winnicott, 1971, Vom Spiel zur Kreativität, Stuttgart 1973, Seite 112)

Das Übergangsobjekt hat für das Kleinkind deswegen so außerordentliche Bedeutung, weil es ständig gegenwärtig ist, geliebt und gehaßt werden kann, und sich dabei als unzerstörbar erweist. Tills Bindung an die Mutter aus einer früheren Zeit seiner psychischen Entwicklung ist noch nicht so weit gelöst, daß Till sich neue Räume und Realitäten selbständig erobern könnte, wie es von einem schulreifen Kind erwartet werden kann. Till hat den Raum der Phantasie mit den Tieren, der den ursprünglichen Raum zwischen Mutter und Kind wiederherstellt, noch nicht verlassen. Für die Angebote und Forderungen der Schule kann er sich noch nicht angemessen interessieren.

Mutter und Kind befinden sich in dem Zustand, die symbiotische Entwicklungsphase noch nicht vollständig aufgelöst zu haben. Die Aufrechterhaltung einer Symbiose führt zu einer Beziehung, in der Macht und Stärke auf der einen und Ohnmacht und Schwäche auf der anderen Seite zur beherrschenden Thematik werden, weil neben den bindenden Tendenzen die trennenden Tendenzen zunehmend wirksam werden. Der Streit zwischen Till und der Mutter zeigt letzeres an.

Tills Mutter ist von ihrem Mann geschieden. Als sie mit Till schwanger war, erlitt ihr Mann auf einer seiner zahlreichen Geschäftsreisen ins Ausland durch ein Flugzeugunglück schwere Verletzungen. Danach habe sich ihr Mann verändert: Er sei sehr aggressiv geworden und habe auch die Kinder viel angeschrien. Er habe stark getrunken und in der Öffentlichkeit unerträgliche Szenen gemacht; sein körperliches Befinden forderte schließlich permanente Pflege. Für Till sei diese Zeit schwerer gewesen als für seinen knapp zwei Jahre älteren Bruder. Sie glaube, daß der Bruder ein besseres Bild vom Vater in sich trage, nicht so ein schreckliches wie Till. Dieser habe sich sehr an die Mutter angeschlossen; er habe sie fast immer für sich allein gehabt. Als er knapp zwei Jahre alt war, trennte sie sich von ihrem Ehemann. Sie lebte zunächst mit ihren Kindern bei ihren Eltern und anderen Verwandten und zog später mit Frauen, die ebenfalls mit ihren Kindern allein standen, in eine gemeinsame Wohnung. Immer wenn Till etwas von den anderen Erwachsenen wollte, wurde er an seine Mutter zurückverwiesen.

Für die Kindertherapeutin bestätigte sich jetzt der Eindruck einer übermäßig engen Bindung zwischen Mutter und Kind, und sie sprach die Mutter, die bisher fast nur von Auseinandersetzungen mit Till berichtet hatte, darauf an.

Tills Mutter ging nicht direkt darauf ein, sondern sagte nach einer Pause, sie könne es am wenigsten vertragen, daß Till so stur sei, wenn sie mit ihm besprechen wolle, daß er wieder Geld gestohlen habe. Er wolle nichts davon hören, und verspreche schnell, es werde alles anders. Was er verspreche, könne er aber nicht halten. Ich teilte der Mutter meinen Eindruck mit, daß es ihr offenbar sehr wichtig sei, mit Till über die Vorkommnisse reden zu wollen, um sie auf diese Weise zu bereinigen. Die Mutter bejahte das, und ich fragte sie, was in ihr vorgehe, wenn sie an Till nicht herankomme. Sie meinte, daß sie sich dann jeweils ganz hilflos fühle und nicht wisse, was sie machen solle. Es sei Till auch ganz gleichgültig, wieviel Geld er weggenommen habe. Er fühle sich mächtig und stark, wenn er Geld besitze, das er aber lediglich bei sich verstecke.

Jetzt wird sichtbar, wie der von seinen Tieren – und wir dürfen sagen, von seiner Mutter – so abhängige Till durch das Stehlen Macht über die Mutter gewinnt. Durch die Diebstähle kann er seine Mutter in Sorge und Abhängigkeit von sich halten. In der pathologischen, also protrahierten Symbiose identifiziert sich das Kind mit dem nun als übermächtig erlebten Gegenüber. Das ist der Beginn eines aussichtslosen Wechselspiels von verzerrter Macht und Ohnmacht in einem nicht enden wollenden Kleinkrieg.

Die Mutter kam nun zu einer ihr wichtigen Überlegung und meinte fragend, ob Till wohl der Vater fehle. Sein Bruder habe die Fähigkeit, andere Männer als Vaterersatz anzunehmen, Till aber nicht. Er sei vom Vater als kleines Kind durch dessen Unbeherrschtheit oft erschreckt worden. Till konnte sich deshalb beim Vater nicht holen, was er brauchte und habe sich dann stark ihr angeschlossen. Abends lese sie den Kindern noch vor. Till könne sie danach schlecht loslassen. Sein Bruder habe schon gesagt, sie kümmere sich mehr um Till als um ihn, Till habe ›Narrenfreiheit‹. Damit habe er sicher recht. Durch die Asthmaerkrankung müsse sie sich sogar ständig um Till kümmern. Auf die Frage, wie sie diese Situation empfinde, meinte die Mutter, von ihrer Seite her käme Till etwas entgegen. Es sei ihr nicht unangenehm, sich immer so intensiv um ihn kümmern zu müssen. Wenn sie allerdings unter starkem Streß stehe, fühle sie sich durch Tills Asthma überfordert.

Für die Mutter beginnt Tills schwierige Entwicklung mit dem folgenschweren Unglück des Vaters. Doch darüber, welche Bedeutung dieses Ereignis für sie gehabt hat, spricht sie nicht. Sie versucht statt dessen, an ihrem Kind die Situation zu verdeutlichen. Dieser Unfall hatte für die ganze Familie und ihre Konstellation traumatischen Charakter. Dem Bericht der Mutter zufolge hat Till seinen Vater im kranken Zustand überwiegend unbeherrscht und als einen bedrohlichen Angreifer erlebt, vor dem er bei der Mutter Schutz suchte. Für die Mutter bedeutete die schwere Zeit nach dem Unfall des Vaters und nach der Geburt von Till, daß sie wahrscheinlich unter all der Sorge kaum den inneren Bedürfnissen ihrer Kinder gerecht werden konnte. Nach der Trennung vom Vater konnte die Wohngemeinschaft die verlorene Geborgenheit nicht ersetzen, wenn diese Till stets an die Mutter zurückverwies. In ihrer Not haben sich Mutter und Kind sehr aneinander geschlossen. Wir dürfen aber auch vermuten, daß die Mutter, die sich allein gelassen fühlte, sich an ihr Kind klammerte. Wenn sie ganz einseitig von der Schutzbedürftigkeit ihres Kindes spricht, kann dies als Hinweis verstanden werden, daß die Mutter selbst in einer Rollenumkehr, in der pathologischen Symbiose identifiziert mit ihrem Kind, Schutz und eine führende Hand sucht.

Auf die Frage der Kindertherapeutin nach der Art ihrer engen Bindung zu Till ging die Mutter insofern ein, als sie sagte, sie könne es nicht vertragen, wenn Till so stur sei, nicht mit ihr über das Stehlen spreche, und wenn er das Versprochene nicht halte. Das ist Tills Versuch, sich aus der engen Bindung an die Mutter herauszulösen, sich selbst zu behaupten und abzugrenzen. Das Stehlen kann als Ausdruck seines Autonomiestrebens verstanden werden, doch gleichzeitig greift Till damit die Mutter an. Die Art und Weise, die er findet, um autonome Schritte zu versuchen, orientiert sich offensichtlich am ›Vorbild‹ des Vaters. An ihm hat er gesehen, wie er die Mutter durch sein Verhalten erschreckte und Macht über sie bekam. Sein eigenes Gefühl der Ohnmacht in der klammernden Symbiose mit der Mutter kann er mit Hilfe einer Anlehnung an das Verhalten des Vaters bekämpfen. Die Frage nach der Art der Bindung zu Till beantwortete die Mutter ganz folgerichtig, indem sie auf seine ›Sturheit‹ zu sprechen kam: Till versucht aus der Bindung auszubrechen. Das macht die Mutter ganz hilflos; denn sie kann mit den autonomen Tendenzen nicht umgehen.

Die Mutter stellt die Situation vornehmlich so dar, als könne Till sie nicht loslassen. Aber ist es nicht auch so, daß die Mutter Till braucht, um in ihrer Erlebnis-Welt zu verbleiben? Wir haben gehört, daß Tills Bruder der Mutter vorhält, es nicht lassen zu können, sich ständig um Till zu kümmern. Die Mutter gibt dem

Bruder sogar recht. Doch gibt es für sie einen ganz realen Grund: Tills Asthma. Dies gibt der Mutter einen scheinbar berechtigten Grund, Till ein Übermaß an Zuwendung zukommen zu lassen. Während Till seinerseits die Mutter ganz für sich haben will, will er zugleich die altersentsprechende Unabhängigkeit. Damit ist die Mutter in einer vergleichbaren Situation, wie sie mit dem Ehemann war, von dem sie sich schließlich trennte: Sie muß einen Kranken mit Aggressionsausbrüchen pflegen, und fühlt sich dabei überfordert. Wir sehen also, daß die Mutter durch Till in ähnliche Bedrängnis gerät, wie seinerzeit durch ihren ›schrecklichen‹ Ehemann. Till jedenfalls wehrt sich gegen die Umklammerung, indem er die Mutter in Bedrängnis bringt. – Die aggressive Seite der Mutter scheint im Interview ganz ausgeblendet und wird nur am Vater und an Till sichtbar. Der Kindertherapeutin fällt bei der Mutter statt dessen deren Unterwürfigkeit auf, eine Tendenz von Hilflosigkeit und die Bereitschaft, sich anzuklammern.
Die Kindertherapeutin berichtet weiter:

Die Mutter erwähnt dann ihre Eltern. Wie in der Schule, möchte sie auch vor ihnen verbergen, daß Till stiehlt. Als die Kinder bei den Großeltern die Ferien verbrachten, hatte Till zunächst keine Asthmaanfälle, er entwendete aber Geld. Ein Asthmaanfall schreckte dann alle auf, als die Mutter beim Abholen der Kinder nicht sofort einem Anliegen Tills folgen wollte. In dem Moment bekam Till einen Asthmaanfall.

Hier wird deutlich, wie Tills Anfälle schon bei geringster Versagung zur Auslösung kommen. Wie zur Bestrafung zwingt Till die Mutter auf diese Weise, sich um ihn zu kümmern und nachsichtig zu sein. Sie darf nicht ›Nein‹ sagen.

Der Mutter schien das Auftreten der Anfälle selbstverständlich; denn sie fuhr in ihrer Erzählung gleich mit einem anderen Thema fort: ihrem neuen Freund. Dieser wolle sich nicht auf die Kinder einlassen, weil ungewiß ist, ob die Beziehung halten werde. Till seinerseits akzeptiert diese Beziehung nicht, weil er die Mutter für sich haben will. Erneut betonte die Mutter, daß es ihr nicht zuviel sei, sich wegen seines Asthmas intensiv um ihn zu kümmern.

Inzwischen war die Zeit vorgerückt, und ich mußte das Gespräch beenden. Die Mutter bedankte sich bei mir und sagte, sie habe sich sehr wohl gefühlt.

Durch eine gewisse Unverbindlichkeit der Mitteilungen, bin ich von meinem Anliegen, mehr von der inneren Bindung zwischen der Mutter und Till zu verstehen, abgelenkt worden und wurde statt dessen verführt, dem herumirrenden Suchen der Mutter in den äußeren Umständen zu folgen.

Der Ausdruck des Wohlgefühls, den die Mutter mit ihrem Dank verbindet, gibt einen Hinweis, daß sich auch im Gespräch eine ›symbiotische Atmosphäre‹ einstellte. Die Mutter durfte sich mitteilen und auf Kosten der Kindertherapeutin entlasten, die das Gefühl hatte, wegen der Schonungsbedürftigkeit von Tills Mutter auf ein tieferes Eindringen in das Problem verzichten zu müssen.

Im folgenden berichtet die Kindertherapeutin von ihrer Begegnung mit Till:

Er ist ein seinem Alter entsprechend aussehender Junge mit großen Augen. Er hat ein Stofftier bei sich, schaut mich aufmerksam an und folgt umgehend meiner Aufforderung, mit ins Spielzimmer zu kommen. Till kann sich mit dem Stofftier in der Hand von der Mutter ohne Schwierigkeiten trennen. Abgesehen von kurzen Unterbrechungen ist Till die ganze Stunde damit beschäftigt, zu schießen. Er macht dabei einen hektischen und aufgeregten Eindruck. Schon bald stellt er fest, daß der Spielanweisung entsprechend, vier Pfeile zu der Schießscheibe gehören, daß aber nur ein einziger Pfeil vorhanden sei. Er vermißt die anderen Pfeile. Während Till unruhig hin und her läuft und dabei mit dem Spielzeuggewehr herumhantiert, löst sich der Pfeil. Sogleich beteuert Till, daß er überhaupt nicht schießen wollte. Ich sage, daß es ihm wohl manchmal so gehe, daß er etwas tue, ohne es wirklich zu wollen und frage ihn, ob er denn wisse, warum er hierher gekommen sei. Till scheint diese Situation unangenehm zu sein, als habe ihn die Bemerkung an einer empfindlichen Stelle getroffen. Er druckst herum und äußert sich unbestimmt. Es drängt ihn, weiter zu schießen. Trotz seiner Beteuerung, nicht schießen zu wollen, kann er nicht dagegen an, und wie beiläufig sagt er: »Wegen dem Klauen – nicht?« Nach einer Pause fügt er hinzu: »Aber ich mache es nicht mehr«, und er fragt mich, ob ich mit der Mutter gesprochen habe; denn es wüßten nur diejenigen, bei denen es vorgekommen sei.

Wenig später öffnet Till alle Schubfächer der Schränke, schaut hinein und fragt, ob da überall Spielsachen seien. Erneut kommt er auf das Stehlen zu sprechen: wie nebenbei meint er, er habe gewußt, daß ich mit ihm über »das Klauen« reden wolle. Er wisse auch nicht, warum er das tue, er habe nichts ausgegeben davon, das Geld nur versteckt. Er wolle jetzt nicht mehr darüber reden, er tue es ja auch nicht mehr. Während Till so beschwörend redet, wirkt er sehr bedrängt, holt hastig Spielgeld aus dem Schrank, dann Puppenkochgeschirr und fragt zwischendurch, ob es echtes Geld sei. Einer plötzlichen Idee folgend, will er Frühstück machen und stellt dabei, wie anfangs mit den Pfeilen, wiederum fest, daß etwas fehle. Diesmal geht es

um Nahrungsmittel, die nicht vorhanden sind. Ich erlebe Till gierig und sage
ihm, daß er wohl das Gefühl habe, nicht genug zu bekommen. Till bestätigt
dies, läßt alles stehen und will weiterschießen.

Das Stofftier erleichtert Till, wie auf dem Weg zur Schule, die
Trennung von der Mutter. Die Abfolge der kleinen Szenen zeigt
dann eine sich durchziehende Unruhe, Hektik und Aufregung bei
Till und läßt erkennen, wie er durch innere gegensätzliche Im-
pulse unter großer Spannung steht. Der Ablauf des Schießens
erinnert uns an seinen Umgang mit Geld: sofort beteuert er, daß
er nicht schießen will, und Geld auch nicht wegnehmen wolle.
Beides geschieht wie von selbst, als könne er nichts dagegen tun.
Seine Impulse überrollen sein Ich, das nicht stark genug ist, die
Unruhe und Spannung erzeugenden Impulse zu kontrollieren.
Till ist deshalb nicht in der Lage, eine Spielsituation für ihn
befriedigend zu gestalten, dabei zu verweilen und sich in das Spiel
zu vertiefen. Mit dem, was im Spielzimmer zur Verfügung steht,
kommt er nicht aus. Es erscheint ihm nicht genug, und so sucht
und läuft er im Zimmer herum. So, wie er nicht weiß, wonach er
sucht, weiß er auch nicht, weshalb er das Geld stiehlt. Er sucht
etwas, das ihm fehlt. Wir wissen, was ihm real fehlt, ist der Vater:
mit ihm fehlt das väterliche Prinzip, das eingrenzt und hilft, die
symbiotische Verklammerung mit der Mutter zu lösen. Tills Verhalten erinnert uns darüber hinaus an die Schilderung, die die
Mutter vom Vater nach dessen Unfall gegeben hatte: der Vater
hatte die Fähigkeit der Selbstkontrolle verloren und war ziellos
und impulshaft geworden. Till stellt in seinem Verhalten dar, daß
er mit dem Bild des ›schrecklichen‹ Vaters identifiziert ist.

Die Kindertherapeutin teilt weiter mit: *Till, der bisher ziellos mit*
dem Spielzeuggewehr umging, zielt nun auf den Kasper, den Seppel und
andere Figuren, bis er wiederholt auf sein Stofftier schießen will. Er legt
es auf die Türklinke, doch er verfehlt sein Ziel. Gleichzeitig bemerkt er
nicht, daß er dabei mich in seine Schußlinie genommen hat.

Die Verhaltensbeschreibung läßt erkennen, wie sich Tills unge-
steuerte Aggression wahllos gegen sein geliebtes Stofftier und die
Kindertherapeutin richtet, die hier stellvertretend für die Mutter
steht. Wieder werden wir an das Verhalten des Vaters erinnert.

Dann geht Till dazu über, Männchen an die Tafel zu malen, von denen
er einen als »großen Fehlerteufel« bezeichnet, wie sie ihn – so erklärt er –
in der Schule malen. Dann malt er noch einen »kleinen Fehlerteufel« und
teilt mir mit, dieser sei mit einem Schulranzen als Kind verkleidet; denn er

wolle sich in die Schule einschleichen und klauen, aber man solle ihn nicht erkennen. Seine ganze Aufmerksamkeit ist nun auf diesen ›Fehlerteufel‹ gerichtet. Ich interveniere und versuche eine Verbindung zwischen ihm und dem Fehlerteufel herzustellen: er denke wohl, er sei böse, wenn er etwas falsch macht, und daß er für das Geldstehlen sehr bestraft werden müsse. Er meinte darauf, er habe genug Geld! Er wisse nicht, warum er Geld wegnehme.

Im *kleinen Fehlerteufel*, der sicher der Sohn des *großen Fehlerteufels* ist, erkennen wir unschwer Till, der sich als *Kind mit Schulranzen* verkleidet. In Wirklichkeit, sagt Till damit, bin ich doch ein ›kleiner Teufel‹. Er kann sich nicht zu seiner ›teuflischen‹ Seite bekennen, möchte unerkannt bleiben. Die Verschiebung auf den Fehlerteufel entlastet ihn von seinem Schuldgefühl und seinen Ängsten, wie der Vater weggeschickt zu werden. Wenn er betont, er habe genug Geld, pocht er auf eine ›Pseudo-Autonomie‹, die auf Diebstahl basiert.

Am Ende der Stunde will Till die Mutter ins Spielzimmer holen und kündigt mir an, daß er auf sie schießen will. Über mich verfügend, fordert er mich auf, dann »Hände hoch« zu rufen. Böse sei die Mutter nicht. Er malt an die Tafel rasch eine Wegkreuzung, ein Haus und ein Auto. Plötzlich holt er die Mutter aus dem Warteraum, und »Hände hoch« schreiend, schießt er auf sie. Anschließend sagt er zu seiner Mutter, es habe ihm gut gefallen. Die Mutter verabschiedet sich mit Till von mir und äußert ihre Freude darüber, daß Till mich auch so gern habe wie sie.

Till agiert in der Stunde die alte Familiensituation, die durch die Folgen des Unglücks konstelliert wurde: er schießt auf die Mutter, obwohl ›sie nicht böse ist‹. Wie der Vater, ist er unmotiviert aggressiv. Die Bemerkung der Mutter, *sie sei froh, daß Till die Therapeutin so gern möge, wie sie*, beinhaltet eine erstaunliche Verleugnung der Aggression. Diese Szene weist auf einen Aspekt der früheren Familienkonstellation hin: der Vater griff die Mutter nicht an, weil er böse, sondern weil er krank war. Dies wird die Mutter Till immer versucht haben, klar zu machen. Hinter der Verleugnung der Mutter verbirgt sich deren Hilflosigkeit, mit Aggression umzugehen, die beim Vater krankhafter Natur ist. Till wünschte wohl, die Mutter in dieser von ihm so erlebten Hilflosigkeit vor der Kindertherapeutin bloßzustellen.

In einem zweiten Gespräch berichtete die Mutter aus ihrer eigenen Geschichte. Das führte zu einem erweiterten Verständnis i h r e r Situation.

Die Mutter erwähnte jetzt ihren eigenen Vater und sein generelles »Nein« zu allem, was sie als Kind wollte. Sie konnte es nie ertragen. Zu ihm habe sie kein Vertrauen gehabt, weil er sie viel geschlagen habe. Er sei oft unterwegs gewesen. Wenn er nach längerer Abwesenheit nach Hause kam, habe ihre Mutter dem Vater verraten, was sie in der Zwischenzeit alles angestellt hatte. Dann habe sie vom Vater Schläge erhalten. – In ihrer Ehe verhielt sich ihr Mann sehr ähnlich. Er übte einen angesehenen Beruf aus. Seine Wutausbrüche – er war nämlich Alkoholiker – konnten sich bis zu sexuell-sadistischer Gewalttätigkeit steigern. – Die Mutter erzählte weiter, daß ihr zwei Jahre älterer Bruder als Kind an schweren Asthmaanfällen gelitten habe. Dieser Bruder habe sie oft geärgert, verhöhnt und ausgelacht. Sie habe sich aber gegen ihn nicht durchsetzen oder wehren können, und sich seiner Krankheit wegen auch nicht wehren dürfen. Durch ihn habe sie sich oft sehr verletzt und bloßgestellt gefühlt. Auch als sich das Asthma besserte, behielt sie das Gefühl, daß dem Bruder viel mehr Zuwendung als ihr entgegengebracht wurde. Er genoß bei den Eltern große Nachsicht, so daß sie ihn um seine Position beneidete!

Die Informationen aus dem ersten Gespräch mit der Mutter und der Eindruck aus der Begegnung mit Till haben uns zu dem Verständnis geführt, den Konflikt von Till und seiner Mutter aus einem traumatischen Ereignis abzuleiten. Im zweiten Gespräch mit der Mutter sind im Kontext ihrer Lebensgeschichte und ihrer Konfliktverarbeitung weitere Determinanten bekannt geworden, die das bisher entwickelte Verständnis erweitern und modifizieren. Die Mutter hat aus ihrer Kindheit zu berichten, daß sie von allen Mitgliedern der Familie schlecht behandelt wurde: der Vater hat sie geschlagen, die Mutter hat sie verraten, der Bruder hat sie verhöhnt und verletzt. Eine derart einseitige Darstellung weckt den Verdacht, einer unbewußten Tendenz zu unterliegen, sich als Opfer darzustellen. Die Fortsetzung der schlechten Behandlung durch den Mann und den Sohn zwingt zu der Annahme, daß in der Mutter selbst ein Motiv besteht, sich schlecht behandeln zu lassen. Am deutlichsten ist das zu sehen, als sie zu der Kindertherapeutin sagt, *sie freue sich, daß Till sie auch so gern möge, wie sie,* nachdem er doch auf die Mutter geschossen und sie angeschrien hatte: *Hände hoch!* Aus dieser Haltung der Mutter läßt sich die Hypothese ableiten, daß sie die Schläge des Vaters als Zuwendung erlebt hat, mit der sie zugleich die angemessene Bestrafung für ihre heftigen Neidgefühle auf den bevorzugten Bruder erhielt. Diese Hypothese würde uns auch verständlich machen, daß sie bei ihrer

Partnerwahl wiederum einen Mann fand, der sie schlug, und unter dem sie zu leiden hatte. Leiden muß ihr ein Bedürfnis sein, das nach Befriedigung verlangt.

Till steht, wie sie, an zweiter Stelle in der Geschwisterreihe. Dieser Umstand legt eine Identifizierung der Mutter mit ihm besonders nahe, bietet sich doch auf diesem Weg eine ideale Gelegenheit, sich alles neidvoll Entbehrte zukommen zu lassen, indem sie, wie Tills Bruder, wohl richtig beobachtet hat, Till ›Narrenfreiheit‹ gewährt. Till als das ›Asthmakind‹, d. h. als Repräsentanz des beneideten Bruders der Mutter, steht für alles, was sie selbst sein und haben möchte: wie der Bruder sein und alle Vorrechte genießen können, die er bekam. Sie behandelt Till so, wie sie wünscht, behandelt zu werden. Damit können sich alle aus jener Zeit stammenden Wünsche erfüllen, die, wie sie berichtet, in der Kindheit nur mit Vaters kategorischem *Nein* beantwortet wurden. In der symbiotischen Verklammerung mit Till kann sie an all seinen Vorrechten partizipieren, und zugleich ihr Bedürfnis nach Leiden befriedigen, wenn sie sich von ihm schlecht behandeln läßt. Es verbleibt noch die Aufgabe, die Bedeutung des Flugzeugabsturzes und die durch ihn ausgelöste Veränderung des Vaters zu verstehen. Die Antwort auf die Frage, was eigentlich an dieser Veränderung traumatisch gewirkt hat, wie wir im Zusammenhang des ersten Gesprächs mit der Mutter annahmen, ist noch offen. Es läge doch nahe, die verstärkte Aggression des Vaters als ein Phänomen zu betrachten, das sich gut in die Familiensituation hätte integrieren lassen. Warum kam es zur Trennung vom Vater?

Die Antwort hierauf finden wir in der Erkenntnis, daß die Mutter durch ihre Opferrolle letztlich über die Kontrolle der Aggressionsauslösung in der Familie verfügt. Der durch die Vorrechte des Bruders entfachte Neid findet in der Macht, über andere zu verfügen, sie ›böse‹ zu machen, eine Entschädigung. Die Provokation der Aggression von Till ist in der oben zitierten Szene am Ende des Kinderinterviews unübersehbar, wenn die Mutter sein Verhalten als Ausdruck des ›Gernhabens‹ interpretiert.

Das Unglück führte durch die Verletzung zu einer hirnorganisch bedingten und damit fremden Auslösung der Aggression des Vaters; damit verlor die Mutter jedoch ihre geheime Macht über den Mann in Form der Aggressionskontrolle. Für sie ist das unerträglich, weil damit die letzte ihr verbliebene Möglichkeit einer Entschädigung für ihr Leiden aufgehoben ist. Hier findet sich ihr Motiv für die Trennung.

Die Wünsche der Mutter verlangen weiterhin nach Befriedigung. Darum muß Till in Vaters Rolle treten. Die Entwicklung von Tills Autonomie ist ebenfalls eine Bedrohung der Kontrolle der Mutter; die Aufrechterhaltung der Symbiose kann die für sie gefährlich werdende Autonomie abwehren.

Zum Schluß möchte ich noch einmal an das Stehlen Tills erinnern, um es dem Rahmen der erweiterten Überlegungen einzuordnen. Tills Stehlen ist als Symptom ein Kompromiß zweier Tendenzen: einerseits bricht er damit aus der Symbiose aus, indem er sich e i g e n e n Besitz verschafft, andererseits ist er ausführendes Organ seiner Mutter. – Wir haben gesagt, der Neid der Mutter galt dem bevorzugten Bruder. Unerwähnt blieb bisher, daß der Neid sich letztlich auf seine Männlichkeit gerichtet hat: die männlichen Familienmitglieder durften sich in ihren Augen alles herausnehmen. Die Frauen dagegen schienen durch Leiden gekennzeichnet.

Die Aufrechterhaltung der Symbiose ist zugleich die Verfügung über die Männlichkeit Tills. S i e ›stiehlt‹ letztlich seine Männlichkeit, indem sie ihren eigenen Sohn nicht aus der Symbiose entläßt. Tills Ausbruchsversuche aus der Symbiose bekommen für die Mutter den Stellenwert der Kastration. Die dann drohende Gefahr ist die r e a l e Trennung, so wie sie sich vom Ehemann trennte. Auch Till fürchtet durch die Auflösung der Symbiose eine reale Trennung, wie er sie zwischen Vater und Mutter erlebt hatte. Die notwendige Separation wird von beiden als Trennung mißverstanden. Separation bedeutet, statt äußerer, eine innere Trennung, die die Beziehung der Beteiligten aufrecht erhält und ihnen in ihrem gegenseitigen Bezug einen größeren, je eigenen Freiheitsraum zur Individuation gewährt.

Einer psychotherapeutischen Hilfe bedürfen sowohl die Mutter als auch Till. Im Rahmen einer die Behandlung des Kindes begleitenden Arbeit mit der Mutter wird ihre konflikthafte Thematik mit dem Bruder und dem Mann im Mittelpunkt stehen. Die Aufhebung der Symbiose mit Till wird die Freigabe des Kindes in seine eigenständige Entwicklung ermöglichen. In der psychotherapeutischen Behandlung von Till wird es ganz wesentlich auf die Entwicklung einer gesunden Eigenständigkeit und die Ausbildung seines eigenen Gewissens ankommen, das ihm hilft, sich angemessen einzugrenzen.

Eva Schottlaender
Der Hilferuf

Eine Mutter meldet sich mit jugendlicher und sehr direkter Stimme am Telefon. Überraschenderweise wünscht sie keinen Termin für sich, sondern ganz dringlich für ihre Tochter. Betty habe sie um Hilfe gebeten. Unmittelbar gibt die Kinderpsychotherapeutin einen Termin für Betty, ohne die Besonderheit dieser Situation weiter zu überlegen. Nach dem Anruf nimmt sie ihre Gefühle und Reaktionen erst richtig wahr. Sie schildert:

Mir ist etwas merkwürdig zumute, weil ich nicht verstehe, warum ich mich darauf eingelassen habe, zuerst Betty zu sehen. Ich gebe der Tochter einen Termin in der Vorstellung, hier braucht eine Jugendliche dringend Hilfe in einem Konflikt, den man nicht mit der Mutter besprechen kann. Ich denke an Pubertätsprobleme, Schwierigkeiten mit dem Freund, sexuelle Nöte, Konflikte, die wir normalerweise von Jugendlichen zu hören bekommen. Um so überraschter bin ich, als das Alter von Betty mit 10;9 Jahren angegeben wird. Ein Kind also! – Mit Spannung erwarte ich das Mädchen. Ob Betty nun ihrem tatsächlichen Alter entspricht, und ob meine Phantasien über ihren Konflikt zutreffen?

Zum Termin wird das Mädchen von der Mutter gebracht:

Auf den ersten Blick ist mir Betty sehr sympathisch. Ich begrüße sie im Spielzimmer. Sie ist klein und zierlich. Zu den abgeschnittenen Jeans trägt sie einen blauen Pulli mit blau-weiß-roten Ärmeln. Ihr Gesichtsausdruck ist etwas vorwitzig, keck. Dann aber schaut sie mich verlegen an. Sie ist so sehr Kind für mich, daß ich glaube, ihr eine Brücke bauen zu müssen: ihre Mutter habe mir am Telefon gesagt, sie wünsche Hilfe. Bettys Unsicherheit legt sich bald darauf und ohne Erregung erzählt sie munter und mit großem Wortschatz, so als wolle sie mir ein Bild von ihrem Leben verschaffen. Sie ist sicherlich gekommen, um zu sprechen. Die Spielsachen scheint sie nicht wahrzunehmen.

Dieser Auftakt ist ungewöhnlich. Die Therapeutin fühlt sich am Telefon von der Mutter überrumpelt, obwohl diese jugendliche Stimme sehr freundlich klingt. Dabei stellt sich später heraus, daß die Mutter bereits fünfzig Jahre alt ist. Von Betty dagegen hatte die Kindertherapeutin die Vorstellung einer Jugendlichen. Sie aber ist erst knapp elf Jahre alt. Gleich zu Beginn entsteht also eine Unklarheit über alt und jung, groß und klein.

Dann wiederholt sich die Größenthematik. *Mit Spannung* wartet die Therapeutin auf Betty. Diese erscheint zuerst bei der Begrüßung vorwitzig und keck, verwandelt sich dann aber rasch in ein kleines verlegenes Mädchen, und die Kindertherapeutin muß ihr noch eine Brücke bauen, um kindliche Unsicherheit zu mildern. Obwohl sich Spielsachen anbieten, möchte Betty aber reden wie eine Erwachsene. *Ohne Erregung,* sagt die Therapeutin, erzählt Betty von ihrem Heimweh:

Sie wollte bei einer Freundin übernachten. Es war ausgemacht, daß sie dort am nächsten Morgen zusammen ausreiten wollten, worauf sie sich brennend gefreut hatte. Betty scheint eine gute und leidenschaftliche Reiterin zu sein. Vor lauter Heimweh mußte sie die Mutter anrufen, die sie noch nachts abholte. Am nächsten Morgen ärgerte sich Betty sehr, weil sie so gerne reiten wollte und sie so dumm war.

Ihr Vater wohne in einem Nachbarort. Er sei seit etwa 3–4 Jahren von ihrer Mutter geschieden. In der letzten Zeit sei er so blöd. Sie ginge nicht mehr gerne zu ihm. Nach dem letzten Reiten habe er zum Abschied so blöde Bemerkungen gemacht. Sie habe ihn sofort danach angerufen und gefragt, was er gemeint habe. – Ich verstehe, daß er sich offenbar zärtlich von Betty verabschieden wollte, was ihr vor ihrer Freundin nicht recht war. – Außerdem habe der Vater eine Freundin, die sie gar nicht leiden könne. Die sei so pingelig, verlange, daß ihr Hemd nicht aus der Hose schaue und daß sie gerade am Tisch säße. – Hier fällt mir auf, daß wir beide recht lässig am Tisch sitzen. –

Erstmals wird also deutlich, warum Betty Hilfe sucht: Heimweh bei Nacht. Das Heimweh ist so groß, daß sie unbedingt die Nähe der Mutter braucht. Dieses Bild vermittelt die Hilflosigkeit der ›kleinen‹ Betty, die Nacht und Trennung fürchtet. – Bei Tag dagegen spürt die ›große‹ Betty Wut und Ärger über ihre *dumme* Angst; hatte diese sie doch daran gehindert, hoch zu Roß beim Ausritt mit dabei zu sein. Auch hier im Erst-Gespräch – bei Tag – beklagt sie sich über die ihr unverständlichen Ängste und möchte der Therapeutin lieber rasch ihre ›erwachsene‹ Seite zeigen. Sie spricht über ihre Lebensumstände eher wie eine Mutter, denn als ein hilfesuchendes Kind.

Erste Zusammenhänge werden sichtbar: Betty leitet sehr rasch von ihrer Symptomatik, den Ängsten, über zum Thema ›Vater‹, von dem sie erzählt, und den sie *blöd* findet. Hier können wohl Zusammenhänge mit ihren Ängsten erwartet werden. Auch mutet ihre Schilderung wie eine kleine, versteckte Liebesgeschichte an:

zärtliches Verabschieden nach dem Ausritt, empörtes Zurückweisen, Neugier, sofortige Nachfrage, was gemeint war, – das alles vermittelt ein lebendiges Bild. *Spannung* und *Erregung* werden gleichermaßen spürbar, Worte, die die Therapeutin eigenartiger Weise zu Beginn verwendet, als sie ihre Erwartung und ihr Gefühl Betty gegenüber beschreibt. Mit dem Thema ›Vater‹, das Betty einführt, kommt im weiteren zugleich das Thema ›Sexualität‹. Es liegt nahe, die empörte Zurückweisung von Vaters zärtlicher Verabschiedung vor der Freundin so zu verstehen, daß Betty sich nicht in ihren zärtlichen Gefühlen entdeckt sehen will und dies mit Empörung überspielt. Diese Vermutung wird gestützt durch die folgende Geschichte am Telefon: Betty spricht mit dem Vater gleich nach der Verabschiedung am Telefon, sozusagen im Schutze des Telefons, weil sie neugierig ist, ob nicht mehr dahinter stecken könnte. Betty erlebt etwas, das sie neugierig und ängstlich zugleich macht. Ihre Beziehung zum Vater hat für Betty sichtlich eine ganz bestimmte Bedeutung, was ihre Wendung auf die Freundin des Vaters zeigt. Diese ist ihr nicht unwichtig, sie mag sie nicht leiden, sagt sie offen. Betty ist eifersüchtig. Wenn sie die Freundin als *pingelig* kritisiert, ist das ihr Weg, mit der Eifersucht fertig zu werden. Wenn Betty erzählt, daß sie von der Freundin des Vaters gerügt wird, dann hat sie eine Person eingeführt, die Ordnung und Grenzen schafft, eine Über-Ich-Instanz, eine Notwendigkeit zur Lösung der ödipalen Konfliktsituation.

Die Kindertherapeutin bemerkt an dieser Stelle ihre eigene lässige Haltung, die auch Betty eingenommen hatte. Sie erlebt Bettys letzte Schilderung wie eine Mahnung. Zur gleichen Zeit also kommt von der Kindertherapeutin aus der Beziehung zu Betty die Erinnerung an das Gewissen. Die Elfjährige erzählt so, als ob hier nur Partnerbeziehungen herrschen, was sich im Gespräch mit der Therapeutin widerspiegelt. Die Art der Beziehung vermittelt eine Ebene von Gleichen unter Gleichen. Dieser Eindruck verstärkt sich noch, als Betty im Interview das nächste Thema anschlägt:

Sie habe drei große Schwestern, 27, 25 und 20 Jahre alt. Das sei ganz toll. Sie lebten zum Teil in einer Wohngemeinschaft mit anderen zusammen. Die eine sei verheiratet, aber nur aus steuerlichen Gründen. Betty und die Mutter seien oft in der Wohngemeinschaft. Alle Geburtstage werden gemeinsam ›ganz groß‹ gefeiert. Betty erzählt begeistert vom Leben mit den Schwestern. Sie selbst wohnt mit der Mutter zusammen. Muß diese einmal weggehen, so kommt entweder eine der Schwestern zu ihr, oder sie geht in die

Wohngemeinschaft oder sie bleibt allein. Das sei zu Anfang nicht so leicht gewesen, »aber ein Kind muß auch mal alleine bleiben können!« setzt sie altklug hinzu. Mittlerweile mache ihr das nichts mehr aus.

Man bekommt den Eindruck eines Frauenclans. Die sehr viel älteren Schwestern – Betty ist ein Nachzügler – haben scheinbar den Absprung vom Elternhaus geschafft. Sie haben sich ›emanzipiert‹, jedoch bleibt trotz der Wohngemeinschaft eigentlich vieles beim Alten: Mutter und kleine Schwester gehören dazu, gehen aus und ein. Männer spielen anscheinend keine Rolle. Man heiratet nicht, um einen Partner zu bekommen, sondern um in der Wohngemeinschaft bei Frauen, den Schwestern, letztlich bei der Mutter bleiben zu können. Betty lebt sichtlich das Leben der großen Schwestern mit. Sie weiß über alles Bescheid, selbst über die Hintergründe der Partnerbeziehungen. Es herrscht eine große Verschwisterung, ohne Generationsschranken, ohne Trennung. Es ist möglich, daß Betty ein wenig übertreibt, weil sie doch groß und erwachsen erscheinen möchte und zu den Schwestern gezählt werden will. Aber die Frage taucht auf, ob die hilflose Angst noch das einzig Kindliche von Betty ist. Wir hören aus dem weiteren Bericht, daß Betty auch altersgemäße Interessen hat:

Betty besitzt eine Häsin, Stefanie, die sie sehr liebt und zärtlich versorgt. Sie mag überhaupt Tiere gern. Empört berichtet sie von einem Ferienerlebnis auf dem Lande. »Das war 74«, vermerkt sie erwachsen. Da hätten sie bei einem Freund der Mutter gewohnt. Dieser Mann habe einen Hasen totgeschossen, weil er dessen Kohl gefressen hatte. Betty fand das sehr schlimm.

Erneut erscheint ein Mann als Außenseiter, der hier zum Bösen wird, wenn er das arme, kleine, hungrige Häschen, mit dem Betty sich identifiziert, erschießt. Nicht von ungefähr war es ein Freund der Mutter, und das war es vermutlich, was Betty beschäftigte.

Betty plaudert weiter, daß sie in der Schule keine Probleme hätte. Nachmittags spiele sie mit den Freundinnen. Bei dieser Erinnerung wird sie recht munter und vergnügt. Alle Freundinnen hätten unterschiedliche Ängste, ja, das sei vielleicht normal, in diesem Alter, aber ihre Ängste seien so blöd, wenn sie zum Beispiel bei einer Freundin schlafen wolle. Hier fällt Betty ein Traum ein: Sie wurde von einem ganz kleinen Tier mit schrecklich langer Nase verfolgt. Das Tier habe sich dann der Schwester auf die Nase gesetzt. Der habe es nichts getan. Darauf habe es wieder sie verfolgt.

Eben noch erfährt man etwas erleichtert von Bettys altersgerech-

ten Interessen, den Umgang mit den Freundinnen und daß ihr die
Schule keine Schwierigkeiten bereite. Aber dann fließt bereits
wieder die bedrohliche Angst in ihre Erzählung ein. Wieder
verwendet sie das Wort *blöd*, diesmal für ihre Angst, wie vorher im
Urteil über den Vater. Und wie zur Bestätigung des Zusammen-
hangs fällt ihr auch an dieser Stelle ihr Traum ein. Ungewöhnlich,
wie die Tatsache, daß ein Kind dieses Alters bereits im Erstgespräch einen Traum erzählt, ist auch der Inhalt dieses Traumes.
Wieder zeigt sich die ›Groß-Klein‹-Thematik: ein kleines Tier mit
großer Nase, wird hier für Betty zum Verfolger. Man könnte
diesen Traum einer Pubertierenden zuschreiben, die sich mit der
phallischen Sexualität auseinandersetzt. Während die große
Schwester ›Bescheid weiß‹, nicht davon bedroht wird, begreift
Betty noch nichts. Es wird jetzt gut verstehbar, wie sie im Gegensatz zu ihrer Selbstdarstellung, als ob sie schon erwachsen wäre, in
Wirklichkeit in einer ganz kindlichen Phantasiewelt lebt, in der sie
sich der Konfrontation mit dem Männlichen völlig ausgeliefert
fühlt. Obwohl sie ihrem Alter nach bald in die Pubertät kommt, so
scheint hier doch eine verfrühte Auseinandersetzung mit der
sexuellen Thematik vorzuliegen. Betty konnte wohl die frühere
Entwicklungsphase der ödipalen Auseinandersetzung nicht befriedigend lösen, so daß sie weiterhin davon beunruhigt wird.
Eine starke Ambivalenz ist in ihrer Beziehung zum Vater spürbar.
Heimliche Wünsche, Neugier eines kleinen Mädchens muß sie
vehement abwehren. Das macht sie, indem sie den Mann bagatel-
lisierend entwertet, wie den Vater, der *so blöd* ist, oder den Mann
der Schwester nur als Mittel zum Zweck darstellt, oder aber indem
sie in ihm das Böse und das Gefährliche wie im Freund der Mutter
sieht, der kleine wehrlose Häschen totschießt. Die sexuelle Thematik kann sie noch nicht verstehen, fürchtet sich davor, wird im
Traum davon verfolgt und bedroht. Wie sehr Betty diese für sie
wichtige und zugleich bedrohliche Seite abwehrt, zeigt auch folgende Szene. Betty überläßt dem Vater ein altes Spielzeug und
macht ihn gleichzeitig damit verächtlich klein:

Ich bemerke, daß Betty mehrmals zur Puppenstube schielt, und biete ihr
an, damit zu spielen. Sie sagt, sie spiele nicht mehr mit Puppen. Ihr Pappi
habe so eine Puppenstube. Als ich frage, was er damit mache, grinst sie und
sagt, es sei ihre alte. –

An dieser Stelle geht die Stunde zu Ende und ich informiere Betty, daß
wir auch mit den Eltern reden. Betty erschrickt und beeilt sich sofort zu

erklären: »Oh, dann dürfen Sie aber meinem Pappi nicht sagen, daß die
Mammi manchmal im Büro arbeitet. Sonst kriegen wir nicht mehr so viel
Geld!« Ich erkläre ihr die Schweigepflicht, was Betty erleichtert.

Betty erschrickt. Sie hat Angst, ob sie zuviel gesagt hat, etwas
verraten hat. Dabei scheinen sie ihre negativen Aussagen über den
Vater weniger zu belasten als die Furcht, eventuell die Mutter, und
damit den Frauenclan, verraten zu haben. Hat sie sich zu sehr ins
Abseits begeben? Hat sie sich abgegrenzt von Mutter und Schwestern und muß sie sich nun beeilen, die Zusammengehörigkeit
wieder zu betonen? Anscheinend wird in der Familie der Mann
zwar zum Bösen, zum Außenseiter gemacht, zugleich aber auch
zum Objekt, das man so viel als möglich ausnehmen muß. Betty
steht sichtlich mitten in einem Loyalitätskonflikt zwischen den
geschiedenen Parteien. Sie hat Angst, ›die Frauen‹ verraten zu
haben, die sie doch so dringend braucht, und aus ihrer Reaktion ist
zu entnehmen, daß ihr dieses Erst-Gespräch mit der Therapeutin
Schuldgefühle macht, auch wenn sie sich scheinbar mit der Erklärung der Schweigepflicht zufrieden gibt.

Bald darauf kommt Bettys Mutter zur Kinderpsychotherapeutin.
Diese fand die Mutter erneut so sympathisch wie damals am
Telefon. Die Kindertherapeutin hebt besonders die Direktheit
und Menschlichkeit dieser Mutter hervor. Ohne Umschweife beginnt die Mutter sofort zu berichten:

»Betty hat nach der Stunde hier fast geweint und will nicht wieder kom-
men.« Den Grund könne Betty nicht angeben. Das viele Reden hätte sie
angestrengt. Auf weitere Fragen der Mutter betonte Betty, sie dürfe nichts
erzählen. Auch der großen Schwester teilte sie mit, die Therapeutin habe
die Schweigepflicht angeordnet.

Mit dieser Reaktion, die der Mutter unverständlich erscheint,
bestätigt sich die Vermutung, daß Betty das Gespräch mit der
Therapeutin mehr bewegt haben muß, als sie es in der Stunde
zugeben konnte. Auch spürt man, wie Mutter und Schwester auf
die Kleine eindringen, Erklärungen suchen, was denn so Schlimmes vorgefallen sei, daß Betty nur noch weinen kann. Hatte man
sie doch zur Therapeutin vermittelt, um ihr Hilfe für ihre Ängste
zu verschaffen, und nun kommt ein weinendes Kind zurück. Die
Familie kann es schlecht ertragen, wenn die Jüngste unglücklich
ist, einen eigenen Weg geht. Vielleicht darf überhaupt niemand
unglücklich sein, niemand seinen eigenen Weg gehen. Die Therapeutin sicherte Betty zu, über den Inhalt ihres Gespräches zu

schweigen. Betty kehrt dies um. Indem sie betont, daß sie selbst zu schweigen hätte, kann sie damit diese Stunde als Geheimnis für sich behalten.

Die Mutter berichtet weiter: Betty hat in den letzten Tagen – nachdem der Termin zwischen Mutter und Therapeutin vereinbart war – die Therapeutin wieder nett gefunden. Nun erzählt die Mutter über Bettys Leben: Die Eltern haben sich scheiden lassen, als Betty 2 ½ Jahre alt war.

Die Therapeutin wird hellhörig, sprach Betty nicht davon, der Vater sei *seit etwa 3 bis 4 Jahren von der Mutter geschieden?* Also hat sie die Scheidung in ihr sechstes Lebensjahr datiert. Dies muß eine Bedeutung haben und so interessiert sich die Therapeutin, Näheres über diese Zeit zu erfahren.

Die drei großen Schwestern hätten ›ihre Erfahrungen‹ mit dem Vater gemacht und wollten nichts mehr mit ihm zu tun haben. So ist Betty das einzige Bindeglied zum Vater. Sie hätte ihn früher wöchentlich besucht. –

Über die Kleinkindzeit von Betty erfährt man wenig Auffälliges, ausgenommen eine Darmerkrankung zur Zeit der Scheidung, die zu Stuhlverhalten und einem viertägigen Klinikaufenthalt der Zweieinhalbjährigen führte.

In ihrem sechsten Lebensjahr habe sich Betty plötzlich strikt geweigert, zum Vater zu gehen. Sie äußerte krasse Ablehnung gegenüber der Freundin des Vaters. Von da an ging sie nur noch in Begleitung ihrer Freundin zum Vater zu Besuch. Mittlerweile zog die Familie in eine Nachbarstadt, wohin die Eltern der Mutter aus der Schweiz übergesiedelt waren. Ihr Vater hatte inzwischen den Diplomatendienst aufgegeben und lebte im Ruhestand. Die Schwestern von Betty zogen der Reihe nach aus dem Haus. Unter diesen Trennungen habe Betty sehr gelitten, was sich durch die Erfahrungen häufiger Besuche in der Wohngemeinschaft gelegt habe. Zur Zeit des Umzuges, Betty war sechs Jahr alt, stand auch schon fest, daß die letzte Schwester aus dem Haus ziehen würde. Seither leben Betty und ihre Mutter alleine.

Wenn der Vater Betty abholt, wartet er immer vor dem Hause, weil er sich weigert, die Wohnung zu betreten. Als Betty vor vier Jahren (also wieder datiert in die Zeit, in die Betty die Scheidung verlegt hat), mit Bauchschmerzen und Übelkeit sowie mit Angst auf die Besuche reagierte, gab es per Telefon eine heftige und laute Auseinandersetzung zwischen den Eltern. Betty wollte den Streit schlichten. Sie griff zum Telefon, jedoch meldete sich nur die Großmutter, die Mutter des Vaters. Der Vater selbst verweigerte sich. Betty war empört. Sie ging danach bis vor kurzem seltener zum Vater, vor allem nachdem dieser sich weigerte, stets Bettys Freundin-

nen mitzunehmen. Der Hausarzt, den man wegen der Bauchschmerzen konsultierte, riet der Familie mit Betty über die Scheidungsgründe zu reden, was bis dahin niemand getan hatte. Insbesondere die Schwestern hätten die Auffassung vertreten, Betty solle ganz allein ihre Beziehung zum Vater gestalten, »um ihr die Belastung der eigenen negativen Erfahrungen mit dem Vater zu ersparen«.

In dieser unklaren Bemerkung spielte sich wohl eher eine zwiespältige Hoffnung: Die Kleine werde entweder die negative Seite des Vaters bestätigen, oder eine positive Beziehung Bettys zum Vater könnte als Bindeglied den geheimen Wünschen der übrigen Familie dienlich sein.

In diesem aufschlußreichen Bericht der Mutter werden viele Fragen deutlicher beantwortet. Betty hat die Trennung vom Vater in ihr sechstes Lebensjahr verlegt. Hatte die Familie vorher dem Kind die tatsächliche Scheidung verheimlicht – Betty ging wöchentlich zum Vater – so wird nun durch den Umzug der Rest-Familie und den Streit der Eltern am Telefon die Scheidung endgültig offenbar. Neben diesen äußeren Gründen wird jedoch für Betty die Scheidung innerlich noch gewichtiger. Mit ihren sechs Jahren steht sie in der ödipalen Entwicklungsphase. Durch die offene Distanzierung zwischen Vater und Mutter am Telefon wird Betty erstmals damit konfrontiert, daß der Vater für sie ›frei‹ ist. Die Mutter erhebt also keinen Anspruch mehr auf den ›Vater‹. Dadurch müssen inzestuöse Wünsche für Betty noch gefährlicher werden, als dies bereits in einer intakten Ehe der Fall ist. Sie reagiert mit Bauchschmerzen und Angst. Sie wählt vorwiegend den ungefährlichen Telefonverkehr, damit die direkte Nähe zum Vater vermieden wird. Oder aber, Betty geht nur in der schützenden Begleitung einer Freundin zum Vater. Bettys Freundin hat hier wohl eine Doppelfunktion: einerseits schützt sie Betty vor den geheimen ›verpönten‹ inzestuösen Wünschen, sie bildet so etwas wie eine Gewissens- und Schamschranke, andererseits dokumentiert Betty damit, daß sie nicht alleine ist, sie hat *auch* eine Freundin, wie der Vater.

Diese Freundin des Vaters kann ein weiterer Grund dafür sein, daß Betty nicht mehr so gerne zum Vater geht: ihre krasse Ablehnung zeigt deutlich, wie sehr sie mit Eifersucht zu kämpfen hat. Weitere Ursachen für den Einschnitt in Bettys Leben, das Wirksamwerden der Scheidung im sechsten Lebensjahr und Bettys Reaktion mit körperlicher Symptomatik finden sich in folgenden

Umständen: Die Familie zieht von der ›Vaterstadt‹ weg, zurück zu den Eltern der Mutter. Damit geht auch zugleich die letzte Schwester Bettys aus dem Haus. Betty lebt fortan mit der Mutter alleine. Jetzt konzentriert sich die Fürsorge der Mutter nur noch auf ein Kind. Betty wird Partnerin der Mutter. Sie leidet unter der Trennung von den Schwestern, sie reagiert unbewußt mit Bauchschmerzen, ebenso wie einst bei der realen Scheidung der Eltern, als sie mit 2½ Jahren in die Klinik mußte. Man kann auch vermuten, daß der Umzug für die Mutter eine wichtige Bedeutung hat. Warum kehrt sie zu ihren Eltern zurück? Gibt es auch bei ihr ein Trennungsproblem?

Vorerst fällt in der Schilderung der Mutter auf, daß immerfort das Wort *Weigerung* auftaucht: Betty weigert sich vom Gespräch bei der Kindertherapeutin zu berichten, – ein zweites Mal dorthin zu gehen. – Die Schwestern weigern sich, je wieder Kontakt mit dem Vater zu haben. Außerdem verweigern sie indirekt das Zusammenleben mit der Mutter. – Der Vater weigert sich, das Haus zu betreten, wenn er Betty abholt, und schließlich weigert sich Betty, als sie sechs Jahre alt war, energisch weiterhin ohne Begleitung zum Vater zu gehen. Der Vater verweigert sich danach am Telefon der Tochter, und später lehnt er es ab, andere Kinder mitzunehmen.

Man gewinnt den Eindruck, daß hier die Weigerung eines Ehepaares, weiterhin zusammenzuleben, praktisch auf die Beziehung aller Familienmitglieder übertragen wird. Bei Bettys älteren Schwestern erscheint diese Weigerung als ein finanzielles Aufbegehren dem Vater gegenüber. Dabei verweigern sie eigentlich ihre Erwachsenheit. Betty ist von dieser Weigerung der Schwestern betroffen; hat sie doch die wichtige Funktion eines Bindegliedes zwischen den Parteien inne. Wie die Therapeutin später erfährt, bringt Betty immer geschickt die finanziellen Wünsche der Frauen ›an den Mann‹, da ja nur über sie die Verbindung zum Vater besteht.

Hier entsteht für Betty eine Kollision der Interessen. Sie beteiligt sich ihrerseits an den ›ausbeuterischen‹ Tendenzen der Frauen: Extras, Reitdressing, Tierfutter o. ä. kann sie gut vom Vater herauslocken. Jedoch steht dieses ›Ausbeuten‹, ein von Betty übernommenes Rachemotiv der Schwestern, sicher im Gegensatz zu ihren zärtlichen Gefühlen dem Vater gegenüber. Es wird deutlich: um mit den Frauen in Frieden und Ruhe leben zu können, muß der Vater in Bettys Augen zum Rabenvater werden. Zu einem Vater, dem man die Freundschaft aufkündigt bis auch dieser sich seinerseits weigert, das Spiel mitzuspielen. Eine erste Weigerung Bettys findet sich bereits in ihrem 3. Lebensjahr, als die Eltern sich scheiden ließen. Sie bekam Bauchschmerzen und Verstopfung. Die Weigerung, den Darminhalt herzugeben, weist einerseits auf ein symbolisches Festhalten hin. Sie will etwas für sich behalten, denn damals war es sicher schwer, den Vater herzugeben. Ferner wird auch das ›Schlechte und Böse‹ im Darm festgehalten, wird entwertet, wie Betty auch heute ihren Vater als ›blöd‹ entwerten muß. Sie bleibt mit dem Symptom der Verstopfung auf der anal-retentiven Stufe fixiert und verarbeitet somit die Trennungsproblematik über den ›Bauch‹, als Ausdruck ihrer Trauer bei der Trennung.

Noch ist die Mutter mit ihrem laufenden Bericht nicht zu Ende: *Seit Bettys Schuleintritt, also mit etwa 6 ½ Jahren, wird sie von der Mutter zur Schule gefahren, obwohl eine einfache Busverbindung besteht. Außerdem betritt sie das Klassenzimmer nur in Begleitung eines anderen Kindes. Wenn die Mutter ihr allerdings deutlich machen kann, daß es ihr unmöglich ist, sie zu fahren, geht sie morgens auch alleine. Sie hat Angst vor neuen Situationen, obwohl sie bei anderen Gelegenheiten mutig und selbständig sein kann, wie zum Beispiel beim Schwimmen, Springen, Reiten. Sie hat Angst alleine zu sein, was auch vermieden wird. Die Mutter äußert: »Wenn jemand Angst hat, so hat er einen Grund, und man muß darauf eingehen.« Die Sorgen der Mutter steigern sich, als Betty bei einem neuen Lehrer vor einer Arbeit – Betty steht in allen Fächern zwischen 1 und 2 – mit Übelkeit und Bauchschmerzen reagiert. Seitdem versucht die Mutter mit Betty darüber zu reden, was ihr wohl Bauchschmerzen verursacht, und Betty kann nun sagen, sie habe Angst vor etwas. Damit hören Übelkeit und Bauchschmerzen auf. Die Mutter trägt später noch nach, daß Betty in letzter Zeit oft mit Daumenlutschen reagiert. Auch schildert sie noch einmal, wie sie das Kind damals, vor dem Ausritt, bei ihrer Freundin nachts abholen mußte, obwohl sie vorher mit ihr vereinbart hätte, daß dies nicht in Frage komme. Bettys Stimme sei dann ganz klein gewesen.*

Betty hat also, statt der einstigen Körpersymptome, vielfältige Ängste entwickelt: sie kann nicht mehr alleine bleiben, sie braucht die Mutter oder andere Kinder, um ihre inneren Ängste in Schach zu halten. Sie hat Angst vor neuen Situationen, und die Angst verstärkt sich – nicht von ungefähr – als ein neuer Lehrer ins Blickfeld kommt. Nach dem bisher Geschilderten, muß jeder

Mann für Betty beängstigend und gefährlich erscheinen, weil er ihren Phantasien neue Nahrung gibt. Sie muß versuchen, ihn irgendwie auszuschalten oder zu entschärfen. Zugleich ist aber auch ein möglicher Anteil der Mutter an Bettys Symptomatik nicht zu übersehen. Sichtlich werden Ängste von ihr bedingungslos toleriert, ja, sie erträgt geduldig die kleinen Tyranneien der Tochter; denn sie haben in ihren Augen eine Berechtigung, auch wenn sie diese nicht kennt. Es erstaunt jedoch, wie gut die Mutter den unbewußten Zusammenhang zwischen den Bauchschmerzen und der Angst ahnt. Sie kann dem Kind durch Gespräche helfen und erreicht damit, daß die körperlichen Symptome überwunden werden. Die dafür eintretende Angstsymptomatik ist eine psychisch reifere Leistung. Die Therapeutin beschreibt, wie sympathisch die Offenheit der Mutter ist, die zuhören, Hilfe aufnehmen kann und zum Beispiel auf den Hinweis der Therapeutin, daß Betty wohl eine Bindegliedsfunktion innehat, bestätigend eingeht: *Ja, ich glaube schon, daß ich Betty bestimmt oft als Partner überfordert habe!* Ebenso beeindruckt es die Therapeutin, daß die Mutter trotz ihrer Ablehnung dem einstigen Ehemann gegenüber hier zugeben kann, daß dieser auch unter der Trennung von der Familie leide, und daß seine Zuwendung zu Betty symbolisch für alle Töchter stehe. *Er bedränge Betty, ob sie ihn noch liebe!* – Die Mutter vermutet gleichzeitig ein Eifersuchtsproblem der Jüngsten gegenüber der neuen Freundin des Vaters.

Spätestens an dieser Stelle taucht die Frage auf, von wem wird hier eigentlich geredet? Wer leidet hier unter der Trennung? Wer zeigt hier Eifersucht auf wen? Die merkwürdige Frage des Vaters, *ob Betty ihn noch liebe,* – gilt sie nicht eigentlich der Mutter? Oder wünscht sich die Mutter unbewußt, daß der Vater diese Frage an sie stelle? Wieder wird spürbar, wie hier ungelöste Probleme der Ehepartner wirksam werden, die sie aber an Betty delegieren. Wird sie nicht wie eine Erwachsene behandelt? Es wundert nicht, daß Betty auf die Überforderung mit der kleinkindhaften Reaktion des Daumenlutschens an die Eltern appelliert: ›Seht doch, wie klein ich eigentlich noch bin!‹ – ein unbewußter Hilferuf.

Aber auch die Kindertherapeutin wird in diese Groß-Klein-Thematik mit hineinverstrickt. In den folgenden abschließenden Vereinbarungen zwischen Mutter und Therapeutin wird Betty erneut die Funktion einer Jugendlichen zugeteilt: es wird verabredet, daß Betty selbst um einen Termin bitten kann, wenn sie das möchte. Beide scheuen sich, in ihr das kleine hilfesuchende Mädchen zu sehen, wie dies Betty ihrerseits provoziert. So kommt die Mutter nicht auf den Gedanken, sie könnte der kleinen Tochter vielleicht ›eine Brücke bauen‹, sondern sie erwartet eine selbständige Entscheidung wie von einer Jugendlichen. Die Aufhebung von ›groß‹ und ›klein‹, die Verschwisterung zwischen Mutter und Tochter, vermittelt sich auch im Verhalten der Mutter der Therapeutin gegenüber:

Die Mutter geht mit mir so direkt um, wie sie dies wohl mit ihren Töchtern zu tun pflegt. Zeitweise fühle ich mich selbst wie eine Tochter oder Schwester. Erneut werde ich überrumpelt, als die Rede auf eine mögliche Therapie kommt. Ohne Raum für einen Einwand zu lassen, bestimmt die Mutter: »Wir machen die Therapie doch bei Ihnen, oder?«

Es gibt keine Trennung zwischen Betty und der Mutter: ›*Wir*‹ *machen die Therapie*. Dabei muß allerdings vorausgesetzt werden, daß die Mutter von den begleitenden Elterngesprächen bei einer Kindertherapie weiß, und diese freudig für sich in Anspruch nehmen möchte. – Es gibt aber auch keine Trennung zwischen Mutter und Therapeutin, die sich zeitweise wie eine Tochter fühlt, über die einfach verfügt wird: Wie bereits zu Beginn für das Erst-Gespräch am Telefon fühlt sich die Therapeutin mit dem Kind verkuppelt, diesmal zu einer Therapie.

Mutter und Therapeutin verabreden nun miteinander ein zweites Gespräch. Vieles ist noch offen, insbesondere die Hintergründe, die diese schon etwas ältere Mutter dazu führen, ihre Töchter zu Schwestern zu machen, erwachsene Funktionen an die jüngste Tochter abzutreten und gleichzeitig ihre eigenen Gefühle für den Partner zu verdrängen.

Beim neuen Termin berichtet die Mutter als erstes, Betty habe sich sehr über meinen Gruß gefreut und wolle gerne wiederkommen. Wir kommen auf die Trennung Bettys anläßlich des viertägigen Klinikaufenthaltes zur Zeit der Scheidung zu sprechen, den Umzug, als Betty 6 Jahre alt war, und überlegen, ob hier mögliche Zusammenhänge mit Bettys Angst vor allem Neuen bestehen können. Aber spontan kommt die Mutter auf eigene Trennungserlebnisse in ihrer Kindheit. Unvermittelt sagt sie: »Letztendlich habe ich mich bis heute noch nicht von meinen Eltern richtig trennen können!« Ihre Eltern würden auch noch heute versuchen, ihre eigenen Vorstellungen bei der erwachsenen Tochter durchzusetzen. Wenn es dann zu Auseinandersetzungen käme, hätten alle Beteiligten große

Schuldgefühle, weshalb man solche Auseinandersetzungen tunlichst vermeide.

Die Mutter hat einen zwei Jahre älteren Bruder. Sie schildert, wie streng ihre Eltern in der Kindheit gewesen seien, »stockkonservativ«. Trotzdem sei sie in gewissem Sinne stolz auf ihre Eltern gewesen, da diese etwas Besonderes verkörperten. Der Vater hatte als Schweizer Diplomat im Ausland stets eine hervorragende Position eingenommen, und dieser Glanz fiel immer auch ein wenig auf die Familie zurück. Aber auch ihre Mutter sei etwas Besonderes gewesen. Sie war fortschrittlich eingestellt, spielte zum Beispiel im Tennisclub mit, weshalb die Freundinnen sie immer beneidet hätten.

Als Zwölfjährige mußte Bettys Mutter Schule und Heimatort verlassen und wurde von Schule zu Schule geschickt, einmal zu den Großeltern, dann in ein Internat. Dazwischen fanden zeitweise kurze schmerzliche Zusammentreffen mit den Eltern statt, da die Mutter ihrem Ehemann stets in die verschiedenen Länder nachgefolgt war. Während der Bruder das Abitur machte, hielten es die Eltern nicht für notwendig, der Tochter eine Ausbildung oder einen Abschluß zu ermöglichen. Sie wurde zur Vervollständigung ihrer Sprachkenntnisse ins Ausland geschickt und half dann dem Vater zeitweise bei leichten Schreibarbeiten aus. Von Altersgenossen war sie isoliert. Ihre Bekannten waren den Eltern nie gut genug.

Bitter erzählt sie, daß ihre Mutter ihren späteren Ehemann zuerst kennenlernte und sie und ihren Ehemann regelrecht »verkuppelte«. In ihrer Ehe sei sie total unterdrückt worden, von ihrem Mann nicht anerkannt. Als nach Jahren die Schwierigkeiten zu groß wurden, hätten sie die Scheidung eingereicht, unterstützt von ihren großen Töchtern. Sehr offen bekennt sie, daß die Töchter ihr eigentlich zu der Selbstsicherheit und Selbständigkeit verholfen hätten, die sie inzwischen besitze. »Ja, es geht mir auch heute noch so, daß ich meine Töchter zur Problembewältigung brauche.« Hier hielt die Mutter inne und fügte nur noch hinzu, daß sie nie wütend werden durfte, und ich entdecke, wie mir beim Gespräch auffiel, daß sie oft während des Redens die Zähne aufeinanderbiß. – Abschließend gestand sie noch unglücklich: »das Schlimme ist, daß ich heute noch von meinen Eltern finanziell abhängig bin.«

Dieser Bericht gibt die Aufschlüsselung der Beziehung von der Mutter zu Betty und den übrigen Töchtern, sowie zum einstigen Ehemann. Sie selbst, betrogen um ihre eigene Jugendzeit, darf und kann sich nicht selbst von ihren Eltern ablösen. Abgrenzung und Distanzierung, Wut und Auseinandersetzung konnten von ihr nie erlebt werden, es sei denn unter großen Schuldgefühlen.

Als Zwölfjährige war sie noch zu unreif, um die ständigen Trennungen zu verkraften und bei den kurzen Besuchszeiten war sie stets die ›gute Tochter‹, um die Liebe der Eltern zu erhalten. Gegenüber dem autoritären Vater, der die Wünsche der Tochter nach Ausbildung und Beruf negierte, konnte sie sich nicht durchsetzen, um sich zu verselbständigen. Die Mutter, die den Vater ins Ausland begleitete, war zu weit entfernt, als das sie mit ihr in positivem Sinne hätte rivalisieren können. So erlebte Bettys Mutter keine altersgerechte Pubertät, Adoleszenz und schließliche Ablösung von den Eltern. Sie war isoliert, die Eltern lehnten ihre Freunde ab, sie fügte sich, hatte sie doch nie gelernt sich offen zu weigern.

Wie verständlich, daß die nun Fünfzigjährige so großen Anteil an allen Belangen ihrer heranwachsenden Töchter nimmt. Die Töchter verstehen, sich zu weigern, was ihr selbst nie gelang. Die Töchter können die Mutter tyrannisieren, und diese fügt sich – wie schon immer. Deshalb müssen alle in der Geschwisterrolle verbleiben, weil die Mutter ihre Töchter als Gleiche unter Gleichen braucht, um an deren Altersinteressen zu partizipieren und von ihnen zu lernen. Darüber hinaus brauchte die Mutter ihre großen Töchter, um sich vom Ehemann zu trennen, sowie sich innerlich einigermaßen von ihren Eltern zu distanzieren. War sie doch nach ihrer Scheidung in die unmittelbare Nähe zu ihren Eltern gezogen. Die natürliche Reihenfolge der Generationen wird ab der 2. und 3. Generation verkehrt.

Noch verständlicher wird jetzt die Rolle des Mannes in der Familie, sowie die Tendenz der Mutter andere zu ›verkuppeln‹. Wiederholt hier nicht die Mutter unbewußt ständig bei Betty, bei der Kindertherapeutin, was ihr einst von der Mutter angetan wurde? Sie durfte selbst keine Entscheidung treffen – kann dies bis heute noch nicht. Der Ehemann wurde ihr bestimmt. Es ist anzunehmen, daß die noch unreife isolierte Zwanzigjährige nicht in der Lage war, Protest gegen die ›Verkuppelung‹ einzulegen. Vielleicht hoffte sie sogar durch eine Heirat, welche die Mutter für sie aussuchte, ein wenig vom Glanz der Eltern für sich zu gewinnen und sich durch den Mann von den Eltern zu distanzieren. Um so mehr mußte sie sich betrogen fühlen. Eigentlich konnte diese Ehe gar nicht gut gehen. Welche männlichen Vorbilder hatte die junge Frau in ihrem Leben schon erfahren? Da war erst der Vater, eine glänzende Figur auf dem internationalen Parkett, geehrt, geachtet wohin er kam, ständig von untergebenen Eingeborenen bedient, ein Pascha, dem man nicht widersprechen durfte. Er hielt es nicht für notwendig – Geld war genügend vorhanden – der Tochter eine Ausbildung zu geben. So ist sie bis heute auch finanziell von den Eltern abhängig geblieben. Vielleicht waren seine Gründe für diese Einstellung nicht nur allein negativ, wie es die Mutter jetzt sieht. Sichtlich konnte auch er sich nicht von seiner Tochter trennen, wollte er sie doch einst als Schreibkraft und auch heute noch zur Pflege in seiner Nähe haben.

Der zweite männliche Vertreter in der Kindheitsgeschichte der Mutter ist ihr Bruder. Man weiß nicht sehr viel von ihm, jedoch ist zu vermuten, daß er von der jüngeren Schwester bewundert und beneidet wurde. Er durfte Beruf und Selbständigkeit erreichen, was ihr als einem Mädchen nicht gestattet war. Welch ein Haß auf die Privilegien der Männer mochte sich angesammelt haben und wird erst in der nächsten Generation offen ausgetragen. Kein Wunder, daß sich die drei Töchter, als sie alle das Haus verließen, in einer Wohngemeinschaft mit anderen ›Leidensgenossinnen‹ zu einem Frauenclan zusammenschweißten. Ein Mann wird hier höchstens als Mittel zum Zweck gebraucht. Ausbeutung des Mannes scheint legitim als Rache an der den Frauen und Mädchen zugefügten Ungerechtigkeit.

Aus welchen Gründen Bettys Vater einst auf die Verkuppelung durch die Schwiegermutter einging, ist nicht bekannt. Jedoch war seine Position in der zukünftigen Familie bereits vorgezeichnet. Einerseits trat er die Stelle ihres überaus bestimmenden Vaters an, die er anscheinend gern einnahm, wenn sie berichtet, daß ihr Mann sie *total unterdrückte*. Andererseits wurde er zum geheimen Racheobjekt der Töchter, wobei die Mutter die Töchter unbewußt als Stellvertreter für sich vorschickt. Sie sollten materielle Privilegien beim Vater in Anspruch nehmen, deretwegen sie einst den Bruder so sehr beneidete.

Aber zurück zu Betty. Sie hat andere Erfahrungen mit dem Vater gemacht als ihre Mutter. Aus den Schilderungen der Mutter wie der Tochter, wird bei aller äußeren Ablehnung des Vaters spürbar, daß doch eine positive Vater-Tochter-Beziehung vorliegt, die sogar von allen, Mutter und Schwestern, unterstützt wird. Ist doch Betty die einzige von allen, die seit Jahren wöchentlich mit dem Vater Kontakt hatte, mit ihm sprach, spielte, mit ihm gemeinsam ausritt. Sie tat das alles selbstverständlich bis zu ihrem

6. Lebensjahr und freute sich daran. Vielleicht findet sich die Mutter in ihren eigenen kindlich-zärtlichen Gefühlen ihrem Vater gegenüber in Betty ein wenig wieder. Die Schwestern werden auf ihre Weise an der Verbindung zwischen Betty und dem Vater partizipieren. Vermutlich müssen alle diese Frauen ein wenig nach dem Manne schielen, der so strikt Außenseiter bleiben soll. Mutter und Töchter sind keineswegs unattraktiv, und die Therapeutin bedauert es innerlich, als sie später die ganze Familie kennenlernte, daß männliche Beziehungen von allen so abgewehrt werden müssen.

Unbewußt schielen die Töchter noch aus einem anderen Grunde nach dem Vater: Ein Mann, der die Partnerposition neben der Mutter einnehmen würde, wäre heute nämlich eine große Hilfe für sie alle. Dann könnte man sich ohne Schuldgefühle gegenüber der Mutter von dieser abgrenzen und trennen und der eigenen Selbstverwirklichung nachgehen. Man würde keine hilflose, unselbständige Mutter im Stich lassen.

Und nun schließt sich der Kreis: sind nicht alle großen Töchter aus dem Haus gezogen, haben sich ein wenig von der Mutter entfernt, weil da ja noch ›die Kleine‹ ist. Betty ist zum Partner der Mutter geworden. Betty muß spüren, wie diese Funktion sie bindet. Noch braucht sie selbst die Mutter nötig und fürchtet deshalb, sie etwa bei der Therapeutin verraten zu haben. Wieder taucht die Frage auf: Wer braucht hier eigentlich wen? Wer kann nicht alleine sein? Die alternde Mutter – ohne Beruf und Ausbildung –, die keine Aufgabe mehr für sich sieht als die kleine Tochter zu umsorgen, findet in Betty Bestätigung und Anerkennung ihrer Notwendigkeit. *Wenn jemand Angst hat, so hat er einen Grund!*, sagt die Mutter, und es wäre zu ergänzen: ein Kind, das Angst hat, braucht die Mutter. Bettys Mutter ahnt bereits, daß sich mehr hinter Bettys Angst verbirgt. Sie forscht bisher nicht nach dem Grund dieser Angst; denn es könnte für ›sie‹ schmerzlich werden. Das Kind hat die Funktion eines erwachsenen Partners, die Mutter ist eigentlich die Abhängige, – sie ruft nach Hilfe.

Jetzt wird klar, warum die Tochter eine fremde Hilfe sucht, einen Menschen nämlich, der die Notwendigkeit für die Trennung der Funktionen in der Familie sieht und versteht und diese der Mutter aufzeigen kann. Damit könnte Betty das kleine Mädchen sein, das groß werden darf und von der Mutter wegstreben muß. Die Mutter ergreift im zweiten Gespräch die von der Therapeutin angebotene Hilfe durch begleitende Gespräche für sich selbst. So kann hinter Bettys Hilferuf die gleichzeitige Suche der Mutter nach Hilfe erkennbar werden. Sie ahnt, daß sie in einen neuen Lebensabschnitt tritt, eine neue Lebensaufgabe braucht, ihrem Leben einen neuen Sinn verschaffen muß, um sich damit von den Belangen der Töchter abzugrenzen. So ist es schließlich folgerichtig, daß ihr Telefonanruf für die Tochter, doch ihrem eigenen unbewußten Bedürfnis für sich entsprang.

Bettys Konflikt lautet in Kürze so:

Ich möchte ich selber sein, aber Mutter braucht mich. Der böse Vater läßt die Mutter allein mit ihren Wünschen, für die ich, als ihr Partner jetzt aufkommen muß, nachdem die Schwestern ausgezogen sind. Das Partnersein kann ich so gut, daß ich eigentlich Vaters Partnerin sein könnte, besser als die Mutter. Diese Wünsche sind aber gefährlich und böse. Darum brauche ich ständig einen Begleiter, der mich vor den Wünschen beschützt. Zugleich zeige ich aber der Mutter damit, wie klein ich noch bin und wie notwendig ich sie noch brauche.

Wenn Betty nach dem ersten Gespräch bei der Therapeutin weinte und nicht mehr kommen wollte, fürchtet sie, daß sie die Partnerfunktion für die Mutter nicht gut genug vertreten hat, sie bereut, um Hilfe gerufen zu haben. Es ist ein Schwanken zwischen groß und klein, Erwachsen-Sein- und Noch-Kind-bleiben-wollen: Als Betty aber erfährt, daß die Mutter in der Therapeutin einen guten Gesprächspartner für sich gefunden hat, darf auch sie selbst wagen, wiederzukommen.

Eindrucksvoll ist in dieser Familie die Funktionsabtretung und Verwischung der Generationsschranken. Betty muß teilweise auf die Verwirklichung eigener Wünsche verzichten, um eine bestimmte Funktion, die Partnerfunktion, in der Familie zu erfüllen. Der Konflikt wird in Bettys Fall noch erschwert durch die Tatsache der Scheidung. Bei zerstörten Ehen ist es viel naheliegender, daß Kinder Partnerersatz sein müssen und Funktionen zugeschrieben bekommen, die eigentlich den Erwachsenen gehören. Ein Kind ist damit hoffnungslos überfordert. Funktionsabtretung und Loyalitätskonflikte gegenüber Vater und Mutter werden oft zum jahrelangen Leiden eines Kindes. In der ödipalen Entwicklungsphase, die jedes Kind durchläuft, werden der Vater oder die Mutter zeitweise besonders geliebt oder gehaßt. In der intakten Familie wird diese Einstellung des Kindes durch Vater und Mutter wieder ausgeglichen und versöhnt. Bei voneinander getrennten Eltern unterstützt die Realität die Phantasien über die Beziehungen des Kindes zu den Eltern, so daß diese keine ausreichende Korrektur erfahren. In geschiedenen Ehen besteht die große Gefahr, daß es nur ein Entweder-Oder gibt, ein ›den Vater hassen‹ und ›die Mutter lieben‹ oder umgekehrt, was zusätzlich die Ausbildung stabiler Geschlechtsidentitäten, und damit eine gesunde spätere Partnerwahl erschwert. Auch Betty wird es nicht leicht haben, sich in ihrer weiblichen Rolle wohlzufühlen und Freunde für sich zu akzeptieren.

Allerdings konnte Betty selbst den ersten Schritt zur Eigenständigkeit tun, als sie ihre Mutter um Hilfe bei einem Dritten bat. Sie konnte dann ihre Angst vor dem Verrat der Mutter überwinden, sie ist mutig genug, ein zweites Mal zur Kindertherapeutin zu kommen. Ihre innere Welt ist lebendig. Sie muß diese nur ängstlich vor der Außenwelt verstecken, auch wenn sie dies mit Angstsymptomen bezahlt. Ein kurzer Abschnitt aus dem Protokoll der zweiten Begegnung mit Betty vermittelt Hoffnung und Ausblick:

Betty kommt mir sehr gespannt vor, als wir uns wiedersehen. Sie ist auf der Hut! Vorsicht drückt ihre Haltung während der ganzen Stunde aus. Zielstrebig greift sie aus dem geöffneten Szenokasten die Schachtel mit den Tieren. Da stockt sie und sucht intensiv nach Zäunen. Während sie langsam einen Zoo aufbaut, immer paarweise die Tiere zusammenstellt, stets gut gesichert durch Zäune, insbesondere das Krokodil, bezeichnet sie das ganze als einen Vergnügungspark. Die Tiere dürfen nicht hinauslaufen, sie müssen aber auch vor Gefahr von außen geschützt werden. – Auf meinen Hinweis, ob hier keine Menschen sind, nimmt Betty zögernd die Jungenpuppe als Wärter und meint: »Die erwachsenen Puppen sind für mein Spiel zu groß!« Als sie befriedigt ihr Werk betrachtet, und ich frage, ob denn die Tiere gar nichts tun würden, entgegnet Betty betont: »Oh, doch, aber das eigentliche Spiel ist in meinem Kopf!«

Dieser Ausschnitt zeigt, wie relativ gesund Betty sich trotz allem bisher entwickelt hat. Im Spiel geht Betty mit Beziehungen um. Sie versorgt Tiere und stellt sie paarweise zusammen. Sie schützt sie vor Ausbrüchen durch Zäune und einen Wärter. Sie zeigt ihren inneren Reichtum und ihre Lebendigkeit, sowie im Szenospiel – einschließlich des Wärters – die ganze ödipale Thematik. Zäune und Wärter sind ihr offensichtlich wichtig. Hier spiegelt sich ihre Angst und ihre Abwehr vor ihrer Triebthematik wider. Für Betty ist eine analytische Psychotherapie indiziert, damit sie mit Hilfe des Dritten ihre Problematik lösen kann. So wie sich Betty bisher auf die Therapeutin einließ, ist zu erwarten, daß sie ihre eigenen Interessen wird ausbreiten können und einen Gewinn aus der gebotenen Möglichkeit ziehen wird.

Entscheidend wird jedoch sein, daß in den begleitenden Elterngesprächen, hier mit der Mutter allein, die Mutter die Notwendigkeit entdeckt, ihre eigenen Wege zu suchen, selbst wenn es eines Tages eine Psychotherapie ganz für sie selbst wäre.

Der ungewöhnliche Auftakt eröffnete das Verständnis von Bettys Konflikt, wie dem ihrer Mutter. Darüber hinaus wurden die Zusammenhänge einer ganzen Familienkonstellation sichtbar. Der Anruf, der oberflächlich gesehen nur für Betty gelten sollte, stellt sich in der Arbeit der folgenden Erstgespräche als ein unbewußter Hilferuf der Mutter für die ganze Familie dar.

May Widmer-Perrenoud
Ein angeborenes Leiden

Im Erstinterview vermitteln die Eltern des achtjährigen Oliver den nachhaltigen Eindruck, daß sie unter einer schweren Belastung stehen. Wiederholt äußern sie in ihrem Bericht über Oliver ihre Ratlosigkeit und Verzweiflung darüber, daß Olivers Verhalten ihnen *unbegreifbar, irrational, unerklärlich* vorkommt.

Unbegreifbar erscheint den Eltern der starke Trotz Olivers, der heute noch bestehe. Seine Unzufriedenheit, die Art, wie er sich damals wie heute im Wege stehe, seine Empfindlichkeit auf Umgebungswechsel kommen ihnen irrational vor. Der Eintritt in den Kindergarten habe um ein Jahr verschoben werden müssen und konnte erst mit 4½ Jahren stattfinden, denn Oliver habe sich an die Kindergemeinschaft nicht anpassen können. Auf dem Weg zum Kindergarten habe Oliver darauf bestanden, an bestimmten Ecken zu urinieren. Unerklärlich erscheinen den Eltern die ständigen Streitereien Olivers mit anderen Kindern, die mit totalem Rückzug abwechselten. Oliver sei heute noch so egozentrisch, daß er mit anderen Kindern und mit seiner um 4 Jahre jüngeren Schwester Elsa nicht spielen könne. Dagegen habe er keinerlei Leistungsschwierigkeiten in der Schule.

Die Eltern bringen ihre Verzweiflung darüber zum Ausdruck, mit den Störungen Olivers nicht umgehen zu können und in ihrer erzieherischen Aufgabe zu versagen. Sie haben deswegen Schuldgefühle. Wenn wir uns der Darstellung der Eltern weiterhin überlassen, vermittelt sich tatsächlich zunehmend der Eindruck, daß dem Verhalten Olivers etwas Fremdes und Irrationales innewohnt, das uneinfühlbar ist und nicht in Schach gehalten werden kann:

Oliver sei hyperaktiv, er könne seine Emotionen und Wutausbrüche nicht steuern, er müsse permanent reden, während er in anderen Phasen fast stumm sei; er habe »verbale Tics«, wobei er bestimmte Worte oder Sätze wiederholen müsse, wie z. B.: »Ich habe das angefaßt«. Besonders beschämend sei für die Eltern, wenn Oliver in der Gegenwart von Fremden diese »verbalen Tics« habe. Die Eltern fühlten sich durch Olivers Verhalten blamiert, hätten sich allmählich von ihrem Freundeskreis zurückgezogen und befürchten, sich immer mehr zu isolieren. Mit anderen Kindern gehe Oliver kommandierend um, er streite heftig, so daß die Mutter seines Freundes ihrem Kind empfohlen habe, sich einen anderen Freund zu suchen.

Was ist dieses Irrationale, Uneinfühlbare, Fremde in den Verhaltensstörungen Olivers, das die Beziehung der Eltern zu ihrem Sohn erschwert, Schuld- und Peinlichkeitsgefühle in ihnen hervorruft und sie zur Isolation von der Umwelt treibt?

Die Eltern thematisieren von sich aus die Frage der Ätiologie der Störungen Olivers.

Eine geringfügige cerebrale Störung, die eine spastische Lähmung bedingte, sei bei Oliver kurz nach seiner Geburt diagnostiziert worden. Oliver sei 6 Wochen zu früh geboren, mit einem Gewicht von 1 ½ kg. Bereits einige Wochen nach der Geburt sei von einem Spezialisten eine Gymnastikmethode, die Vojta-Therapie, verordnet worden. Oliver habe zum richtigen Zeitpunkt, mit etwa 13 Monaten, laufen lernen können. Heute sei nur noch eine leichte Ungeschicklichkeit in der Feinmotorik vorhanden. Da die motorischen Störungen Olivers quasi behoben sind, tendieren die Eltern einerseits dazu, das organische Moment als Ursache der Symptome Olivers nicht mehr in Betracht zu ziehen. Diese Meinung habe auch der letztkonsultierte Spezialist, ein Kinderarzt, vertreten, der Oliver und seine Eltern an die Kindertherapeutin überwiesen habe. Die Konsultation dieses Kinderarztes sei jedoch von einem Psychologen veranlaßt worden, der den Verdacht auf noch bestehende Auswirkungen der früheren Schädigung habe klären lassen wollen.

Die Untersuchungsergebnisse des Psychologen hätten gelautet: »Im Intelligenztest (Hawik): Diskrepanz zwischen dem Verbalteil (gut) und dem Handlungsteil (knapp durchschnittlich). Soziale Intelligenz nicht altersentsprechend entwickelt. Gute Beobachtung von Dingen. Starke affektive Reaktionsbereitschaft, schnelle Ablenkung, Reizempfindlichkeit, Perseverationen, Hyperaktivität während der Untersuchung«.

Nach der Untersuchung des Kinderarztes, der auch ein Elektroencephalogramm heranzog, sei dieser der Ansicht gewesen, daß Oliver heute vorwiegend an einer neurotischen Störung leide, die psychotherapeutisch behandelt werden sollte. Trotz der Diagnose des Kinderarztes fragen sich die Eltern, ob der Verdacht des Psychologen nicht doch berechtigt sei, daß eine organische Störung vorliege. Die Eltern sind nun verwirrt, »durcheinander«, weil verschiedene Leute Verschiedenes sagen.

Eine Synthese aus den Meinungen der verschiedenen konsultierten Spezialisten zu bilden oder sich für eine der Meinungen zu entscheiden, ist eine Überforderung für sie. Trotz der schweren Störungen jetzt hat sich bisher kein Spezialist für zuständig erklären können, alle haben die Eltern vielmehr weiterüberweisen müssen.

In den Symptomen Olivers manifestiert sich ein Defekt, der seine Gesamtpersönlichkeit affiziert, der die Beziehung seiner Eltern zu ihm erschwert und auf das Gesamtleben der Familie und das weitere soziale Bild eine störende Wirkung hat. Die Eltern erwarten, daß Klarheit in das *Durcheinander* gebracht wird.

Nachdem die Eltern über die »minimale cerebrale Dysfunktion« Olivers berichtet haben, sagt die Therapeutin ihnen, daß die Beeinträchtigung ihres Jungen nicht auf ihre Erziehung zurückzuführen, sondern durch das angeborene Leiden verursacht sei, zu denen auch die Hyperaktivität, die Aggressivität und andere schwer lenkbare Phänomene gehören.

Durch diese Intervention der Therapeutin werden die Eltern einerseits entlastet. An diesem, durch den Defekt bedingten befremdenden Anteil der Störungen Olivers sind sie nicht schuld. Andererseits werden sie – und auch die Therapeutin – mit dem irreversiblen Schaden konfrontiert. Der Defekt ist unveränderbar: Eine erhöhte Reiz-Reaktionsbereitschaft, eine Neigung zu Perseverationen, eine minimale Ungeschicklichkeit in der Feinmotorik.

Aber es ist zu fragen, ob der Defekt innerhalb einer neurotischen Entwicklung eine besondere Bedeutung bekommen haben könnte, die den Umgang mit diesem Leiden bestimmt, und die in einer Behandlung veränderbar wäre. Dieser Gedanke veranlaßte ja den Kinderarzt, die Eltern mit Oliver zur Kindertherapeutin zu schicken.

Die Eltern fragen, ob nicht auch ein neurotischer Anteil in den Störungen Olivers vorliege, der psychotherapeutisch behandelt werden könnte. Sie drücken ihre Hoffnung aus, daß sie durch therapeutische Gespräche ihren Umgang mit den Symptomen Olivers verändern könnten.

Das Auftreten und der Kommunikationsstil der Eltern wirken etwas zwanghaft auf die Therapeutin. Beim Vater fällt »der tiefe Ernst im Gesicht, die Steifheit und Gehemmtheit seines Bewegungsablaufs« auf. Im Gespräch hält er sich zurück, ergänzt nur selten die zeitweise schwallartige Rede seiner Frau. In ihrem Redefluß bleibt die Mutter sachlich und faktenbezogen. Die Therapeutin vermißt bei der Mutter eine »deutliche Vermittlung ihrer Gefühle«. Bei der Mutter fällt eine optisch und akustisch kaum wahrnehmbare Hasenscharte auf.

Entspricht das zwanghaft anmutende Verhalten der Eltern einem Verarbeitungsmodus der Konflikte, die durch den Defekt Olivers ausgelöst wurden? Inwieweit verstärkte die Auseinandersetzung mit dem Defekt bei den Eltern bereits vorhandene neurotische Tendenzen? Jedenfalls ist bei den Eltern – im Zusammenhang mit ihren zwanghaften Tendenzen – eine spezifische Abwehr gegen Aggressionen anzunehmen, die es ihnen erschwert, mit den starken *irrationalen* Provokationen Olivers umzugehen.

Es sei der Mutter peinlich, wenn Oliver in der Kirche seinen Kopf an ihren Arm anlehne. Um mit den aggressiven Provokationen Olivers fertig zu werden, versuche die Mutter, Oliver zu ermahnen, er solle nicht böse sein, er solle sich anstrengen. Sie habe schon so oft mit ihm geschimpft, daß er ein negatives Bild von sich habe; er habe gefragt, ob er in die Hölle kommen würde. Obwohl die Mutter diese Erziehungsform verurteile und deshalb Schuldgefühle habe, wisse sie keine anderen Mittel.

Die Mutter ist nicht in der Lage, mit Olivers Verhalten anders fertig zu werden als mit Hilfe von Drohungen und Ermahnungen, die aber nicht zu dem gewünschten Ergebnis führen, sondern Oliver ein negatives Bild über sich selbst geben. Oliver und die Mutter müssen nicht nur mit dem Leiden fertig werden, sondern nun auch noch mit einem lastenden Gefühl der Schuld und des Versagens. Möglicherweise wird die Mutter unbewußt zusätzlich an ihren eigenen Defekt, die Hasenscharte, erinnert, den sie als etwas ›Böses‹ empfunden haben könnte und von dem sie annimmt, es ihrem Kind weitergegeben zu haben. Sie steht unter der Last der narzißtischen Kränkung, ein nicht gesundes Kind geboren zu haben; die Ambivalenz ihrem defekten Sohn gegenüber löst weitere Schuldgefühle aus.

Der Therapeutin fällt auf, daß die Mutter die Behandlung der spastischen Lähmung als eine Gegebenheit erwähnt, der sie keine weitere Bedeutung zukommen zu lassen scheint. Sie spricht die Eltern darauf an. Der Vater kommt zum ersten Male aus seiner Zurückhaltung heraus. Die Behandlung sei unter der Anleitung eines Arztes von der Mutter, manchmal auch mit der Hilfe des Vaters durchgeführt worden. Oliver habe sich oft gegen die Übungen gesträubt und geweint. Die Vojta-Therapie sei in den zwei ersten Lebensjahren Olivers durchgeführt worden.

Der Intervention der Therapeutin, die die mit der frühen Behandlung ihres Säuglings verbundene schwere Belastung anspricht, stimmt die Mutter zwar zu. Weil sie sich wieder auf die aktuellen Symptome Olivers konzentriert, gewinnt die Therapeutin den Eindruck, daß die Mutter das schwer belastende vergangene Geschehen jedoch von sich fernhalten muß.

Die vergangene Behandlung war für die Mutter so schrecklich, daß sie sich vor einer Wiederbelebung ihrer Gefühle aus jener Zeit schützen muß.

Da ich nicht voraussetzen kann, daß der Leser mit der Vojta-Therapie (1) vertraut ist, möchte ich kurz auf diese Behandlungs-methode eingehen. Die Vojta-Therapie muß bereits in den ersten Lebensmonaten des Kindes angewandt werden. Nach Feldkamp-Danielcik (2) vermeidet die frühzeitige Behandlung Vojtas die Fixation pathologischer Muster

»durch Bahnung der frühen Fortbewegungsmechanismen«, wobei »die mangelnden Koordinationselemente eingeschaltet« werden. »Aussicht auf vollen Erfolg besteht nur, wenn die Behandlung vor der vom Sehvermö-gen ausgehenden Vertikalisation eingesetzt hat«.

Bei der Durchführung der Behandlung wird der Säugling fest mit den Armen und dem Rücken an den Körper der Behandlerin fixiert, quasi wie in einem Schraubstock, und dazu durch Druckausübung an bestimmten Punkten seines Körpers zu pha-sischen Bewegungsabläufen gezwungen. Den Kindern ist der Eingriff so unangenehm und schmerzhaft, daß sie nur die Bewe-gung ausführen, zu der sie gezwungen werden. Zweifellos erzielt die Vojta-Therapie bemerkenswerte Ergebnisse im Bereich der motorischen Entwicklung. Meines Erachtens trägt jedoch das der motorischen Behandlung zugrundeliegende neurologische Kon-zept Vojtas – im Vergleich mit der Therapieform für spastische Lähmung nach Bobath – der Entwicklung der Gesamtpersönlich-keit des Kindes wenig Rechnung. Die Eltern geraten in einen tragischen Zwiespalt. Wird die Behandlung nicht frühzeitig durchgeführt, so besteht die Gefahr, daß die Störung nicht mehr zu beheben ist, was beispielsweise zur Folge haben könnte, daß das Kind nicht laufen lernen würde. Die Eltern hatten zu entschei-den, ob sie es auf sich nehmen würden, diese für ihren Säugling und sie schmerzhafte Behandlung durchzuführen, oder ob sie das Risiko eingehen würden, die motorische Behinderung erst später behandeln zu lassen.

Die Eltern können den durch die Vojta-Therapie bedingten traumatischen Anteil der Störungen Olivers nicht wahrnehmen, weil sie selber die Behandlung durchführen mußten und an der Traumatisierung beteiligt waren. Um ihre Aufgabe zu bewältigen, mußte die Mutter ihre symbiotischen Bedürfnisse Oliver gegen-über unterdrücken und die Position eines Angreifers einnehmen, indem sie ihrem Kind Schmerzen zufügte. Durch die Unterstüt-zung des Spezialisten gelang es der Mutter vermutlich, ihre spon-tanen Gefühle in der Form umzukehren, daß sie die Behandlung als etwas Notwendiges und Gutes für die Entwicklung ihres Kindes akzeptieren konnte.

Bevor ich das Erstinterview mit Oliver darstelle, möchte ich mich dem traumatischen Anteil der Symptome Olivers zuwenden, der durch die zwangsläufigen Störungseffekte der Vojta-Therapie verursacht wurde. Ich schicke einige Überlegungen zu den frühsten Phasen der psychischen Entwicklung und zum vermutlichen Einfluß der Vojta-Therapie auf die entstehende Persönlichkeitsentwicklung Olivers voraus.

Aus den psychoanalytischen entwicklungspsychologischen Arbeiten (u. a. R. Spitz und M. S. Mahler (3) (4)) geht eindeutig hervor, daß eine optimale Symbiose in den ersten Lebensmonaten, in der die Mutter als »Hilfs-Ich« die nur rudimentär ausgebildeten Funktionen des Säuglings übernimmt, eine wesentliche Voraussetzung für eine ungestörte Bildung der psychischen Struktur des Kindes darstellt. Innerhalb der Mutter-Kind-Dyade, in der die Befriedigungen und die Versagungen abwechseln, vollzieht sich eine allmähliche Differenzierung und Integration der konstituierenden Substrukturen des psychischen Apparates, des Es, des Ich und des Über-Ich. Über die Lust- und Unlustzustände als Trieb- und Affektvorläufer, die in der Kommunikation mit dem dyadischen Partner eine wachsende Bedeutung gewinnen, entwickeln sich rudimentäre Ich-Funktionen wie Wahrnehmung und Erinnerung, die die Bindung der Repräsentanzenvorläufer des Selbst und des Objekts ermöglichen. M. S. Mahler und R. Spitz haben auf die Bedeutung der Befriedigung der koenästhetischen Empfindungen des Säuglings im engen körperlichen Kontakt mit der Mutter für die Bildung des Kerns des Körper-Selbst und des Urvertrauens zum Objekt hingewiesen. Eine befriedigende Symbiose ist die Bedingung für eine zunehmende Verschiebung der libidinösen Besetzung vom Körperinnern (der inneren Organsensationen) auf die Peripherie des Körperschemas, für einen allmählichen Übergang von der koenästhetischen Wahrnehmung zur diakritischen Wahrnehmung (insbesondere Sehen und Hören), die die stufenweise Differenzierung von Selbst und Objekt und parallel dazu ein langsames reibungsloses Ausschlüpfen aus der Symbiose ermöglicht.

Das blickerwidernde Lächeln des Säuglings als Reaktion auf das schematisch wahrgenommene Gesicht der Mutter, später die mehr oder weniger ausgeprägte Achtmonatsangst vor dem unvertrauten Fremden mit dem Verhalten des ›checking back‹ stellen zwei beobachtbare Phänomene dar, die unter anderem die progressive Differenzierung der Wahrnehmung des Objektes bis zur Konstitution eines priviligierten, nicht mehr austauschbaren Objekts der Libido zeigen. Zwischen dem 12. und 18. Monat erfolgt ein weiterer Separationsschritt: das Kind erfährt seine seelische und körperliche Abgetrenntheit von der Mutter, ein Prozeß, der durch die Besetzung und die Entwicklung der motorischen und kognitiven Funktionen (Fortbewegung, Symbolbildung, Spracherwerb) gefördert wird. Das Gewahrwerden und Akzeptieren der physischen und psychischen Abgetrenntheit von der Mutter, die Individuationsschritte, der Gebrauch des ›Neins‹, der Trotz, die Ambivalenz werden in der analen Phase geübt. Um diese Individuationsschritte ohne zu große Schwierigkeiten zu vollziehen, sollte das Kind auf ein festes, überwiegend gutes inneres Objekt zurückgreifen können, das es im Erleben der Trennung und der damit verbundenen Ambivalenz von einer vernichtenden Angst vor Objektverlust schützt.

Zweifellos stört die Vojta-Therapie das Ineinanderpassen der Bedürfnisse der Partner in der Mutter-Kind-Dyade. Die spezifische Form des Austauschs mit der Mutter, die nun teils durch überwältigende, schmerzhafte Eingriffe und dann wiederum durch liebevolle Zuwendung charakterisiert ist, dürfte eine Spaltung der ›guten‹ und ›bösen‹ Objekt- und Selbstrepräsentanzenvorläufer begünstigen bzw. die Integration der aggressiven Regungen in der Konstitution eines sicherheitsspendenden überwiegend guten Objekts erschweren.

Bezüglich des Körper-Selbst dürfte die Vojta-Therapie zu einer verfrühten Besetzungsverschiebung vom Körperinnern auf die Peripherie des Körperschemas, vom koenästhetischen auf das diakritische System und damit zu einer vorzeitigen Abtrennung vom primären Objekt führen. Diese Abtrennung ist unvollständig und damit brüchig und impliziert, daß durch die mangelhafte Schutzfunktion der Mutter das koenästhetische System, das den inneren Kern der Körper-Selbstempfindungen bildet, nicht genug angeregt und ausgebildet wird. Dadurch wird dem Kind die Möglichkeit zu früh genommen, in dieser körperlichen, wärme- und lustspendenden Nähe zur Mutter, beim emotionalen ›Auftanken‹ einen ruhenden Pol seines Selbst zu entwickeln. So ist es dann auch nicht überraschend, wenn wir von den Eltern erfahren, daß

Oliver nicht von sich aus zum Schmusen kommt, man ihn fast immer holen muß. Können Olivers *Schwäche in bezug auf die soziale Intelligenz, seine Kontaktschwierigkeiten und seine gute Beobachtung der Dinge* nicht kausal verknüpft werden mit einer zweifach bedingten Entfernung vom überwältigenden Objekt: verfrühte erzwungene disharmonische Abgetrenntheit von ihm und Zuwendung zur Welt der unbelebten Objekte? Mit der Wahrnehmungsbesetzung der unbelebten Gegenstände versucht Oliver vermutlich, das vom primären Objekt ungenügend vermittelte Sicherheits- und Konstanzgefühl kompensierend zu erwerben.

Parallel dazu hat die von außen kommende, überwältigende Stimulierung und Steuerung des Muskelapparates eine Verzerrung der libidinösen und aggressiven Besetzungen der Wahrnehmungs- und tonisch-motorischen Funktionen bewirkt, die der Errichtung der Körper-Selbst-Grenzen dienen. Daraus ist eine Störung der sich ausbildenden selbstgesteuerten Affektregulierung entstanden. Es ist zu vermuten, daß die durch die Vojta-Behandlung verursachten Besetzungsverzerrungen bei Oliver zu Dissoziierungen des Identitätsgefühls bzw. zu einer schweren narzißtischen Störung führten.

Neben dem organischen Anteil sind demnach die zuvor erwähnten Faktoren: Begünstigung der Spaltung ›guter‹ und ›böser‹ Vorläufer der Selbst- und Objektrepräsentanzen, mangelhafte Bildung des Körper-Selbstkerns und Störung der Körper-Selbstgrenzen für die *fehlerhafte Gefühlssteuerung* und die *fast stummen Phasen* Olivers ätiologisch mit von Bedeutung. Die Vojta-Therapie hat – mindestens zum Teil – zu den Dissoziationen in der frühen Konstitution der psychischen Strukturen und zu Kompensationsmodalitäten beigetragen, die heute in der Disharmonie der Entwicklung Olivers spürbar sind und in der Diskrepanz der Intelligenztestergebnisse zum Ausdruck kommen.

Wie versucht Oliver in der nächsten Entwicklungsphase das Trauma zu bewältigen? Die Mutter beschreibt eine überstarke, anhaltende *Trotzphase, aggressive Provokationen, »verbale Tics«, eine Empfindlichkeit auf Umgebungswechsel, das Urinieren auf dem Wege zum Kindergarten.*
Was Oliver in der früheren Phase aufgrund seiner Hilflosigkeit und seiner Unreife unmöglich war, nämlich sich gegen den Angriff der Mutter in der Behandlung zu wehren, versucht er in der Phase der sich entwickelnden Autonomie mit allen Mitteln nach-

zuholen, die ihm zur Verfügung stehen. Diese hartnäckigen Durchsetzungsversuche dienen nicht bloß, wie in dieser Phase üblich, der Übung der Trennungs-Individuationsschritte im Erleben der Ambivalenz, sondern dem Aufbau oder der Wiederherstellung der in ihrer frühen Entwicklung gestörten psychischen Struktur, der Erhaltung des bedrohten Selbst. Vielleicht läßt sich die Bewältigung des Traumas an der stereotypen verbalen Äußerung, *Ich habe das angefaßt,* am besten exemplifizieren. Die Mutter berichtete über den szenischen Ursprung des Symptomes: Oliver hielt sich in ihrer Nähe in der Küche auf und faßte einen heißen Kochtopf an, worauf sie wahrscheinlich mit dem Verbot ›Faß das nicht an‹ intervenierte. Erhält das Anfassen für Oliver nicht eine besondere Bedeutung dadurch, daß er bei der Behandlung einen spezifischen Umgang mit dem ›Angefaßtwerden‹ erfahren hat? Möglicherweise könnte die wiederholte Aussage Olivers etwa bedeuten: ›Ich habe das (Objekt) angefaßt und – trotzdem – nicht zerstört; ich wurde angefaßt und – trotzdem – nicht zerstört‹. Die Verschiebung des Konflikts auf den Zwischenbereich der unbelebten Dinge in der Beziehung zur Mutter, seine Verarbeitung in einer verbalen Ausdrucksform war damals zwar phasenspezifisch, stellte jedoch für Oliver auf der analen Stufe eine bemerkenswerte Ichleistung im Umgang mit dem Verbot der Mutter dar. Vergegenwärtigt man sich, daß eine Identifizierung mit dem Aggressor sich durch einen körperlichen Angriff auf das Objekt ausgedrückt hätte, wird uns die Leistung der Verarbeitung deutlich. Gleichzeitig stellt sich jedoch die Frage, ob Oliver nicht die Sprache als Beherrschungsinstrument seines aggressiven Impulses kompensierend benutzen mußte, weil er über die Kontrolle seiner Aggression in der Ausführung von Handlungen nicht genügend verfügte. Diese Frage wird im Erstinterview mit Oliver diskutiert. Dennoch könnte die stereotyp gewordene Form der Aussage: *Ich habe das angefaßt* in ihrem Ursprung dem Ritualcharakter einer Beschwörungsformel als Verarbeitung des Ambivalenzkonflikts zugeschrieben werden. Diese immer wiederkehrende verbale Aussage dient gleichzeitig der aktiven Bewältigung durch Trotz des passiv erlittenen Angriffs des Objekts, der Aggression Olivers dem Objekt gegenüber, der Gewißheit, das Selbst und Objekt den Angriff überlebt haben. Diese neurotische Beschwörungsformel überlagert die organisch bedingten Perseverationen und gibt ihnen damit einen sinnvollen Inhalt. Da das Trauma über die anale

Phase hinaus weiterhin der Verarbeitung bedarf, benutzt Oliver heute noch diese Aussage, deren Form sich von ihrer ursprünglichen inhaltlichen Bedeutung losgelöst hat.

Auch das Symptom des Urinierens auf dem Weg zum Kindergarten könnte auf ähnliche, wenn auch entwicklungsmäßig frühere Verarbeitungsmodi des durch den Ambivalenzkonflikt bedrohten Selbst hinweisen. Drückt dieses Symptom unter anderem nicht das Bedürfnis Olivers aus, aus der unvertrauten Strecke zwischen seinem Haus und dem Kindergarten eine vertraute Umgebung zu machen, indem er gewissermaßen sein Revier absteckt? Wenn, auf der frühen analen Stufe bei der Trennung von der Mutter der böse Anteil auf das fremde Unvertraute externalisiert wird, könnte das Ritual Olivers die Funktion haben, Meilenstein nach Meilenstein das Böse zu kontrollieren und unschädlich zu machen. Jede Markierung würde auch zur Bestätigung seiner durch die Trennung bedrohten narzißtischen Integrität dienen.

Das Erstinterview mit Oliver

Oliver kommt in der Begleitung von Mutter, Vater und Schwester. Als er auf der Türschwelle die ihn freundlich anlächelnde Therapeutin sieht, dreht er sich zur Mutter hin und sucht ihren Blick. Dann dreht er sich wieder der Therapeutin zu, blickt ihr Gesicht verlegen an; er dreht sich, den Blickkontakt wiedersuchend, seiner Mutter zu und dann lächelt er die Therapeutin an, indem er ihr die Hand gibt.

Mit diesem ›checking back‹, mit diesen Weg- und Zuwendungen scheint Oliver den Blick der Therapeutin zu erforschen und im Blick der Mutter eine Orientierung für die Zuordnung seiner Wahrnehmungen zu suchen. Es sieht so aus, als wolle Oliver sich im Blick der Mutter des freundlichen Charakters der Therapeutin vergewissern, weil er mit ihr möglicherweise etwas Bedrohliches verknüpft.

Im Spielzimmer greift Oliver sofort nach dem Gummipfropfen eines Pfeils, dann nach einer Pistole. Beim Anblick des auf der Zielscheibe abgebildeten Mannes sagt er: »Oh! Den schieße ich tot.« Ohne sein Vorhaben zu verwirklichen, greift er nach einer zweiten Pistole, die jedoch nicht funktioniert. Darauf sagt er: »Oh! Die geht ja gar nicht, verrückt, muß doch gehen«, und lacht. Oliver zeigt der Therapeutin daraufhin die Pistole. Die Therapeutin weiß auch nicht, wie sie funktioniert. Schließlich legt Oliver sie weg und erzählt von seinem Gewehr. Der Therapeutin fällt auf, daß Oliver das in der Nähe vorhandene große Gewehr mit dem geladenen Pfeil nicht sieht.

Beim Eintritt ins Spielzimmer scheint Oliver durch den Anblick des auf der Zielscheibe abgebildeten Mannes entlastet zu sein. Möglicherweise verschiebt er das vorher in der Therapeutin vermutete Bedrohliche auf den abgebildeten Mann, von dem er nun sagen kann, daß er ihn totschießen möchte. Dennoch verzichtet Oliver auf sein Vorhaben. Statt dessen greift er nach einer nicht funktionierenden Pistole, die er dann der Therapeutin zeigt. Welche Faktoren determinieren den Verzicht auf die Spielhandlung? Erklärt sich die nicht verwirklichte Absicht, den Mann totzuschießen, durch eine reale motorische Behinderung oder durch eine imaginäre Bedrohung, die mit dem in der Spielhandlung freiwerdenden aggressiven Impuls verbunden wäre? Aus dem Interview mit den Eltern ging eindeutig hervor, daß die motorische Behinderung Olivers durch die Vojta-Therapie soweit geheilt sei, daß heute nur noch eine leichte Ungeschicklichkeit in der Feinmotorik bestehe. Im übrigen wird Oliver in der nächsten Interview-Sequenz seine Fähigkeiten im Bereich der Feinmotorik demonstrieren. Die Hemmung der intendierten aggressiven Spielhandlung kann also nicht auf die reale motorische Behinderung Olivers zurückgeführt werden. Folglich dürfte sie durch die mit der Belebung des aggressiven Impulses verknüpften Ängste bedingt sein. Was bedeutet nun die darauffolgende Inszenierung Olivers, in der er sich der nicht funktionierenden Pistole zuwendet und sie der Therapeutin zeigt?

Entspricht die nicht funktionierende Pistole einer Selbstrepräsentanz Olivers, nämlich der in der Vergangenheit spastisch gelähmten und in der Gegenwart aggressionsgelähmten Hand? Jedenfalls könnte die Wendung zur nicht funktionierenden Pistole ein Ungeschehen-machen-Wollen des aggressiven Impulses andeuten und eine mögliche Beschwörung enthalten: nämlich, daß Oliver angriffsunfähig sei. Das Lachen Olivers könnte dann sowohl seine Beruhigung darüber ausdrücken, daß er seinen aggressiven Impuls in dieser Art abwehren kann, als auch seine Schamgefühle, sein Unbehagen darüber, daß er den Impuls nicht ausführen kann.

Wiederholt Oliver mit der Therapeutin ein bereits mit der Mutter im vergangenen Behandlungsgeschehen geübtes Beziehungsmuster? Diese Hypothese wird anhand des weiteren Interviewverlaufs nachgeprüft werden.

Danach schaut Oliver in den Schrank und greift mit Begeisterung nach

dem Packesel, mit dem er sich nun bis zum Ende der Stunde beschäftigt.
Zunächst steht Oliver am Tisch neben der Therapeutin. Beim Spielen
blickt er sie von Zeit zu Zeit etwas verlegen an, sie antwortet mit einem
Lächeln. Oliver sagt: »Meine Mama hat gesagt, die Frau am Fernsehen
hat gelächelt.« Darauf setzt er sich, zugewandt und freundlich, neben die
Therapeutin hin.

Nachdem sich Oliver den Packesel geholt hat, nimmt er, neben
ihr stehend, das auf der Türschwelle begonnene Erforschen der
Therapeutin wieder auf. Oliver evoziert eine vergangene Situation mit der Mutter, die den freundlichen Charakter der ihm aus
der Ferne zuschauenden und gleichzeitig von ihm aus der Ferne
gesehenen Frau hervorgehoben hatte. Sein Wunsch, sich neben
die Therapeutin zu setzen, könnte die Angst ausgelöst haben,
seinen aggressiven Impuls in der Nähe der bedrohlichen Therapeutin schwerer kontrollieren zu können. Daher dient die Mitteilung Olivers: *Die Frau am Fernsehen hat gelächelt,* der Vergegen-
wärtigung der Bindung zur abwesenden guten Mutter. Wie mit
einer Beschwörungsformel vergewissert er sich des ›Guten‹ in der
Therapeutin, und er versichert sich, daß die Therapeutin auch in
der Nähe nicht bedrohlich ist, sondern ihm zuschaut – analog der
Frau im Fernsehen. Beruhigt kann sich Oliver dann neben die
Therapeutin setzen.

Der Packesel aus Plastik ist etwa 15 cm lang und 10 cm hoch. Auf
seinem Rücken liegt eine runde Metallscheibe von etwa 3 cm Durchmesser.
Sein Plastikmaterial und seine dünnen Beine machen ihn nicht sehr stabil.
Die Last, die Oliver auf die Metallscheibe legt, besteht aus etwa 40 dünnen
bunten Stäbchen. Oliver beschäftigt sich bis zum Ende der Stunde mit dem
Aufpacken des Esels. Am Anfang ist er etwas ungeschickt, zittrig, so daß
die Stäbe oft herunterfallen. Die Verbalisierung seiner Enttäuschung und
seines Ärgers beim Mißerfolg durch die Therapeutin ermutigt ihn, es
immer wieder zu probieren. Zunächst sortiert er die Stäbchen nach den
Farben, später nimmt er sie bunt gemischt, ordnet sie nach der Form und
zum Schluß sortiert er sie wieder nach den Farben. Dabei wirkt Oliver
»nicht verbissen, sondern wohlgemut, singt zwischendurch« und unterhält
sich mit der Therapeutin. Auf die Bemerkung der Therapeutin, der Esel
habe ein schweres Päckchen zu tragen, und Oliver wolle einen stabilen
Grund bauen, antwortet Oliver: »Ja, das kann man wohl sagen.« Nachdem
er einige Stäbchen über Kreuz hingelegt hat, kommt er zur Überlegung, es
sei ein Kreuz. Die Interviewerin meint, der Esel habe sein Kreuz zu
tragen. Oliver berichtet ängstlich: »Wir gehen manchmal in die Kirche; die

Mama hat gesagt, wenn man lieb ist, kommt man in den Himmel, wenn man böse ist, kommt man in die Hölle.«

In der vergangenen Nacht habe er einen grausamen Traum gehabt: Ein Fuchs und eine Katze seien in die Hölle gekommen. Sie hätten die Augen zugehabt, seien tot gewesen, und in der Hölle habe es Feuer gegeben.

Oliver wiederholt mehrmals, daß es ein Albtraum und wie grausam der Albtraum gewesen sei. Dem Esel wieder zugewandt, sagt er: »Der arme Esel.« Die Therapeutin sagt, der Esel müsse viel tragen, auch wenn er es vielleicht nicht wolle. Oliver meint, es sei seine Aufgabe, aber es sei nicht so schlimm; denn der Esel sei nicht echt. Auf die Intervention der Therapeutin, der Esel merke es nicht, er könne nicht fühlen, im Gegensatz zu Oliver, bleibt Oliver schweigsam. Zwischendurch fragt Oliver die Therapeutin immer wieder, ob bei ihr ein Kind schon einmal alle Stäbe aufgepackt habe. Auf die Gegenfrage, ob er der Beste sein möchte, antwortet Oliver, er würde gern alle Stäbe schaffen, aber der Beste zu sein, das sei unbescheiden. Gegen den Stundenschluß legt Oliver zügig einen Stab nach dem anderen auf den Esel. Damit er seine Aufgabe zu Ende bringen kann, überzieht die Therapeutin die Stunde um einige Minuten. Der Mutter erzählt Oliver mit Stolz von seinem Erfolg. Die Mutter fragt, ob sie den Esel anschauen dürfte. Sie lobt Oliver, freut sich mit ihm, und Oliver wirft nun den Esel um.

Was stellt Oliver in seinem Spiel dar? Dient das Aufpacken der Stäbchen auf den Esel nicht – auf dem Hintergrund der im Elterninterview erhobenen anamnestischen Daten – als Bild für die Verarbeitung des mit der vergangenen Vojta-Therapie verbundenen affektiven Erlebens? Indem Oliver in eigener Regie tut, was damals mit ihm geschehen ist, indem er zugleich die Rolle des belastenden Behandlers und des belasteten Behandelten übernimmt, gewinnt sein Spiel die Funktion der Bewältigung der im passiv erlittenen Trauma erlebten Affekte, nämlich der Ohnmacht und der hilflosen Wut.

Aus der Spieldarstellung kristallisiert sich nun ein Abbild des früheren Behandlungsgeschehens heraus, indem der Behandler dem Behandelten zwar eine übermäßig schwere Last aufbürdet, jedoch so dosiert, daß dieser sie tragen kann, ohne zugrunde zu gehen. Daraus ist zu entnehmen, daß die Wut in diesem Spiel nicht durch die Identifizierung mit einem Angreifer verarbeitet wird, ja sogar, daß diese Form der Lösung eben gerade vermieden wird. Denn der ›Angreifer‹ wird nicht als Angreifer dargestellt; vielmehr scheint ihm durch Oliver eine behandelnde Aufgabe zugeteilt worden zu sein, die er kontrolliert und dosiert durchführt. Aus dem Dialog zwischen Oliver und der Therapeutin wird ersichtlich, daß Oliver, indem er sich mit dem belasteten Esel identifiziert, die Behandlung mit einem Sinn versehen hat, nämlich: ›*Sein Kreuz zu tragen*‹. An dieser mit der Behandlung verknüpften Bedeutung des Sühnens scheint Oliver zunächst festzuhalten; seine Erwiderung auf die Deutung, die den verborgenen Protest gegen seine Belastung anspricht, läßt dies vermuten: Oliver sagt, diese Belastung sei die *Aufgabe* des Esels. In Oliver scheint sich jedoch eine Veränderung anzubahnen, wenn er sagt, dies *sei nicht so schlimm; denn der Esel sei nicht echt.*

Es war Olivers Leistung und die seiner Eltern, die in der Behandlung erlebte Wut durch die Sinngebung ›Sein Kreuz tragen zu müssen‹ zu verarbeiten.

Greift man auf die Überlegungen zu den ersten Szenen im Interview zurück, könnte angenommen werden, daß das Spiel mit dem Esel in der aktuellen Situation mit der Therapeutin auch der Verarbeitung des aggressiven Impulses diente, der sich ja in Olivers Absicht, den Mann totzuschießen, offen manifestierte. Mit dieser Annahme postuliere ich eine Analogie zwischen der vergangenen Behandlungs- und der aktuellen Interviewsituation, die sich bereits im szenischen Angebot der defekten Pistole aufgedrängt hatte. Läßt sich dies genauer belegen?

Während Oliver mit dem Esel übt und spielt, vertraut er der Therapeutin den grausamen Albtraum an, den er in der Nacht zuvor hatte: *Ein Fuchs und eine Katze seien in die Hölle gekommen, sie hätten die Augen zugehabt, seien tot gewesen, und in der Hölle habe es Feuer gegeben.* Könnte der Traum nicht das unbewußte Erleben Olivers in der Vojta-Therapie darstellen? *Ein Fuchs und eine Katze* – Stellvertreter für Oliver und seine Mutter – *seien in die Hölle gekommen* – sind in die Behandlung gekommen – *sie hätten die Augen zugehabt, seien tot gewesen und in der Hölle habe es Feuer gegeben.* Verdichten sich in diesen Bildern nicht Phantasien, die durch den aggressiven Impuls Olivers als Reaktion auf die Schmerzen im Behandlungsgeschehen evoziert wurden? Mutter und Kind konnten sich vermutlich bei der Durchführung der Übungen gegenseitig nicht anschauen. Konnte die Mutter die Augen offenhalten, während sie Oliver unvermeidbare Schmerzen zufügen mußte? Mußte Oliver die Augen nicht schließen, um das aus seinem Blick schießende Feuer seiner Mordphantasien unsichtbar zu machen?

Da die spastische Lähmung keine Aggressionshandlung ermöglichte und das Ohnmachtsgefühl damit verschlimmerte, erhielten vermutlich die Augen als Ausdrucksmittel der Gefühle eine besondere Bedeutung. Muß sich Oliver im Erstinterview nicht des freundlichen Charakters des Blicks der Therapeutin wiederholt vergewissern?

Nun hat Oliver seinen grausamen Albtraum in der Nacht vor der Erstuntersuchung gehabt. Diese Tatsache weist darauf hin, daß der Traumbildung auch rezente Eindrücke zugrunde liegen, die mit der antizipierten Situation der Erstuntersuchung zusammenhängen. Unter diesen Prämissen liegt die Vermutung nahe, daß der Traum auch die unbewußte Erwartung Olivers ausdrückt, in der Situation der Erstuntersuchung – wie damals in der Vojta-Behandlung – doch in die Hölle zu kommen.

Die Mitteilung Olivers: *Die Mama hat gesagt, wenn man lieb ist, kommt man in den Himmel, wenn man böse ist, kommt man in die Hölle* geht der Erzählung des Traums unmittelbar voraus. Oliver vertraut der Therapeutin den Grund an, warum er glaubt, bei der Behandlung damals und bei der Erstuntersuchung heute in die Hölle zu kommen: nämlich weil er böse sei. Während Oliver in der Vergangenheit die Vojta-Behandlung real brauchte, weil er eine spastische Lähmung hatte, scheint er unbewußt zu denken, er habe die Behandlung benötigt, weil er böse war. Die spastische Lähmung könnte also von Oliver unbewußt als eine Bestrafung für das ›Bösesein‹ und die Behandlung als eine Sühne, die ihm die Erlösung bringen könnte, interpretiert worden sein.

Lassen sich diese Hypothesen anhand des Interviewablaufes nachprüfen?

Beim Eintritt ins Spielzimmer wählt Oliver als Ziel seines beabsichtigten Angriffes den auf der Zielscheibe abgebildeten Mann, der sich als Opfer anbietet; Oliver äußert sein Vorhaben, den Mann totzuschießen. Durch eine Identifizierung mit dem Angreifer wehrt Oliver vermutlich seine Angst vor dem von ihm unbewußt antizipierten Aggressor der Erstuntersuchung ab, von dem Oliver aufgrund seines ›Böseseins‹ einen Angriff erwartet.

In dieser schließlich nur verbal skizzierten Spielhandlung entwirft Oliver bereits in einer Umkehrung der Rollen eine Wiederholung der vergangenen Behandlungssituationen. Mußte Oliver damals den von der Mutter ausgeübten Druck auf bestimmte Stellen seines Körpers erleiden, so kehrt er heute die Rollen um und nimmt die Position des Angreifers ein, der auf jene Körperstellen des abgebildeten Mannes zielen möchte. Nun enthält die von Oliver entworfene Szene mehr als eine bloße Wiederholung des realen Behandlungsgeschehens, nämlich die mit dem aggressiven Impuls verknüpfte Phantasie, den abgebildeten Mann totzuschießen. In der verbal skizzierten Spielhandlung entlädt Oliver mit Hand und Augen das totschießende Feuer seiner Aggression gegen den abgebildeten Mann.

In der Hölle habe es Feuer gegeben, lautet der Traum. Auf dem Hintergrund der Interpretation dieser Szene kann angenommen werden, daß das initiale Verhalten Olivers, zwischen Mutter und Therapeutin hin und her zu schauen, die Funktion hatte, den zuerst auf die Therapeutin projizierten aggressiven Impuls durch die im Blick der Mutter gewonnene Versicherung, daß die Therapeutin freundlich sei, zu beruhigen. Möglicherweise kann die Verschiebung des aggressiven Impulses von der Therapeutin auf den abgebildeten Mann der Verschiebung der Aggression von der Mutter auf den Arzt entsprechen, der die Vojta-Therapie in ihrem ganzen Verlauf kontrollierte.

Nun verwirklicht Oliver sein Vorhaben nicht. Konnte er seine Mordphantasien verbal ausdrücken und kann er von seinem zuhause liegenden Gewehr sprechen, so scheint ihn die Ausführung der Mordphantasie – allein im Spiel – so zu beunruhigen, daß er sich von der funktionierenden Pistole abwendet und das große geladene Gewehr übersieht. Die Ausführung seiner Mordphantasie ist wahrscheinlich für Oliver deshalb so bedrohlich, weil sie einen aggressiven Impuls in der heute nicht mehr gelähmten Motorik der Hand belebt. Wenn auch die Störung der Motorik instrumentell sozusagen behoben ist, so bleibt doch offensichtlich eine Störung der Motorik in ihrer Funktion als ausführendem Organ der Aggressivität bestehen. Möglicherweise befürchtet Oliver, daß er – allein im Spiel – den abgebildeten Mann real totschießen könnte, weil er seiner Hand diese Allmacht zuschreibt. Diese mit dem Mordimpuls verknüpfte, heute noch wirksame Größenphantasie entstand vermutlich als Folge der Verleugnung des unerträglichen Ohnmachtsgefühls, der in der spastisch gelähmten Muskulatur der Hand aufgestauten Wut keinen Ausdruck verleihen zu können. Diese Größenphantasie diente also der Verleugnung der spastischen Lähmung.

Nun scheint diese omnipotente Mordphantasie bei Oliver archaische Vergeltungs- und Bestrafungsängste auszulösen, nämlich selber durch das verfolgende Feuer der Hölle totgeschossen zu werden.

Sie seien tot gewesen, heißt es im Traum. Die Trauminterpretation hatte herausgestellt, daß Oliver die unbewußte Erwartung hatte, bei der Erstuntersuchung – wie damals bei der Behandlung – in die Hölle zu kommen, weil er böse sei. Die darauffolgende Handlung Olivers, in der er nach der nicht funktionierenden Pistole greift und sie der Therapeutin gibt, weist auf die Abwehrstrategie hin, auf die Oliver rekurrieren muß, um seine Vernichtungs- und Vergeltungsängste abzuwehren.

Vermutlich repräsentiert für Oliver die nicht funktionierende Pistole nicht die in der Vergangenheit spastisch gelähmte Hand, sondern einerseits die mit einer omnipotenten Kraft begabte Hand und andererseits die angriffsunfähig gewordene Hand, weil an ihr wegen der Mordphantasien Vergeltung ausgeübt wurde.

Die Wendung zur defekten Pistole wäre daher nicht nur als ein Ungeschehenmachen der Mordphantasie zu verstehen, sondern auch als eine Wendung des aggressiven Impulses gegen die Hand, deren Lähmung durch die magische Wirkung der phantasierten Vergeltung entstanden wäre. Diese imaginäre Konstruktion Olivers, nämlich motorisch defekt geworden zu sein, weil er *böse* war, mag zwar auch quälend erscheinen. Dennoch ist sie mit der Hoffnung verbunden, durch das Sühnen in der schmerzhaften Behandlung erlöst bzw. geheilt werden zu können. So enthält das Präsentieren der nicht funktionierenden Pistole die Beschwörung, daß Oliver nicht *böse* und angriffsbereit, sondern *lieb* und angriffsunfähig sei.

Mit dieser Verkehrung des aggressiven Impulses in sein Gegenteil verbindet Oliver die Hoffnung, *in den Himmel zu kommen.* Und schließlich könnte sich in der Übergabe der defekten Pistole an die Therapeutin die unbewußte Erwartung Olivers verdichten, daß die Therapeutin die von ihm aufgegebene Steuerungsfunktion seiner Aggression übernimmt und das ›Böse‹ durch schmerzhafte Übungen als Strafe ›wegtrainiert‹. Dieses Abtreten und diese Isolierung des aggressiven Impulses lösen zwar eine Beruhigung bei Oliver aus, dennoch gleichzeitig auch Schamgefühle über seine Unfähigkeit, in der Gegenwart der Therapeutin im Spiel zu schießen. Darum erzählt er als Trost und Kompensation von seinem zuhause liegenden Gewehr.

Die Verkehrung der Vorstellung des mit den Übungen verbundenen aggressiven Affekts in ihr Gegenteil habe ich schon bei der Mutter angenommen: Die Mutter mußte die schmerzzufügende Behandlung als etwas ›Gutes‹ deklarieren. Mutter und Kind mußten gemeinsam die Behandlung in etwas Gutes verwandeln, um sie tolerierbar zu machen.

Oliver verarbeitete die Vojta-Therapie dadurch, daß er versuchte, seine aggressiven Impulse ›unbelebt zu machen‹ und durch eine masochistische Haltung zu lähmen. Er versuchte, ihn von sich fernzuhalten, indem er dessen Beherrschungsfunktion an die Mutter ›aktiv‹ delegierte. Die masochistische Haltung wurde durch eine Erlösungsvorstellung als Gegenbesetzung gefestigt. Einerseits diente diese Verarbeitungsform der Verleugnung des Ohnmachtsgefühls, das mit der Wahrnehmung der realen spastischen Lähmung verknüpft war; sie diente gleichzeitig der Verleugnung der in der frühen Behandlung passiv erlittenen Entfremdung des Selbst, die dadurch entstand, daß Oliver durch die von der Mutter durchgeführten Übungen der eigenen Steuerung seiner Motorik und seiner Aggression enthoben wurde. Andererseits diente die imaginäre Konstruktion Olivers, nämlich die Erlösung vom ›Bösesein‹ durch Sühnen in der Behandlung zu erzielen, der Aufrechterhaltung der Illusion, über eine omnipotente Kraft zu verfügen und sich aus eigenem Willen der Behandlung unterworfen zu haben. Mit dieser Sinngebung restituierte Oliver seinem Selbst die ihm entzogene Beteiligung am überwältigenden Behandlungsgeschehen.

In der Erstuntersuchungssituation zeigt sich, daß diese Abwehrform keine ausreichende Beherrschung der Aggression ermöglicht. Es sieht so aus, als würde es Oliver zunächst gelingen, den durch seine Mordphantasie belebten aggressiven Impuls in seiner Hand mit der oben beschriebenen Strategie abzuwehren. Dennoch bleibt ein nicht kontrollierter Abkömmling weiterhin bestehen, der in den Augen Olivers lokalisiert zu sein scheint. Denn Oliver projiziert in der darauffolgenden Szene den unbewältigten Rest seiner Aggression auf den Blick der Therapeutin. Durch die Beschwörungsformel: *Die Mama hat gesagt, die Frau am Fernsehen hat gelächelt,* muß sich Oliver erneut beruhigen, und diese Beruhigung muß im Spiel mit dem Packesel weiterhin konsolidiert werden.

Zwar scheint Oliver durch sein Ideal, sein Kreuz zu tragen,

›belebt‹ zu sein, was sich in seinem Ehrgeiz ausdrückt, alle Stäbchen zu schaffen. Nun könnte aber Oliver mit seiner Bemerkung: *Es sei nicht so schlimm, denn der Esel sei nicht echt,* der Therapeutin seinen Eindruck signalisieren, daß seine durch dieses Ideal motivierte Belebung nicht echt, seine Spielhandlung mit dem Esel dadurch fremdgesteuert sei. Das Träumen des Traumes unmittelbar vor dem Erstinterview weist darauf hin, daß er mit der Untersuchung die Hoffnung verknüpft hat, der Therapeutin seine Beunruhigung über seinen aggressiven Impuls anzuvertrauen. Er möchte der Therapeutin mitteilen, daß er seinen aggressiven Impuls aufgrund seiner Hilfskonstruktion selber nicht adäquat steuern kann und ihn durch andere Mittel steuern lernen möchte. Mit dem Umwerfen des Packesels in der Gegenwart der Mutter am Ende der Sitzung führt Oliver der Therapeutin vor Augen, daß er ihre Deutung, die seinen verborgenen Protest gegen *seine Aufgabe* ansprach, angenommen hat.

Hinsichtlich der Diagnose ist auf der deskriptiven Ebene eine Entwicklungsdisharmonie festzustellen. Die Dissoziationen in der psychischen Struktur sind auf die Störungen im Bereich des Körper-Selbst zurückzuführen. In der Ätiologie der Entwicklungsdisharmonie wurden drei Determinanten erkennbar: die angeborene minimale cerebrale Dysfunktion, die im Zusammenhang mit der Vojta-Therapie entstandenen Traumata und der Umgang der Eltern mit dieser Situation des Kindes. Die Eltern mußten überfordert bleiben, solange nur Einzelaspekte durch Spezialisten berücksichtigt wurden, und ihnen keine Behandlung auf der Grundlage einer ganzheitlichen Perspektive für ihr krankes Kind angeboten wurde. Es wurde eine intensive Psychotherapie für Oliver mit regelmäßigen Begleitgesprächen für die Eltern vorgeschlagen.

Literatur

(1) Vojta, V.: Die cerebralen Bewegungsstörungen im Säuglingsalter. Frühdiagnose und Frühtherapie, Stuttgart 1973
(2) Feldkamp-Danielcik: Krankengymnastische Behandlung der zerebralen Bewegungsstörung im Kindesalter, München 1976, S. 108
(3) Spitz, R.: Vom Säugling zum Kleinkind, Stuttgart 1974
(4) Mahler, M. S.: Symbiose und Individuation, Band I: Psychosen im frühen Kindesalter, Stuttgart 1972

Lore Schacht
Der verlorene Garten

>»Es ist nicht gleichgültig, was ein Mensch aus seiner
>Kindheit zu erinnern glaubt, in der Regel sind unter
>den von ihm selbst nicht verstandenen Erinnerungs-
>resten unschätzbare Zeugnisse für die bedeutsamsten
>Züge seiner seelischen Entwicklung verborgen«.
>*Sigmund Freud, Eine Kindheitserinnerung des Leonardo da*
>*Vinci, GW VIII, S. 153.*

Als Jasmin überwiesen wurde, war ich an einer poliklinischen
Ambulanz als einzige für die Kindersprechstunde zuständig und
sah aus zeitlichen Gründen längst keine Möglichkeit mehr, weitere Therapien zu übernehmen. Aus dieser Situation heraus hatte
ich aufs neue begonnen, mich mit den therapeutischen Konsultationen zu beschäftigen wie sie D. W. Winnicott in seinen Semina-
ren und später in dem Buch »Therapeutic Consultations in child
psychiatry« (1) dargestellt hat. Versucht er doch hier Beispiele
dafür zu bringen, wie man bei einer vollständigen Auswertung der
ersten Konsultation in manchen Fällen die Beratung nach ein oder
mehreren Erstgesprächen abschließen kann.

Die Auffassung Winnicotts von der besonderen Bedeutung der
therapeutischen Erstgespräche beruht auf seiner langjährigen Erfahrung, daß ihm in diesen Gesprächen jeweils die Rolle zufiel, die
der des »subjektiven Objektes« entspricht. (2) Da diese Rolle des
subjektiven Objektes nur selten das erste oder höchstens die
wenigen anfänglichen Gespräche überdauert, stellen gerade diese
Erstinterviews seiner Meinung nach eine einmalige Gelegenheit
dar, mit dem Kind zu kommunizieren.

In diesem Aufsatz möchte ich schildern, wie ich den Versuch
unternommen habe, das erste Gespräch mit einem 10jährigen
Mädchen so zu nutzen, daß eine möglichst unmittelbare Kommunikation zustande kam. Ich könnte auch sagen, ich beschreibe, wie
ich nach einem beinahe mißglückten Start weiter um die Durchführung eines therapeutischen Interviews bemüht blieb. Ich habe
das Kind nach dem Erstgespräch noch zweimal gesehen.

Schon der Beginn des Interviews mit Jasmin schließt eigentlich jeden Vergleich mit der Art der therapeutischen Konsultationen aus, wie sie Winnicott beschreibt. Die dramatische Interaktion zu Beginn der Begegnung führte u. a. dazu, daß, um die Kommunikation mit dem Mädchen in Gang zu bringen, das Schnörkelspiel nicht von mir vorgeschlagen wurde, sondern, daß ich erst zu einem späteren Zeitpunkt darauf zurückgriff, um eine neue Phase im Interview einzuleiten.

Jasmin war mir von einem Kollegen telefonisch überwiesen worden. Zwar hatte sich der Kollege, der angab mit den Eltern des Kindes befreundet zu sein, im Hinblick auf die Symptomatik zurückhaltend ausgedrückt – er meinte, Jasmin würde wohl zuweilen stehlen – doch hatte die Art, in der er mich darum bat, mit dem Mädchen doch möglichst bald zu reden, einerseits Interesse für das Kind, andererseits aber auch ein gewisses Vertrauen mir gegenüber gezeigt. Dieses Vertrauen habe ich von Anfang an hoch eingeschätzt, sagte ich mir doch, daß es auch die Haltung der Eltern gegenüber dem therapeutischen Vorgehen günstig mitbestimmen könne.

Als ich Jasmin im Wartezimmer mit ihren Eltern antraf – sie waren überaus pünktlich gekommen – fragte ich sie nach der Begrüßung, da sie sehr ängstlich wirkte, ob sie es vorziehen würde, mit mir allein zu sprechen oder zusammen mit den Eltern oder schließlich, ob sie draußen warten wolle, um die Eltern mit mir reden zu lassen. Ich bestelle im allgemeinen die Eltern zusammen mit den Kindern, um einerseits die mögliche Angst der Kinder vor der ersten Begegnung zu mildern, andererseits, um nicht schon mit den Eltern gesprochen zu haben, ehe ich mit ihnen spreche.

Mein Ziel ist es aber, das Kind zuerst zu sehen. Wenn ich also die Eltern zusammen mit dem Kind einlade, so in der Hoffnung, die ich – wenn möglich – auch den Eltern gegenüber vorher bereits ausdrücke, daß sich das Kind von den Eltern lösen und allein mit mir sprechen kann. Mir liegt aber daran, ihm die Möglichkeit zu geben, sich selber dazu entscheiden zu können.

Nach kurzer Überlegung erklärte Jasmin, ein blondes hübsches Mädchen mit wachen Augen und lebhaften Bewegungen, daß sie in Begleitung ihrer Eltern mit mir in mein Zimmer kommen wolle. Dort nahm sie abseits von ihren Eltern ganz in meiner Nähe Platz. Mir wurde nun, da wir saßen, bewußt, wie unruhig die Eltern waren, wie ernst und auch streng sie zu Jasmin herüberschauten, während Jasmin verlegen zu Boden blickte. Die Tatsache, daß Jasmin sich zu mir herübergesetzt hatte, mochte heißen, daß ich sie beschützen sollte. Angesichts der Spannung der Eltern kam die Befürchtung bei mir auf, die Eltern könnten plötzlich über die Symptomatik, also über das Stehlen zu sprechen beginnen und damit Jasmin überrumpeln. Dies würde Jasmin bloßstellen und den Verlauf eines therapeutischen Interviews gefährden. Deshalb trachtete ich meinerseits eine solche Entwicklung des Gespräches zu verhindern und zwar derart, daß Jasmin einen Ausweg finden könnte. Es sei wohl, so sagte ich, eine Frage, ob wir darüber reden sollten oder dürften, weshalb sie hier seien. Kaum hatte ich dies ausgesprochen, als Jasmin in ein stilles Weinen ausbrach. Wir schwiegen. In sehr taktvoller Weise schlug der Vater nach einer Weile vor, sie, die Eltern könnten draußen warten. Jasmin nickte zustimmend und die Eltern verließen das Zimmer.

Nach diesem dramatischen Anfang trat Stille zwischen uns ein. Schließlich sagte ich zu Jasmin, daß sie wohl sehr unter dem leiden würde, was sie hierhergeführt habe. Sie nickte. Wie sich noch zeigen wird, nickte sie oftmals nur um ihre Zustimmung auszudrücken. Nun fügte ich noch hinzu, daß ihr offensichtlich etwas sehr leid tue. Sie nickte wiederum bestätigend und begann zu sprechen:

Sie habe ihrer Mami und ihrem Papi sehr weh getan – und ein bitterliches Weinen hinderte sie, weiter zu reden. Ich mußte ihr ein Taschentuch holen. Sie weinte noch einige Zeit, und wir blieben weiter ruhig sitzen.

Wie sollte ich nun vorgehen? Ich dachte kurz an das Schnörkelspiel, entschied mich aber dagegen, da ich mir sagte, daß Jasmin sich jetzt nach diesem Anfang abgewiesen fühlen könnte, würde ich ihr ein unbekanntes Spiel vorschlagen. Ich kam zu dem Schluß, ihr erst einmal die Möglichkeit zu verschaffen, ihre Sicherheit wiederzufinden, d. h. über etwas auch sprechen zu können, was nicht belastend für sie war, was ihr wieder mehr Selbstvertrauen geben könnte. Es gäbe wohl noch andere wichtige Dinge für sie, meinte ich deshalb vorsichtig, schließlich wisse ich ja überhaupt nichts über sie. So könne sie mir beispielsweise auch von dem erzählen, was ihr weniger Kummer, sondern eher Freude mache. Prompt und erleichtert erzählte sie mir nun vom Reiten. Eigentlich hätte sie heute Reitstunde gehabt, sie könne nur dienstags reiten, und nun sei das Ganze ausgefallen, weil sie habe hierher kommen müssen. Ich antwortete ihr, daß ich gut verstehen könne, daß sie nur schweren Herzens auf ihre Reitstunde verzichtet habe und weiter, daß ich ihr einen anderen Tag für unser Gespräch vorgeschlagen hätte, wenn mir die Sache mit der Reitstunde bekannt gewesen sei.

Daraufhin beruhigte sie sich merklich und wurde beinahe munter. Sie erzählte mir weiter von sich aus eine Menge über ihren Bruder Micha, der ein Jahr älter ist. Sie fühle sich von ihm verfolgt und angegriffen. Vor einiger Zeit habe sie sich von ihm ein Fort mit vielen Pferden ausgeliehen. Immer wenn sie es gerade aufgebaut habe und damit spielen wolle, komme Micha zu ihr ins Zimmer gestürzt und schieße das Fort mit einem Spielgewehr zusammen. Überhaupt komme er einfach in ihr Zimmer, z. B. abends, wenn sie schlafen wolle. Er springe dann auf ihrem Bett herum, greife sie dabei an und ließe sie nicht in Ruhe. Beklage sie sich aber über ihn bei den Eltern, so nehme er dafür Rache und verprügle sie. Micha sei schneller als sie. Letzten Endes sei sie stärker, da sie kräftigere Armmuskeln habe als Micha.

Weshalb sie so starke Muskeln habe, erkundigte ich mich. Die habe sie vom Turnen und Schwimmen. Micha trainiere nicht so konsequent wie sie. Micha würde sie auch heimlich überraschen und erschrecken. Neulich habe er das gleiche mit der Mutter gemacht. Die Mutter sei auf den Speicher gegangen. Micha sei ihr nachgeschlichen und habe sie dort überrascht. Einmal habe sie ihn in der Schule verteidigen wollen, als ihn ein Junge angegriffen und verprügelt habe. Sie habe den Hausmeister gerufen und versucht, die Streitenden auseinanderzubringen. Anstatt ihr zu danken, habe Micha deshalb später mit ihr geschimpft und ihr vorgeworfen, daß sie sich in alles hineinmische. Früher jedoch hätten sie sich besser vertragen. Jetzt aber fühle sie sich ihm gegenüber nicht sicher.

Nun sagte ich ihr ungefähr folgendes: sie streite mit Micha und verspüre eine riesige Wut auf ihn, aber sie hänge wohl auch sehr an Micha und sei verletzt, gekränkt und traurig, daß er nicht lieb zu ihr sei, und daß es zwischen ihnen nicht mehr so zugehe wie früher. Wieder nickte sie nur. Sie schien über das nachzudenken, was ich gesagt hatte und saß vornübergebeugt. Dann auf einmal setzte sie sich auf und wandte mir zum ersten Mal das Gesicht ganz zu.

Sie begann nun mit einem neuen Thema: der Schule. In manchen Fächern sei sie gut, aber in Erdkunde habe sie eine Fünf geschrieben. Der Vater habe gemeint, daß sie die höhere Schule verlassen müsse, wenn sie noch einmal eine Fünf schreiben würde. Sie wisse nicht, ob das stimme, ihr Vater habe das gesagt. Ich unternahm einen nächsten Schritt: sie erzähle mir eine Menge von ihrer Schule, und nun sei sie hier, ob es vielleicht einen Zusammenhang gäbe? Jasmin erwiderte spontan: »Das, weshalb ich hier bin, hat allein mit zu Hause zu tun!«

Diese sehr offene und spontane Bemerkung ließ mich vermuten, daß bei Jasmin eine gewisse Bereitschaft vorhanden sein mochte, sich weiter mit mir einzulassen. Sie wirkte jetzt weniger ängstlich. Dies war vielleicht der Augenblick, in dem ich das Schnörkelspiel einführen könnte. Mir schien es außerdem ratsam zu sein, jetzt, da sie von sich aus signalisiert hatte, daß sie sich damit auseinandersetzte, weshalb sie hier war, sie in keiner Weise zu drängen. Je weniger Eile ich zeigen würde, desto mehr würde sie mich davon verstehen lassen, was in ihr vorging. Ich wollte es ihr überlassen, das Tempo zu bestimmen.

Ehe ich schließlich das Schnörkelspiel vorschlug, überflog ich für mich noch einmal in Gedanken, was sich bisher zwischen uns abgespielt hatte: Jasmin war nur mit großer Angst zu mir gekommen, sie hatte das Gespräch mit mir gefürchtet und vermutlich auch eine Auseinandersetzung mit den Eltern erwartet. Sie war ungern gekommen. Durch meine verschiedenen Interventionen hatte ich vor allem versucht, ihr zu zeigen, daß ich bemüht war, mich in ihre Situation hineinzuversetzen. Meine Bemerkung, daß ich, wenn es mir bekannt gewesen wäre, auf ihre Reitstunde Rücksicht genommen hätte, gehört ebenso hierher wie die indirekte Einladung, über etwas zu sprechen, was ihr Freude mache. Es war ihr dann möglich gewesen, in ihren späteren Erzählungen Hinweise auf den ödipalen Konflikt, insbesondere auf den Konfliktbereich erkennen zu lassen, der gewöhnlich mit dem Begriff des Penisneides umschrieben wird. Hatte sie mir vielleicht in der Schilderung des Streitens mit dem Bruder auch über Spannungen zwischen den Eltern etwas angedeutet? Noch zwei weitere Fragen tauchten auf: weshalb hatte sie nicht über ihre Beziehung zu der Mutter gesprochen und weiter, was meinte sie mit dem »früher«, wenn sie betonte, daß die Beziehung zu Micha früher besser gewesen sei?

Nach diesem inneren Rückblick schlug ich das Schnörkelspiel vor. Papier und Bleistift hatte ich vorsorglich bereitgelegt. Ich sagte ungefähr, daß ich bei geschlossenen Augen mit dem Bleistift über das Papier fahren würde, und daß sie dann aus meinem Gekritzel etwas machen könne. Dann wiederum könne sie beginnen, und ich würde aus dem ihren etwas machen. Ich werde hier jetzt nur die wenigen Schnörkelzeichnungen beschreiben, die zwischen uns zustande kamen.

Dabei wird sich zeigen, daß die Fähigkeit, spielend zu zeichnen, zwischen Jasmin und mir kaum zustande kam. Spielen, so betont Winnicott, setzt Vertrauen voraus und gehört zu dem, was er den potentiellen Raum zwischen dem Baby und der Mutter nennt. Das Papier ist beim Schnörkelspiel der potentielle Raum, auf dem herumgekritzelt wird. Wie sich zeigte, konnte Jasmin nicht die Augen schließen und irgend etwas »schnörkeln«, sondern sie versuchte, bestimmte Zeichnungen zu planen, die ich nur fertigzustellen hatte.

Psychotherapie geschieht dort, wo zwei Bereiche des Spielens sich überschneiden: der des Patienten und der des Therapeuten. Psychotherapie hat mit zwei Menschen zu tun, die miteinander spielen. Hieraus folgt, daß die Arbeit des Therapeuten dort, wo Spiel nicht möglich ist, darauf ausgerichtet ist, den Patienten aus einem Zustand, in dem er nicht spielen kann, in einen Zustand zu bringen, in dem er zu spielen imstande ist. (2)

Ich werde jetzt einen solchen Versuch darstellen, das Spielen zwischen uns zu ermöglichen:

1. Was ich begann, wurde ein Kreis. Jasmin machte sehr schnell und sicher einen Mädchenkopf daraus und verglich die Frisur mit der ihren. Als ich aber fragte, ob das Bild sie darstelle, verneinte sie und meinte nur, es sei halt irgendwer.

Dies war wohl ein wichtiges Zeichen dafür, daß ich vorsichtig sein und ihr nicht zu nahe kommen sollte.

2. Jasmin, die also den Bleistift nicht bei geschlossenen Augen gleiten lassen konnte, ließ das Profil eines Pferdes entstehen. Ich setzte die Zeichnung fort, und Jasmin war dabei recht beteiligt. Sie bestand darauf, den Schweif noch schön und lang zu zeichnen. Unterdessen erzählte sie mir von ihrem Lieblingspferd.

3. Mein Schnörkel war eine schleifenförmige Linie. Jasmin machte daraus eine Stachelbeere mit einem langen Stiel.

4. Nun war sie wieder an der Reihe. Diesmal zeichnete sie andeutungsweise ein Hundeprofil. Ich aber setzte mich einfach darüber hinweg, daß ich offensichtlich einen Hund zeichnen sollte. Ich produzierte statt dessen ein Känguruh, das ein Junges trägt. Obwohl meine Zeichnung anatomisch wenig überzeugend war, war Jasmin beteiligt.

5. Aus meinem Schnörkel machte sie einen Stuhl. Dieser Stuhl aber war sehr eigenartig. Er hatte ungewöhnlich hohe Beine. Ich fragte, ob sie einen solchen Stuhl zu Hause hätten. Jasmin verneinte dies. Daraufhin sagte ich, der Stuhl lasse mich daran denken, wie ein kleines Kind einen Stuhl sehen würde, wenn es von unten an ihm hochschaue; dann möge ihm der Stuhl so vorkommen, als habe er ganz lange Beine.

Jasmin, die das Blatt schon fortgelegt hatte, nahm es jetzt noch einmal schnell zu sich zurück. Nun geschah etwas, was an die Dramatik zu Beginn des Interviews erinnerte. Sehr plötzlich nämlich tauchte jetzt das Hauptthema auf, und zwar nur in wenigen Schritten, die rasch aufeinander folgten: Jasmin zeichnete ein Querbrettchen auf den Stuhl und erklärte, ein Kind sitze auf dem Stuhl. Das Kind wurde nicht von ihr gezeichnet, nur sein Kopf vage angedeutet. – Hinter den Stuhl zeichnete sie die Mami des Kindes – und nach einer Weile fügte sie hinzu, sie schien nun ganz vertieft zu sein, sie würde die Mami in dem blauen Morgenrock zeichnen, den sie so gerne an der Mami sehe. Sie zeichnete mit Sorgfalt. Allerdings wisse nicht, wie sie die Hände der Mami zeichnen solle. Nach einem zaudernden Innehalten zeichnete sie der Mami dort, wo die Hände hätten sein sollen, einen großen Kreis.

Ich ging hierauf zunächst nicht ein, sondern meinte nur, daß sie den Morgenmantel wohl seit langem kenne. *So lange ich mich überhaupt erinnern kann, möchte ich den Morgenrock von der Mami haben!* Vielleicht gäbe es noch anderes, was sie von der Mutter haben wolle, meinte ich. Die Mutter, erwiderte Jasmin, habe so schönen Schmuck, besonders aber schöne Ketten, die würde sie so gerne haben, obwohl sie auch selber eine Kette besitze. Ich machte nun folgende Interpretation: *Die Mutter steht ziemlich weit von dem Kind entfernt. Das Kind möchte wohl, daß die Mutter näher zu ihm herankommt.* Dies ist m. E. ein entscheidender Augenblick in diesem Interview gewesen, ging es doch darum, daß mir Jasmin sagen konnte, daß sie seit ihrer frühen Kindheit etwas von der Mutter habe haben wollen, dargestellt im Morgenrock und dem Schmuck. Nun habe ich ihr, indem ich ihre Zeichnung von Mutter und Kind, vor allem die nicht vorhandenen Hände der Mutter mit einbezog, die Interpretation gegeben, daß das Kind die Nähe der Mutter wünscht und vermißt.

Jasmin sagte nichts dazu, sondern nahm sich ein neues Blatt und

6. zeichnete eine Frau im Profil, die die Arme nach vorne ausstreckte, wieder ohne Hände! aber diesmal auch ohne Kreis. Dann schob sie mir das Blatt zu. Ich zeichnete ein Kind, das der Figur gegenüber saß und das seinerseits der Frau bzw. der Mutter die Arme entgegenhielt. Nun schien Jasmin zufrieden zu sein. Als ich jedoch meinte, dies seien vielleicht sie und ihre Mutter, gab sie mir wieder zu verstehen, daß ich zu weit gegangen sei, indem sie ablehnend meinte, wieso, sie sei doch kein Baby.

7. Aus meinem nächsten Schnörkel machte sie schnell und bestimmt einen Apfel, »einen gepflückten Apfel mit zwei Blättern«. Um den Apfel herum zeichnete sie ein Viereck.

Vielleicht sei dies ein Apfel, an den man nicht herankomme, sagte ich. So, als wollte sie das noch unterstreichen, zeichnete sie nun einen Bilderrahmen darum herum, der an drei Nägeln aufgehängt war. Ich sagte: *Der Apfel ist wie zum Greifen nahe und doch hängt er fest an der Wand, womöglich hinter Glas versteckt.* Mit dieser Bemerkung war Jasmin einverstanden. Neben das Thema von der Suche nach Nähe war also das der Unerreichbarkeit getreten.

Die Zeit war nun fortgeschritten und wir mußten zu einem Ende kommen. Dennoch, so überlegte ich, sollten wir einen baldigen Termin vereinbaren, um über die Unterbrechung hinaus dieses Erstgespräch fortsetzen zu können. Ich fragte Jasmin, ob sie noch einmal kommen wolle. Ja, meinte sie, doch wisse sie nicht, ob ihre Mutter sie bringen würde. Wir vereinbarten vorläufig unter uns eine Stunde, die die Reitstunde nicht in Gefahr brachte. Schließlich bat ich die Eltern herein. Mir fiel auf, daß sie beide geweint hatten. Die Mutter willigte ein, Jasmin in der nächsten Woche zu dem vereinbarten Termin zu bringen. Beide Eltern schauten mich erwartungsvoll an, gingen dann jedoch schnell und verständnisvoll darauf ein, daß ich jetzt im Beisein von Jasmin nicht mit ihnen noch irgendetwas besprechen wollte. Der Vater meinte, sie hätten hier draußen Gelegenheit gehabt, *Gewissenserforschung* zu treiben. Während dieser kurzen Unterredung mit den Eltern schaute mich Jasmin die ganze Zeit unverwandt an. Mir schien, daß sie erstaunt darüber war, daß ich den Eltern nichts davon erzählt hatte, was sich in der Stunde zwischen uns ereignet hatte.

Das Schnörkelspiel ist lediglich ein Weg, um Kontakt mit einem Kind aufzunehmen, schreibt Winnicott in der Einleitung zu seinem Buch und fährt fort: Was während dieses Spiels und des gesamten Gesprächs geschieht, hängt davon ab, wie die Erfahrung des Kindes und das dargebotene Material benutzt werden; und dazu bedarf es einer Theorie der

In dem Interview war ich schon ganz zu Beginn überrascht worden durch die Heftigkeit der Reaktionen und Gefühle, die Jasmin gezeigt hatte. Die Erzählungen im mittleren Teil des Interviews, welche Themen des ödipalen Konfliktes deutlich machten, hatten eigentlich eine Phase relativer Ruhe dargestellt. Jasmin hatte mir etwas von dem erzählt, was sie bewußt sehr beschäftigte. In dem letzten Teil des Interviews nun, in dem wir das Schnörkelspiel versuchten, ohne es so recht spielen zu können, war dafür etwas anderes geschehen. Ich möchte beinahe sagen, daß Jasmin meine Interventionen wie Schnörkel verwandte, aus denen sie etwas machte. Ich nehme an, daß die Angst, entdeckt und beschämt zu werden, mit dazu beigetragen hat, daß das Miteinander-Spielen nicht gewagt werden konnte, bzw. daß das Kind sich das Gefühl verschaffen mußte, selbst zu bestimmen, was es zeichnet bzw. sagt, und auch das Gefühl, mich entsprechend kontrollieren zu können. Das jedoch, was in der Interaktion mit Jasmin nach der Zeichnung des Stuhls geschehen war, war überraschend für sie und mich. Als sie die Mutter hinter das Kind stellte, die Mutter, die das Kind nicht fassen und halten konnte, weil sie zu weit wegstand und keine Hände hatte, sah ich darin einen Hinweis auf Winnicotts Theorie von der antisozialen Tendenz. Daß Jasmin die Hände der Mutter nicht gezeichnet hatte und nicht zeichnen konnte, mochte das Thema des Stehlens nahelegen, oder mochte mit der Masturbation in Verbindung gebracht werden. Da Jasmin aber die Hände so offen gelassen, in keiner Weise versteckt hatte, hatte ich die Darstellung eher so verstanden, daß die Mutter nicht halten kann, oder daß ihr »die Hände gebunden sind«.

Ich möchte hier einige wichtige Aspekte der Theorie zur antisozialen Tendenz, wie sie von Winnicott entwickelt wurde, in Erinnerung bringen und zwar ganz in Anlehnung an seine Ausführungen in dem Buch »Die therapeutische Arbeit mit Kindern«. Winnicott ist der Auffassung, daß dort, wo das Stehlen das Symptom ist, dessentwegen das Kind vorgestellt wird, regelmäßig in der frühen Entwicklungsgeschichte des Kindes eine Phase angetroffen werden kann, in der dem Kind durch seine direkte Umgebung und Pflege die Möglichkeit zu einem guten Start gegeben wurde. Die Reifungsprozesse haben sich aufgrund guter Umweltbedingungen in normaler und günstiger Weise etabliert. Dann jedoch ist es in der Umgebung des Kindes zu einem Versagen irgendeiner Art gekommen, woraufhin die Reifungsprozesse plötzlich gestoppt wurden.

Wenn eine antisoziale Tendenz vorhanden ist, dann ist ihr eine echte Deprivation vorausgegangen (nicht nur ein einfacher Mangel) (3).

Das soll heißen, daß sich ein Verlust von etwas Gutem ereignet hat, von etwas, das bis zu einem bestimmten Zeitpunkt in der Erfahrung des Kindes positiv gewesen ist und dann entzogen wurde: die Entziehung hat sich über eine längere Zeitdauer hingestreckt, länger als jene Zeitdauer, über die hinweg das Kind die Erinnerung an die positive Erfahrung am Leben erhalten kann. Durch diese Unterbrechung, oder durch die Reaktion des Kindes darauf, kommt es nach Auffassung von Winnicott zu einem Sprung, der die Entwicklungslinie, ja besser, wie er sagt, die Lebenslinie durchkreuzt. Das Kind mag sich davon erholen; dennoch bleibt vom Standpunkt des Kindes aus eine Unterbrechung der Kontinuität seines Lebens bestehen. Winnicott nimmt zudem an, daß es in dem Zeitraum zwischen dem Versagen der Umwelt und der späteren Phase einer Wiederherstellung zu einem akuten Verwirrtheitszustand beim Kind kommen kann. Es gibt nun zwei Möglichkeiten: das Kind erholt sich von dem Schlag, der ihm durch das Versagen seiner Umwelt vermittelt worden ist oder nicht. Erholt es sich nicht, so bleibt die Persönlichkeit des Kindes desintegriert; klinisch erscheint das Kind rastlos, unruhig und abhängig davon, von irgendjemandem oder im Rahmen einer Institution geführt und angeleitet zu werden. Zeigt sich das Kind einigermaßen erholt, so bleibt es die meiste Zeit depressiv und hoffnungslos, ohne eigentlich zu wissen, was ihm fehlt. Es mag dann geschehen, daß das Kind wieder Hoffnung entwickelt, was zum Beispiel dadurch ausgelöst werden kann, daß es eine günstige Veränderung in seiner Umwelt wahrnimmt. Zu diesem Zeitpunkt kann in dem Kind eine neue Dynamik ausgelöst werden mit dem Ergebnis, das es versucht, über die Kluft oder über den Sprung, der durch die Unterbrechung der Kontinuität entstanden war, zurückzugreifen zu dem früheren befriedigenden Zustand, der also dem Versagen der Umwelt vorausging. Winnicott nimmt an, daß das Kind, das stiehlt, wenigstens in den Anfängen, gewissermaßen aus der Hoffnung heraus stiehlt, das verlorene Gute, die verlorene mütterliche Zuwendung oder die verlorene Familienstruktur wiederzugewinnen. Wesentlich dabei ist, daß das Kind schon vor der Katastrophe die Fähigkeit erlangt hatte wahrzunehmen, daß die Ursache für sein Unglück in einem Versagen der Umwelt liegt.

Es gibt bei der antisozialen Tendenz immer zwei Grundrichtungen, obwohl manchmal der Akzent stärker auf der einen als auf der anderen liegt. Die eine Richtung repräsentiert sich auf typische Weise im Stehlen, und die andere in der Destruktivität. Bei der *einen* sucht das Kind nach irgend etwas irgendwo, und wenn es das nicht finden kann, sucht es woanders, so lange die Situation der Hoffnung anhält. Bei der *anderen* sucht das Kind nach jenem Maß an Umgebungs-Stabilität, das auch durch impulsives Verhalten ausgelöste Belastungen aushalten kann. Es ist die Suche nach einer umgebungsbedingten Voraussetzung, die verlorengegangen ist – nach einer menschlichen Einstellung, auf die man sich verlassen kann, und die daher dem Individuum die Freiheit gibt, sich zu bewegen, zu handeln und sich zu erregen.
Besonders wegen der zweiten dieser Grundrichtungen provoziert das Kind totale Umgebungs-Reaktionen, als suche es nach einem sich immer mehr erweiternden Rahmen, einem Umkreis, der sein erstes Beispiel in den Armen der Mutter oder in ihrem Leib hat.
Man kann einen reihenmäßigen Ablauf erkennen – der Körper der Mutter, ihre Arme, die elterliche Beziehung, das Zuhause, die Familie einschließlich der Vettern und Verwandten, die Schule, der Wohnort mit seinen Polizeistationen, das Heimatland mit seinen Grenzen. (4)

Das erste Interview hatte ich im wesentlichen so verstanden, daß neben den offensichtlichen neurotischen Konflikten Hinweise auf die Entstehung der antisozialen Tendenz aufgetaucht waren. Die therapeutische Möglichkeit hatte ich darin gesehen, Jasmin immer wieder zu signalisieren, daß ich ihr folgte.

Man darf natürlich nie vergessen, daß diese Dinge in der vergessenen Vergangenheit und außerhalb des bewußten Lebens des Kindes vorgehen: dennoch ist es immer wieder überraschend, wie nahe der Konflikt bei dieser besonderen Art von Krankheit im Bewußtsein sein kann.

Im englischen Text heißt es nun abweichend von der deutschen Übersetzung:
Communication may be all that is needed – also: Kommunikation mag alles sein, dessen es bedarf. (5)

Das Zweitgespräch mit Jasmin fand eine Woche später statt. Sie wurde von der Mutter gebracht. Als ich sie im Wartezimmer abholte, lachte sie mich freundlich an. Wir waren bald in ein Gespräch verwickelt. Ich sagte an einem Punkt, daß sie das letzte

Mal einmal gemeint habe, das, weshalb sie komme, habe ausschließlich mit zu Hause zu tun. Daraufhin erzählte sie überraschend frei, daß das Stehlen mit ungefähr acht Jahren begonnen habe. Sie wisse es aber nicht mehr genau. Nach einigem Zögern, und nachdem ich ihr gesagt hatte, daß es ihr wohl sehr schwerfalle, sich damit auseinanderzusetzen, erzählte sie mir, daß sie von der Mutter Geld stehle. Einmal habe sie nach einer Schulfeier eine Börse mitgenommen, die sie liegen sah. Es sei wirklich sehr viel Geld darin gewesen. Sie beschrieb, daß der Wunsch zu stehlen ganz plötzlich über sie komme, daß sie dann nicht anders könne, daß es ihr aber hinterher sehr leid tue. Mit dem Geld kaufe sie sich Süßigkeiten. Dann wurde sie still und wartete ab. Ich griff nun direkt das Stichwort »früher« aus dem ersten Interview aus ihrer Erzählung von Micha auf und fragte sie, ob sie mir irgendetwas über früher erzählen könne.

Sie schaute mich erstaunt an. Dann begann sie, mir von einem schönen Garten zu erzählen mit einem wunderschönen Haus darin, in dem sie früher gewohnt hätten. Dann jedoch seien sie ausgezogen, und nun hätten sie keinen Garten mehr. Während sie von dem schönen Garten schwärmte, hatten ihre Augen aufgeleuchtet. Deshalb sagte ich ihr, daß sie wohl sehr traurig gewesen sei, als sie den Garten aufgeben mußte. Jasmins Augen füllten sich mit Tränen, und sie saß vor mir wie ein trauriges und hilfloses Kind. Ich sagte, daß ich mir gerne vorstellen möchte, wie ihr Garten gewesen sei, dann könnte ich noch besser verstehen, wie traurig sie nun sei. Ob sie mir den Garten vielleicht einmal zeichnen könne?

Sie ging darauf ein und wählte Wasserfarben. Sie malte das Haus und den Garten. Dabei fiel mir auf, daß sie mit großer Sorgfalt den Zaun um den Garten vorzeichnete. Dann folgte mit sehr viel Mühe dargestellt der Platz, wo die Mutter die Wäsche aufzuhängen pflegte. Als nächstes zeichnete sie die Hundehütte in der Benny, ihr Hund, gelebt habe. Nun änderte sich die Stimmung, und sie fuhr zögernd fort, daß Benny zu jener Zeit, als sie dort lebten, gestorben sei, und daß das alles schrecklich war. Dann sei auch ihr Großvater gestorben, den sie doch so lieb gehabt habe. Ich sagte hierauf, daß ich jetzt besser verstünde, weshalb sie dem Garten und dem Haus nachtrauern müsse. Jasmin fuhr fort, daß in dem Haus auch eine Tante gelebt habe, die ihr oft Süßigkeiten geschenkt hatte. Diese Tante würde am Samstag zu ihnen zu Besuch kommen.

Damit kehrte sie gegen Ende unserer Zeit wieder in die Gegenwart zurück und kam erneut auf Micha zu sprechen. Hier tauchte jedoch im Gegensatz zum ersten Gespräch – vielleicht als dessen Folge oder als Folge der »Gewissenserforschung« der Eltern – etwas Neues auf; denn Jasmin sagte, daß ihr Vater, wenn der Micha sie ärgere, diesen öfters zurechtweise. Überhaupt stehe der Vater für sie ein, aber auch ihre Mutter ergreife ihre Partei, doch wechsle das von Zeit zu Zeit. Dann versuchte sie mir zu erklären, wie wohl sie sich bei den Pferden fühle, wie gerne sie mit den Pferden allein sei, und daß sie darin von keinem in der Familie verstanden würde. Inzwischen war das Ende der Stunde nahe, und ich machte Jasmin darauf aufmerksam, daß wir bald aufhören müßten. Sie versuchte, noch schnell einen Pferdekopf zu malen, und als er ihr mißlang, erklärte sie, sie wolle einen schönen zu Hause machen und ihn mir das nächste Mal mitbringen. Damit hatte sie sich zum dritten Interview eingeladen. Ich nahm dies an, erklärte ihr aber, daß ich mir vorstellen könnte, daß das dritte Gespräch auch unser letztes Gespräch werden würde. Jasmin ging darauf ein.

Ehe es jedoch zum dritten Interview kam, fand ein Gespräch mit der Mutter statt. Hier muß ich einfügen, daß wir in der Ambulanz es so eingerichtet hatten, daß den Eltern der Kinder außer einem Termin bei mir jeweils mindestens ein Termin bei einer Sozialarbeiterin angeboten wurde. Dieses Gespräch der Eltern mit der Sozialarbeiterin, über das ich mich bewußt noch nicht informiert hatte, hatte wenige Tage vor diesem Termin stattgefunden, den ich den Eltern genannt hatte.

Die Mutter hatte mich nun allein aufgesucht mit der Erklärung, daß sie ohne ihren Mann habe kommen wollen, und ihr Mann Verständnis dafür gehabt habe. Das Gespräch mit der Mutter dauerte sehr lange, wenn ich mich recht erinnere, so lange wie die beiden Interviews mit Jasmin zusammengenommen.

Die Mutter meinte von sich aus, daß das Stehlen bei Jasmin sicher Ausdruck ihres Wunsches nach Liebe sei. Außer den ersten Lebensmonaten, in denen Jasmin viel geschrien habe, vermutlich, weil sie von ihr falsch gefüttert worden sei, sei Jasmin in den ersten Jahren ein glückliches Kind gewesen, lebhaft und im Gegensatz zu dem älteren Bruder gesund, heiter und in allem sehr früh. Nur einmal, als Jasmin ungefähr ¾ Jahr alt gewesen sei, habe sie sie für einen Tag allein gelassen. Sie habe damals Micha in der Klinik besuchen müssen. Überhaupt sei Micha ein schwächliches Kind gewesen und habe von ihr mehr Aufmerksamkeit und Zuwendung bekommen. Als Jasmin vier oder fünf Jahre alt gewesen sei, habe sie zum ersten Mal entdecken müssen, daß etwas mit dem Kind nicht stimme. Von einem gemeinsamen Einkauf mit Jasmin zurückgekehrt, habe sie festgestellt, daß Jasmin sich beide Taschen mit Süßigkeiten vollgestopft hatte. Zunächst habe Jasmin weiter Süßigkeiten an sich genommen, gelegentlich dann aber auch Geld oder kleine Gegenstände wie Bleistifte. Dabei habe sie einmal eine Schulkameradin, ein anderes Mal eine Nachbarin bestohlen. In den letzten drei bis vier Wochen jedoch, als es sich alarmierend gehäuft habe, sei allein ihr, der Mutter, Geld entwendet worden. Mit dem Geld kaufe Jasmin sich ausschließlich Süßigkeiten. Es war nicht herauszufinden, was oder ob etwas in den letzten Wochen für die gehäuften kleinen und großen Diebstähle hätte Anlaß sein können. Was die Beziehung zwischen Jasmin und dem Bruder anging, so schilderte die Mutter, der Bruder tyrannisiere Jasmin, doch letztlich kämen die beiden gut miteinander aus. In ganz ähnlicher Weise beschrieb sie auch ihre Beziehung zu ihrem Mann. So erzählte sie, daß ihr Mann sie in allem kritisiere und zurechtweise. Sie habe inzwischen das Kochen gelernt, und dennoch funke er ihr immer wieder dazwischen. Nun aber habe sich zwischen ihnen etwas verändert; ihr Mann komme auch schon einmal zu ihr und suche ihren Rat. Als ich ihr meinen Eindruck mitteilte, daß sich das ständige Rivalisieren zwischen ihr und ihrem Mann gewissermaßen in den Streitigkeiten der Kinder wiederhole, erzählte sie mir, daß sie ihren Mann schon sehr früh als Schülerin kennengelernt habe, als sie ungefähr so alt gewesen sei wie jetzt Jasmin. Das brachte sie auf ihre Kindheit, auf den Streit zwischen ihren Eltern und auf den frühen und schweren Tod ihrer Mutter, die sie als junges Mädchen hatte pflegen müssen, ohne innerlich fassen zu können, daß die Mutter sterben mußte. Weiter erfuhr ich, daß sie und ihr Mann eigentlich kaum Freunde hätten. Das Reiten, von dem Jasmin soviel gesprochen hatte, war offensichtlich ein bevorzugter Sport der gesamten Familie gewesen.

Nachdem die Mutter noch manches über ihre Kindheit und Ehe erzählt hatte, wirkte sie entlastet und ruhig. Ich hielt deshalb den Zeitpunkt für gekommen, sie nach dem schönen Garten und dem Haus zu fragen. Dazu zeigte ich ihr das Bild, das Jasmin gemalt hatte. Die Mutter betrachtete es lange. Sie konnte sich nicht genug darüber wundern, daß sich Jasmin anscheinend so gut an alles erinnert hatte. Ganz besonders erstaunt war sie darüber, daß Jasmin noch so genau wußte, wo damals die Hundehütte gestanden hatte. Im übrigen bestätigte sie alle Details auf dem Bild. Als ich der Mutter sagte, daß bei Jasmin vermutlich der Garten und das Haus für etwas sehr Schönes stehe, das sie einmal besessen und dann verloren habe, war die Mutter bewegt und betroffen. Bis zu diesem Zeitpunkt war sie während der Unterredung bedrückt gewesen, und oftmals hatten Tränen in ihren Augen gestanden, oder es hatte um ihren Mund gezuckt, so als könne sie jeden Augenblick zu weinen beginnen. Nun aber hellte sich ihr Gesicht zum ersten Mal auf, und sie lächelte. Sie erzählte mir lebhaft und wie aufgeweckt, daß sie selber in jener Zeit sehr glücklich gewesen sei, ja, es seien die glücklichsten Jahre ihrer Ehe gewesen, als sie in dem großen Haus gewohnt hätten. Sie hätte sich damals kaum um den Haushalt kümmern müssen und habe sich ganz den Kindern gewidmet. Außerdem sei regelmäßig, ein- oder zweimal in der Woche, ihre ältere Schwester zu Besuch gekommen, mit der sie sich damals sehr gut verstanden habe, und die für sie eine Vertraute gewesen sei. Dann jedoch sei plötzlich ihr Vater gestorben, und sie hätten aus finanziellen Gründen das Haus verkaufen müssen. – Die Mutter mochte anscheinend nicht mehr über die Schwierigkeiten sagen, die offensichtlich damals mit dazu beigetragen hatten, daß sie sich mit den nun engeren Verhältnissen abfinden mußte. Möglicherweise hatte sie damals auch das Kochen und Führen eines Haushaltes lernen müssen. Ich stellte bewußt keine entsprechenden Fragen. – Die ersten kleinen Diebstähle bei Jasmin ereigneten sich anscheinend gegen Ende der Zeit, in der sie noch in dem großen Haus wohnten, als sich aber schon nach dem Tod des Großvaters die Veränderungen ankündigten.

Im letzten Teil des Gespräches mit der Mutter versuchte ich noch einmal, auf ihre Schwierigkeiten zurückzukommen, und brachte u. a. meine Überlegung, daß sie ebenso wie Jasmin mit dem Haus und dem Garten auch sehr viel Kostbares und sehr viel Sicherheit verloren habe. Weiter sagte ich, daß sie sich ähnlich wie Jasmin in der Familie unterdrückt oder überbeansprucht fühle. Daraufhin fiel der Mutter ein, daß ihre Eltern ihretwegen einmal zu einem Psychologen hatten gehen wollen, da sie so sehr von ihrer älteren Schwester tyrannisiert worden sei!

Jasmin hätte in den letzten zwei Wochen seit dem ersten Interview nichts gestohlen. Ich erklärte nun der Mutter, daß möglicherweise durch die Gespräche bei dem Mädchen etwas in Bewegung geraten sei. Wir hätten über Dinge reden können, die früher für Jasmin wichtig und ihr lieb gewesen seien und nach denen sie im Stehlen suchen würde, ohne es zu wissen. Ich hätte außerdem nur noch ein Gespräch mit Jasmin vorgesehen, um dann erst einmal abzuwarten. Ich würde sie, die Eltern, bitten, sich an mich zu wenden, wenn es erneut Schwierigkeiten geben sollte. Weiter fügte ich hinzu, daß auch sie sich ebenfalls melden könne, wenn sie noch einmal auf unser heutiges Gespräch zurückkommen wolle. Von einem zweiten Gespräch mit der Mutter hatte ich abgesehen, damit Jasmin auf jeden Fall den Eindruck haben und behalten konnte, daß sie die meiste Zeit von mir bekommen hatte. Dazu war noch ein Gespräch der Eltern mit der Sozialarbeiterin, zu der die Eltern einen sehr guten Kontakt gefunden hatten, 14 Tage später vorgesehen.

Zum dritten Interview, einen Tag nach dem Gespräch mit der Mutter, brachte mir Jasmin als Geschenk das versprochene Bild mit. Dieses Bild, ein wunderschöner Pferdekopf, ließ nicht nur erkennen, daß Jasmin gut beobachten konnte, sondern auch, daß sie wirklich eine Begabung hatte. Ich habe also gewiß meine Freude über das Bild gezeigt. In dieser Stunde sagte ich kaum etwas, sondern hörte nur zu. Es war von Pferden die Rede, den Ferien auf der Pferdefarm und am Meer. Was sie über Bruder und Eltern vorbrachte, lief zunächst darauf hinaus, daß sie sich benachteiligt fühle, allein sei, und daß sie in der Familie mit keinem über ihre Gefühle sprechen könne. Dann aber unterbrach sie sich und meinte nachdenklich, daß das ja gar nicht so sei – sie könne jetzt nämlich mit ihrer Mutter reden. Nach der Stunde wollte sie auch gleich einmal mit ihrer Mutter überlegen, mit welchem Kind in der Nachbarschaft sie gern spielen möchte, um nicht mehr so allein zu sein. Als unsere Zeit zu Ende ging, erklärte ich Jasmin, daß ich für sie Zeit haben würde, wenn sie mit mir sprechen wolle, oder wenn es einmal wieder nicht so recht klappe. Jasmin fand das eine gute Idee und bat mich um meine Telefonnummer. Als ich an den Schreibtisch ging, um sie zu notieren, stand sie plötzlich ganz dicht hinter mir, beugte sich beinahe über mich und schaute mir beim Schreiben über die Schulter. Dann steckte sie meinen Zettel in ihre Jeans und klopfte, sich ihres Besitzes wohl versichernd, auf die Hosentasche. Ich bedankte mich noch einmal für das Bild, und Jasmin nahm freundlich Abschied.

Von der Sozialarbeiterin erfuhr ich später, daß beide Eltern gekommen seien, und daß die Mutter sogleich erstaunt und erfreut von der gebesserten Beziehung zu Jasmin berichtet habe. Demnach gingen Mutter und Tochter offener miteinander um. Die Mutter schilderte u. a., wie sie mit Jasmin nach einer Beratung in die Stadt gegangen sei, um ein Kleid für Jasmin einzukaufen. Dergleichen sei früher für beide eine Qual gewesen, jetzt aber hätten sie Freude daran gehabt. Was das Stehlen angehe, so war in den letzten vier Wochen, also seit dem ersten Interview, nichts dergleichen mehr aufgefallen. Es wurde nochmals mit den Eltern verabredet, daß sie sich melden sollten, falls Schwierigkeiten auftreten würden. Das gleiche wurde später meinerseits mit dem überweisenden Kollegen vereinbart. Da ich in den nächsten Jahren nichts mehr hörte, nehme ich an, daß Jasmin nicht mehr gestohlen hat.

Die Symptombesserung ist jedoch nicht der Grund, weshalb ich diese therapeutische Konsultation dargestellt habe.

Wenn ein Kind gestohlen hat und nach der therapeutischen Beratung nicht mehr stiehlt, dann besteht Grund zu der Annahme, daß die in der Beratung geleistete Arbeit wirksam war. Auch kann die Theorie, auf der diese Arbeit basiert, nicht völlig falsch sein. (6)

Die Abfolge der weiteren Gespräche mit Jasmin, die Unterredung mit der Mutter und die letzten Informationen der Eltern legen nahe, daß in den therapeutischen Interviews etwas geschehen war, das über die Symptombesserung hinaus einen Ruck in die Entwicklung des Kindes gebracht hatte. Jasmin hatte im Erstgespräch zu einem zentralen Konflikt in der Beziehung zu ihrer Mutter gelangen können. Sie hatte ihren Wunsch nach der frühen Mutter entdecken können. Im zweiten Interview war sie in der Lage, über das Stehlen zu sprechen, dann hatte sie mit mir die Erinnerung an die glückliche Zeit in dem schönen Garten und dem großen Haus, aber auch die Erinnerung an die Katastrophen, die schließlich dem Verlust des Gartens vorausgegangen waren, teilen können. Ich hatte dies so verstanden, daß für das Kind Jasmin mit dem Verlust des Gartens »von seinem Standpunkt aus . . ., die Kontinuität seines Lebens unterbrochen worden« war. Jetzt, da Jasmin mit mir über die glückliche Zeit im Garten sprechen konnte, griff sie in meiner Präsenz zurück auf eine Zeit, zu der es noch nicht zu einem Riß in ihrer Lebenslinie gekommen war. Sie ließ mich gewissermaßen mit in den Garten gehen, in dem sie sich spielend zwischen der Mutter, die die Wäsche aufhängt, und dem geliebten Hund, wiedergefunden oder phantasiert haben mochte.

Die Erinnerung an den Garten mit der Mutter, dem Großvater, der Tante und Benny, der als ein umfriedeter Raum für die Geborgenheit und Geschlossenheit der Familie steht, sein Verlust und die verschiedenen Einfälle dazu, stützen die Annahme, daß diese Erfahrungen im Alter von fünf Jahren vermutlich zu der Natur des Konflikts und des Symptoms beigetragen haben. Zu diesem Konflikt paßt, was schon im ersten Interview deutlich geworden war, die Sehnsucht nach Zuwendung und Liebe und die Gefahr, die damit verbunden ist, also das Alleinsein und die Verzweiflung. Natürlich bleibt offen, ob dieser Verlust des Gartens und der glücklichen Zeit im Alter von fünf Jahren nicht auch für eine noch frühere Deprivation steht, die schwer zugänglich blieb. Immerhin verweist Jasmin im Schnörkelspiel mit den Bildern der Mutter ohne Hände, die vielleicht auf die Unfähigkeit der Mutter »zu halten« hinweisen, auf eine noch sehr viel frühere Zeit.

Sehr überraschend war dann, daß die Mutter ein für sie ähnliches Erlebnis wie Jasmin hatte.

Durch die Frage nach dem Garten, insbesondere durch das Bild von Jasmin, scheint auch sie wieder Zugang zu jener Zeit gewonnen zu haben, die für Jasmin einst so glücklich gewesen war. Es war beinahe so, als habe auch für die Mutter der Verlust des Gartens und des Hauses »einen Riß in ihrer Lebenslinie« dargestellt. Schließlich war durch den Tod ihres Vaters der Verlust des Gartens bedingt.

Winnicott betont,

daß es dem Kind nichts einbringt, wenn sich der Psychiater oder der Sozialarbeiter zur Materialbeschaffung nicht an das Kind, sondern an andere wendet ... Therapeutisch wertvoll ist lediglich die Aufdeckung dieser Dinge in der therapeutischen Beratung mit dem Kind. Das Kind kann sich in unwichtigen Einzelheiten irren, aber es kennt die wesentlichen und signifikanten Fakten genau; außerdem ist von den Eltern vielleicht gar nicht bemerkt worden, was vom Standpunkt des Kindes aus eine Deprivation war. (7)

Auch hier hat die Mutter nicht realisiert, daß es für Jasmin einen großen Verlust darstellte, als sie den Garten und das Haus aufgeben mußten, als insgesamt durch den Tod des Großvaters, des Hundes und durch das Einstellen der Besuche der Tante eine katastrophale und folgenschwere Veränderung für die ganze Familie eingetreten war. Das lag u. a. auch daran, daß die Mutter selbst nicht um das Verlorene hatte trauern können, sowie sie vermutlich auch nicht um den Tod ihrer Mutter hatte trauern können, als sie ja noch sehr jung war. Hier mochte die Wiederbegegnung der Mutter mit der glücklichsten Zeit in ihrer Ehe wie für Jasmin in unerwarteter Weise therapeutisch wirksam gewesen sein. Ich hatte eigentlich nur eine Bestätigung für das gebraucht, was mir Jasmin erzählt hatte. Durch meine Frage und das Bild vom Garten, das Jasmin gemalt hatte, war es für die Mutter zu einer inneren Belebung gekommen. Die Mutter hatte sehen können, daß sie zur gleichen Zeit wie ihr Kind einen schweren Verlust erlitten hatte. Der eigentliche Verlust des Kindes in der Zeit um das fünfte Lebensjahr war durch den Verlust auf seiten der Mutter mit bedingt, die von all den katastrophalen Veränderungen für sie und ihre Familie überwältigt war. Beide hatten sich anscheinend niemals darüber mitteilen können. So konnte Jasmin die Betroffenheit der Mutter nicht verstehen, und die Mutter konnte Jasmin nicht helfen, den großen Kummer zu tragen.

Ich bin mir dessen bewußt, daß sich noch manches über den Konflikt des Kindes sagen und mutmaßen ließe. Manche Fragen bleiben offen. Es gehört zum Wesen der therapeutischen Konsultation, daß Fragen bewußt offen gelassen werden müssen. Therapeutische Konsultationen haben nicht das Ziel, einen Konflikt vollständig zu bearbeiten, sondern eine Wende in der Entwicklung herbeizuführen, einen Block in der emotionalen Entwicklung zu lösen. Ich möchte hier mit einem Zitat von Winnicott schließen, in dem er von den dramatischen Veränderungen spricht, die nach einer oder zwei therapeutischen Beratungen auftreten können:

In einigen der ... Fälle zeigen sich nach ein oder zwei therapeutischen Beratungen dramatische Veränderungen. Diese Veränderungen sollten nicht nur als Beweis für die geleistete Arbeit, sondern auch als Beweis für die Einstellung der Eltern gewertet werden. Zweifellos sind die Fälle, in denen die Eltern mehr Vertrauen entgegenbringen, für diese Art von Arbeit am besten geeignet ... Wenn alles gut läuft oder das Kind Veränderungen zeigt, dann glauben die Eltern an den Arzt, und ein heilsamer Kreis ist geschlossen, der sich auf die Symptomatik des Kindes vorteilhaft auswirkt. Bei der Einschätzung von Ergebnissen muß jedoch berücksichtigt werden, daß Eltern lieber weiter an den von ihnen konsultierten Arzt glauben und nicht gern zugeben, daß ihre Mühen vergebens waren. Sie neigen mitunter dazu, vorteilhaftes zu berichten, wo immer es nur möglich ist . . . Ich bin nicht so naiv, die Berichte der Eltern als endgültige Einschätzung zu betrachten. Ich möchte jedoch betonen, daß es bei der Darstellung dieser Beratungen nicht mein Ziel ist, symptomatische Heilmethoden zu illustrieren. Meine Absicht ist es vielmehr, Beispiele für die *Kommunikation mit Kindern* zu liefern.« (8)

Ich würde gerne diesen letzten Satz abwandelnd sagen, daß es meine Absicht war, ein Beispiel für den Versuch einer Kommunikation mit einem Mädchen darzustellen, bei dem ich mich von den Gedanken leiten ließ, »Communication may be all that is needed.«

Anmerkungen

1) Der Begriff des subjektiven Objekts taucht bei Winnicott erstmals 1962 in der Arbeit »Ich-Integration in der Entwicklung des Kindes« auf. In: Reifungsprozesse und fördernde Umwelt, München, 1974, S. 72–81.
2) D. W. Winnicott, (1971), Vom Spiel zur Kreativität, Stuttgart 1973, S. 4–5.
3) D. W. Winnicott, (1958), The antisocial tendency. In: Von der Kinderheilkunde zur Psychoanalyse, München 1976, S. 229.
4) D. W. Winnicott, (1971), Die therapeutische Arbeit mit Kindern; Einführung von M. Masud Khan, München 1973, S. XXIX.
5) D. W. Winnicott, (1971), Die therapeutische Arbeit mit Kindern; München 1973, S. 184.
6) – ebenda, S. 183
7) – ebenda, S. 185
8) – ebenda, S. 8

Suhrkamp Verlag GmbH
Torstraße 44, 10119 Berlin
info@suhrkamp.de
www.suhrkamp.de